Em um tempo tão cheio de retórica e acusações, Darby nos dá um livro cheio de conselhos graciosos, bíblicos e práticos sobre como cuidar efetivamente, em nossas igrejas, de mulheres que estão sofrendo abuso. Ela oferece esperança bíblica para as vítimas, bem como ajuda prática para o conselheiro, ao compartilhar percepções, alertas, histórias e perguntas específicas que podem nos ajudar a amar e conduzir essas "canas quebradas" a um lugar de esperança renovada.

Brad Bigney, pastor efetivo, Grace Fellowship Church, Kentucky

O trabalho de Darby na compreensão do abuso, sua estrutura de poder e suas feridas fornece ajuda crucial às vítimas e àqueles que caminham ao lado delas. *Desmascarando o abuso* prepara pastores e todos nós para identificar o abuso em suas várias formas insidiosas, bem como fornece conhecimentos e competências para ajudar as vítimas a encontrar liberdade, esperança e cura. Este material e a sabedoria que ele proporciona são fundamentais ao ministério pastoral — e, com efeito, ao trabalho de todos os que estão prontos para falar em favor dos oprimidos e clamar por justiça. Não posso ser mais enfática em minha recomendação.

Rachael Denhollander, palestrante, autora, ativista pelas vítimas

Darby Strickland escreveu um material excepcionalmente útil, cativante e abalizado que deveria ser leitura obrigatória para todos os conselheiros na igreja. Em vez de esboçar uma resposta simplista sobre o que é e o que não é abuso, ela cuidadosamente se vale das Escrituras e de seus anos de experiência com aconselhamento para investigar o coração do abuso e suas muitas e horrendas manifestações, de modo a equipar os leitores para discernir quando há opressão e como proceder no sábio e compassivo cuidado das vítimas. C presbítero e conselheiro, considero imens temperada com sabedoria a abordagem de Darby a essa complexa e angustiante questão, uma abordagem que posso aplicar imediatamente em meu cuidado pastoral de outrem. Oro para que este importante livro encontre amplo público dentro da igreja.

Michael R. Emlet, deão do corpo docente e conselheiro, Christian Counseling & Educational Foundation; autor, *CrossTalk: Where Life and Scripture Meet*

Eu amo este livro! Não conheço outro, escrito de uma perspectiva bíblica, que forneça uma descrição tão precisa e abrangente das dinâmicas do abuso doméstico. Por duas décadas, minha principal recomendação a pastores e conselheiros que buscam entender essas dinâmicas foi um livro secular, simplesmente porque ele abordava as muitas sutilezas do abuso que a maioria dos materiais cristãos ignoram. No entanto, acredito que este livro fornece o que está faltando em nossos círculos: um material exaustivo que realmente ajudará a preparar o povo de Deus para entender e responder melhor a um problema que está sempre presente em nossas igrejas. Sou particularmente grata pela descrição minuciosa que Darby faz dos impactos do abuso espiritual e dos efeitos da violência doméstica sobre as crianças. Poucas obras tocam nesses importantes tópicos; porém, eles não escapam à atenção do nosso Salvador e creio que ele usará este livro para ajudar a despertar a igreja para a aflição dos filhos de Deus que estão sendo oprimidos em seus lares. *Desmascarando o abuso* é uma joia rara, e pretendo recomendá-lo com frequência!

Joy Forrest, fundadora e diretora executiva, Called to Peace Ministries

Desmascarando o abuso é uma obra impressionante. É corajosa sem ser incendiária. É cuidadosa e minuciosamente bíblica. É incansavelmente prática. Ao mesmo tempo, Strickland firmemente escapa da armadilha de simplificar em demasia o problema ou a solução. Escrito a partir de uma riqueza de experiências, este livro é para cônjuges oprimidos, para os cônjuges que os estão ferindo e para aqueles que, em nome de Cristo, tentam intervir de modo redentivo em casamentos abusivos. Se você algum dia ler entre casais um livro sobre abuso, que seja este.

Alasdair Groves, diretor executivo, Christian Counseling & Educational Foundation; coautor, *Organize suas emoções*

Darby serve bem a igreja ao responder o que parece ser uma pergunta simples: "Isso é abuso?" Porém, se você sofreu abuso ou caminhou ao lado de alguém que está sofrendo abuso, sabe que uma neblina de confusão envolve essa pergunta. Não espere por uma crise perto de você para ler este livro. Se ler este livro antes que ele seja necessário, você ficará grato... assim como aquele que procurá-lo em busca de orientação.

Brad Hambrick, pastor de aconselhamento, The Summit Church, Durham, Carolina do Norte; editor geral, *Becoming a Church That Cares Well for the Abused*

É lastimável a presença de casamentos opressivos na igreja. Temos de estar alertas a isso. O caminho do cuidado de almas em casamentos opressivos é longo e doloroso. Não podemos ser tímidos ou impacientes. Com a graça, misericórdia e compaixão de Cristo, precisamos intervir. Há palavras de redenção a serem ditas e obras de redenção a serem feitas. Há sérios obstáculos a serem superados. Precisamos de sabedoria. Precisamos de recursos bíblicos e práticos. Louvo a Deus por Darby Strickland ter escrito tal recurso. *Desmascarando o abuso* deve estar na biblioteca de todo pastor e líder de igreja.

John Henderson, autor, *Catching Foxes: A Gospel-Guided Journey to Marriage*

Para o pastor, líder ou conselheiro, poucas questões podem parecer mais desconcertantes e confusas do que o abuso. É por isso que sou grato pelo valiosíssimo livro de Darby Strickland. Darby encontra o difícil equilíbrio entre ser clara, compassiva e ao mesmo tempo abrangente, cobrindo uma impressionante quantidade de conteúdo relacionado ao abuso. Não me deparei com outro material que seja tão cuidadosamente bíblico e prático. Se você se encontra em uma posição de aconselhamento ou de qualquer tipo de auxílio, este livro deve ser leitura obrigatória. Você vai lê-lo e chorar por aqueles que são e que já foram oprimidos, mas também vai se alegrar no conforto e encorajamento da esperança do evangelho.

Jonathan D. Holmes, fundador e diretor executivo,
Fieldstone Counseling; pastor de aconselhamento, Parkside Church, Chagrin Falls, Ohio

As obras de Darby estão sempre em primeiro lugar na minha lista de recursos para entender e abordar o abuso! Por meio de conferências para toda a igreja, treinamento específico de liderança, bem como seus escritos impressos e online, a percepção e a competência fielmente bíblicas de Darby têm fornecido orientação sólida para nossa igreja à medida que mergulhamos profundamente neste crucial ministério aos quebrantados e necessitados. Aprecio com gratidão e entusiasmo a chegada de *Desmascarando o abuso*.

Joan McConnell, diretora do ministério de mulheres,
Westminster Presbyterian Church, Lancaster, Pensilvânia

Este livro é agora a minha obra de referência sobre abuso doméstico. Tenho procurado um livro sobre abuso doméstico que seja o pacote completo: bíblico, prático, acessível e teológico. Finalmente o encontrei. Ele é rico do evangelho, bem escrito e repleto de sabedoria prática. Darby Strickland é uma dádiva para a igreja.

Jason Meyer, pastor de pregação e visão, Bethlehem Baptist Church, Minneapolis

Este é um livro significativo que suscita e responde a uma pergunta extremamente importante para conselheiros e líderes da igreja: "Isso é abuso?". Temos frequentemente chegado à resposta errada, ao não reconhecermos a opressão e não protegermos as vítimas. A autora também tem o cuidado de nos ajudar a evitar outra resposta errada: a de falsamente rotular como abusivas as lutas cotidianas contra o pecado conjugal. Ela emprega sua riqueza de conhecimento e experiência ao nos ajudar a identificar com precisão diferentes categorias de comportamento opressivo habitual (abuso). Ela então nos mostra sabiamente como oferecer auxílio bíblico e compassivo às vítimas. Aprecio em especial o modo como ela fielmente aplica as Escrituras do começo ao fim; como cuidadosamente aborda questões delicadas; como destemidamente confronta o pecado; e como encoraja o envolvimento da igreja local.

Jim Newheiser, director, Christian Counseling Program, Reformed Theological Seminary, Charlotte; diretor executivo, The Institute for Biblical Counseling & Discipleship

Este é um manual de aconselhamento bíblico exemplar. Ele oferece percepções biblicamente fundamentadas e teologicamente informadas sobre abuso; sabedoria prática sobre aconselhamento de vítimas de abuso, adquirida a partir de anos de experiência; e ferramentas prontas para uso que podem ser implementadas no processo de aconselhamento. O angustiante trabalho de aconselhar mulheres que enfrentam abuso é um grande desafio. Nossa irmã mergulhou profundamente nas águas escuras e agitadas do abuso doméstico e carregou os fardos de outras irmãs para nos dar uma tremenda visão e sabedoria prática para entender e abordar esse horror. A igreja será muito abençoada e equipada por *Desmascarando o abuso*.

Curtis W. Solomon, diretor executivo, The Biblical Counseling Coalition

Desmascarando o abuso é uma adição maravilhosa à crescente biblioteca de recursos bíblicos a respeito do abuso doméstico. Mediante linguagem clara, exemplos da vida real e respostas biblicamente orientadas, Darby Strickland deu à igreja a mais clara e completa obra já publicada para se entender a dinâmica e o impacto do abuso. Este trabalho é o primeiro livro que pastores e conselheiros bíblicos devem ler em sua jornada para entender o abuso doméstico.

Chris Moles, autor, *The Heart of Domestic Abuse: Gospel Solutions for Men Who Use Control and Violence in the Home*

Darby presenteou o povo de Deus com um manual bíblico e bem documentado sobre abuso conjugal. Ela habilmente prepara conselheiros, pastores e líderes cuidadosos para navegarem pela difícil e geralmente confusa narrativa em torno do que está errado e o que se deve fazer. Passo a passo, ela demonstra ao que se deve dar ouvidos e como se deve dar sentido a informações conflituosas. Seu capítulo sobre o pensamento presunçoso do opressor ajudará você a entender por que o abuso não é um problema do casamento, mas um problema dentro do coração e da mente do opressor, o qual deve ser abordado antes que qualquer cura conjugal verdadeira possa ocorrer.

Leslie Vernick, instrutora; palestrante; autora, *The Emotionally Destructive Marriage* e *The Emotionally Destructive Relationship*

Desmascarando o

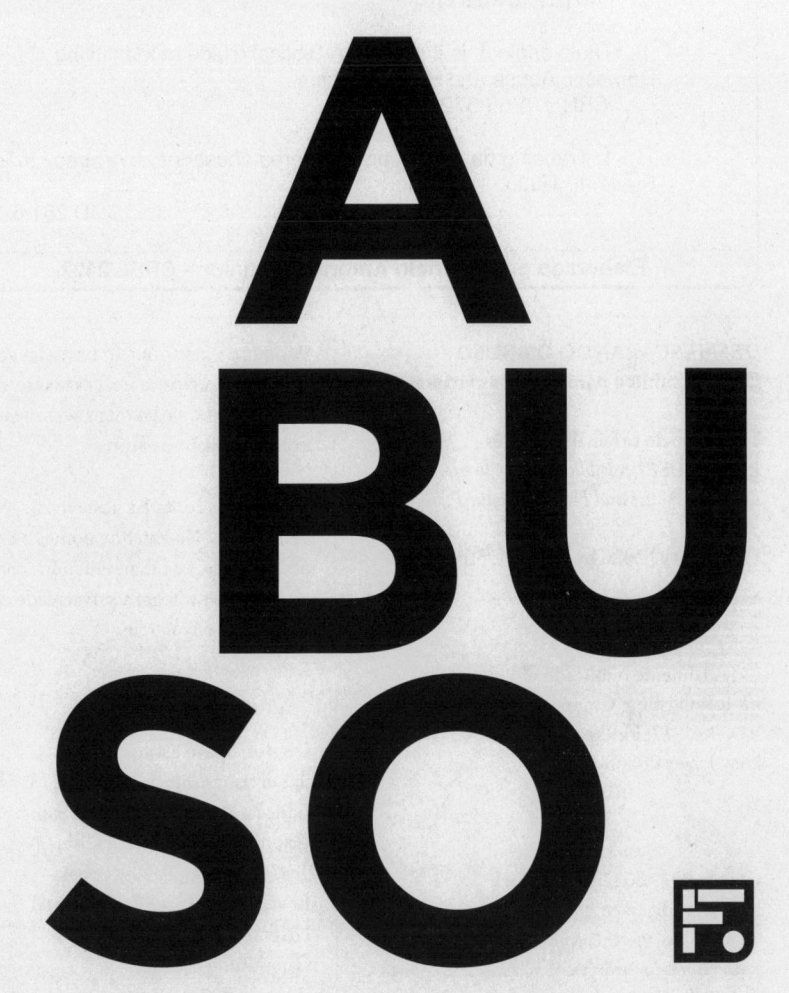

ABUSO.

Um guia bíblico para ajudar as vítimas
DARBY A. STRICKLAND

Dados Internacionais de Catalogação na Publicação (CIP)
(eDOC BRASIL, Belo Horizonte/MG)

S917d Strickland, Darby A.
    Desmascarando o abuso: um guia bíblico para ajudar as vítimas / Darby A. Strickland; tradução João Paulo Aragão. – São José dos Campos, SP: Fiel, 2022.
    448 p. : 16 x 23 cm

    Título original: Is it abuse? A Biblical Guide to Identifying Domestic Abuse and Helping Victims
    ISBN 978-65-5723-195-1

    1. Trabalho da Igreja com mulheres abusadas. I. Aragão, João Paulo. II. Título.

CDD 261.8

Elaborado por Maurício Amormino Júnior – CRB6/2422

DESMASCARANDO O ABUSO
Um guia bíblico para ajudar as vítimas

Traduzido do original em inglês
IS IT ABUSE? A Biblical Guide to Identifying Domestic Abuse and Helping Victims

Copyright © 2020 by Darby A. Strickland

•

Originalmente publicado em inglês por
P&R Publishing Company,
P.O. Box 817, Phillipsburg,
New Jersey 08865-0817.

•

Copyright © 2022 Editora Fiel
Primeira edição em português: 2022
Os textos das referências bíblicas foram extraídos da versão Almeida Revista e Atualizada, 2ª ed. (Sociedade Bíblica do Brasil), salvo indicação específica. Todos os direitos em língua portuguesa reservados por Editora Fiel da Missão Evangélica Literária

PROIBIDA A REPRODUÇÃO DESTE LIVRO POR QUAISQUER MEIOS, SEM A PERMISSÃO ESCRITA DOS EDITORES, SALVO EM BREVES CITAÇÕES, COM INDICAÇÃO DA FONTE.

As histórias contadas neste livro são verdadeiras. No entanto, nomes e detalhes de identificação foram mudados com o objetivo de proteger a privacidade dos indivíduos envolvidos.

•

Diretor: Tiago Santos
Supervisor Editorial: Vinicius Musselman
Editora: Renata do Espírito Santo
Coordenação Editorial: Gisele Lemes
Tradução: João Paulo Oliveira
Revisão: Vinícius Silva Pimentel
Diagramação: Rubner Durais
Capa: Rubner Durais
E-book: Rubner Durais

ISBN impresso: 978-65-5723-195-1
ISBN eBook: 978-65-5723-196-8

Caixa Postal, 1601
CEP 12230-971
São José dos Campos-SP
PABX.: (12) 3919-9999
www.editorafiel.com.br

Às preciosas mulheres
que foram corajosas o suficiente
para compartilhar comigo suas histórias de opressão.

E a John,
que me encorajou
a continuar contando as histórias delas à igreja.

SUMÁRIO

Prefácio à edição em português — 15

Prefácio — 21

Agradecimentos — 25

Nota aos leitores: como usar este livro — 29

PARTE 1: ENTENDENDO A OPRESSÃO

1. Isso é abuso? — 37
2. O chamado para ajudar — 67
3. A dinâmica do abuso — 87
4. Entendendo os impactos do abuso — 111
5. Ajudando as vítimas de opressão — 139

PARTE 2: DESMASCARANDO A OPRESSÃO

6. Desmascarando o abuso físico — 167
7. Desmascarando o abuso sexual — 199
8. Desmascarando o abuso emocional — 233
9. Desmascarando o abuso espiritual — 275
10. Desmascarando o abuso financeiro — 301

PARTE 3: DEFENDENDO AS VÍTIMAS DE OPRESSÃO

11. Ajudando mães e filhos   325

12. Passos em direção à liberdade   359

APÊNDICES

A. Um plano de segurança   391

B. Dez maneiras de educar sua igreja   405

C. Detectando sinais de alerta durante o namoro   411

D. Avaliação de abuso pré-matrimonial   417

E. Levantamento de discussões abusivas   427

Glossário básico   433

Recursos recomendados   437

RECURSOS PARA CONSELHEIROS

TREINAMENTO

1.1	O que Deus diz sobre a opressão	61
2.1	Oração para reflexão e crescimento	85
3.2	A parábola das árvores	105
4.2	Estudos de caso: Susana, Isabel e Linda	132
5.1	Estudo de caso: Sílvia e Jorge	157
6.2	Conectando o clamor às Escrituras	194
7.2	Intervindo quando o mal está presente	230
8.3	Ajudando as vítimas a se comunicarem com a liderança da igreja	268
8.4	Um recado a pastores e presbíteros	272
9.2	A mansidão de Jesus	298
10.2	O chamado de Jesus para demonstrarmos misericórdia	318

FERRAMENTAS

3.1	Perguntas de sondagem da presunção abusiva	103
4.1	Levantamento de impactos do abuso	130
6.1	Levantamento de abuso físico	190
7.1	Questionário para sondagem de abuso sexual	227

8.1	Questionário de abuso emocional	262
8.2	Questionário de táticas emocionalmente abusivas	266
9.1	Questionário de abuso espiritual	296
10.1	Questionário de abuso financeiro	315
11.1	Autoavaliação para mães	355

PREFÁCIO À EDIÇÃO EM PORTUGUÊS

POR GILSON SANTOS

*"Fazei justiça ao fraco e ao órfão,
procedei retamente para com o aflito e o desamparado.
Socorrei o fraco e o necessitado; tirai-o das mãos dos ímpios".*
(Salmo 82.3-4).

Esses dois versos acima, que integram a oração de um levita, expressam a aspiração por justiça. Os levitas eram "funcionários públicos" no antigo Estado de Israel, destacando-se no serviço do culto hebreu, cujo centro orbital e de referência era o templo localizado na colina de Sião. Os levitas eram pobres; eles não tinham herança de terra entre as tribos de Israel. "A herança do levita era o SENHOR". Na oração do levita, os juízes estão sendo julgados pelo Grande Juiz. Os tribunais em Israel deveriam espelhar o justo e bom tribunal do Deus de Israel, mas o que se via era perversa parcialidade... É claro que os juízes terrenos sempre vão errar, e o erro do judiciário, num estado legítimo, se ocorrer, é o último. Porém, o juiz não deve errar sabendo que está errando. Isso é abominável! E o levita denuncia que os juízes em Israel *"tomavam partido pela causa dos ímpios"*.

A nossa justiça deveria reger-se pela justiça de Deus. O Senhor é justo, reto e bom! E o crente veterotestamentário ecoa o brado divino para que se proteja o fraco. *"Tirai-os das mãos dos ímpios"*. Alguns vocábulos são utilizados para descrever tipos de pessoas que fazem parte de gente sem força, desfavorecida, vulnerável:

- *"Fraco"* – O original descreve a pessoa numa posição mais baixa, inferior, que está em desvantagem em relação à outra. Eventualmente o substantivo "pobre" descreve tal pessoa. Aquele que não dispõe de recursos para se defender do arbítrio do mais forte e poderoso.
- *"Órfão"* – Vocábulo amplamente referido em todo o texto bíblico em contextos de injustiça. Descreve aquele que está sozinho, sem o pai, ou sem a mãe, ou sem ambos. Um menor, quando órfão, é ainda muitíssimo mais vulnerável.
- *"Aflito"* – Aquele que está desprovido de recursos, miserável, em aflições, faminto.
- *"Desamparado"*, termo muito usado para designar o pobre, e *"necessitado"*, o carente, aquele que sofre opressão e que precisa ser ajudado.

Um fazendeiro não entregará o galinheiro às raposas, mas os juízes de Israel entregavam os fracos aos ímpios, e isso demovia a estrutura social de seus fundamentos. Israel era uma nação pactual, era o povo de Deus. Os israelitas tinham responsabilidade para com os seus irmãos: "viúvas", "órfãos", "jornaleiros" (trabalhadores diaristas) e os "necessitados". *"Aprendei a fazer o bem; atendei à justiça, repreendei ao opressor; defendei o direito do órfão, pleiteai a causa das viúvas"* (Isaías 1.17).

Sim, a queda e o pecado têm a sua dimensão corporativa. Assiste-se atualmente ao crescimento exponencial de uma cultura individualista. Como exemplo, em nosso país, o Brasil, há pouco sentido pactual, pouco senso de solidariedade; as nossas compreensões de corpo social são muito frágeis, precárias. Assim, injustiças, atos perversos, negócios escusos feitos na surdina ou na calada da noite, abusos, assédios, violências e atos malignos chegam muitas vezes abafados em moucos ouvidos individualistas. Os males de cada dia resultam impunes, o fraco não é socorrido, abrindo-se largas ao cinismo e ao desalento. Quando o fraco não contempla saída o seu desalento o leva à prostração. Quem não contempla saída é facilmente desesperançado. O ser humano só luta se contemplar esperança. A esperança é oxigênio para a vida.

É também neste contexto que alguns se rendem a uma ética pragmática, situacionista, caracterizada por uma plasticidade circunstancial. "Já que não tem jeito mesmo, não faz sentido ser justo. A vida se resume nisto aqui, no aqui e agora, onde impera a lei do mais forte, ou a lei do mais esperto, ou do mais sagaz." O escritor russo captou o dilema: "Se Deus não existe, então tudo é permitido".

Deus, porém, é o Senhor, Criador e Juiz! Ele demanda o direito do fraco e a causa dos vulneráveis: o fraco, o aflito, o desamparado, os enfermos, os deficientes, os "órfãos e viúvas". E assim é terrível, abominável, quando justamente um espaço de proteção e defesa torna-se o terreno protegido do predador. Não é algo imensamente terrível que algumas igrejas tenham se transformado em espaços de prevalência de pedófilos, e que algumas de suas mais destacadas autoridades tenham sido coniventes? Não nos mobiliza as vísceras o fato de que, no Brasil, o principal contexto de abusos (embora longe de ser o único) é justamente o lar? O que dizer disso, não é verdade? É clamoroso, perverso e vil quando pai, mãe, tios, avô, irmãos, esposo ou companheiro são os predadores e abusadores.

É tempo de partilharmos da indignação divina em favor de mulheres fragilizadas, vítimas de assédio e abuso. É tempo de nossa compaixão estender-se ao fragilizado emocionalmente. É tempo de nossa misericórdia atender à causa dos doentes mentais, interditos, e daquele com quadros de graves retardos. Nós somos um país em que mendigos são queimados em logradouros públicos; somos um país em que estrangeiros têm sido encontrados em regime de escravidão; somos um país em que idosos senilizados são entregues ao abandono.

O apóstolo entregou um elevado padrão aos maridos cristãos em relação às suas esposas: "Tratai-a com dignidade, porque sois, juntamente, herdeiros da mesma graça de vida" (1 Pedro 3.7). Entretanto, entre as nossas mazelas de cada dia, temos mulheres que são vítimas do império de força tirânica. Como bem assinala o renomado conselheiro Ed Welch: "Nem sempre esperamos que esse grupo vulnerável inclua mulheres que moram perto de nós ou se sentam à nossa frente na igreja". Que tristeza! Almas diláceradas, corpos sob agressão!

Darby Strickland traz para esse campo o amor compassivo e a reta justiça do nosso Deus revelado nas Escrituras. Ela nos relembra a importância dos relacionamentos confiáveis e seguros como um refúgio para aquelas mulheres que sofrem da ferida dolorosa. Este é um livro prático, que não deve ser ignorado pelas igrejas, líderes e comunidade em nosso vasto mundo lusófono, com sua moral tão inclinada a manter algumas feridas camufladas.

Este não é um livro de respostas prontas, rápidas e fáceis. A sabedoria divina, que temos apresentada na Bíblia, não se submete às nossas aspirações mecanicistas. Temos aqui um livro de direcionamentos sábios; e a sabedoria, cujo instrumental é a prudência, oferece o discernimento, o bom critério e a boa medida. Este livro oportuniza um amor sábio, que se abre tanto para aquelas leitoras que sofrem quanto para aquelas e aqueles que as ajudam. Que o nosso Pai Celeste nos ajude a termos o mesmo coração e prática de Cristo para com os fracos, necessitados e vulneráveis. *"Socorrei o fraco e o necessitado"*.

Gilson Carlos de Souza Santos
é pastor da Igreja Batista da Graça, em São José dos Campos, possui bacharelado em Teologia e graduação em Psicologia, e dirige o Instituto Poimênica cujo alvo é oferecer apoio e promoção à poimênica cristã.

PREFÁCIO

"Proteger os vulneráveis". Essa é a missão deste livro. Considerando o contínuo clamor das Escrituras para agirmos em favor daqueles que são preteridos, esquecidos e oprimidos, nós que vivemos sob as Escrituras acolhemos esta missão e ansiamos por crescer em nossa capacidade de cumpri-la. O que nem sempre esperamos é que esse grupo vulnerável inclua mulheres que moram perto de nós ou se sentam à nossa frente na igreja. A imagem pública delas mostra poucos sinais de que algo está errado, mas a alma e até mesmo o corpo delas estão sob ataque.

Darby Strickland vai ajudá-lo nessa missão. Deixe-me contar um pouco sobre ela. Eu a conheci no seminário, quando ela era uma aluna e eu era seu instrutor. Agora tenho o privilégio de aprender com ela como seu colega. No início de seus estudos, ela não pretendia se especializar em abuso. Mas Darby acabou atraindo as vítimas e vendo-as serem atraídas por ela, à medida que percebiam seu cuidadoso uso das Escrituras, sua compaixão piedosa e seu amor humilde e respeitoso.

Aqui há uma lição para nós. Darby não começou como uma especialista profissional — e mulheres abusadas não *vão* primeiro a um especialista profissional. Ela começou simplesmente cultivando relacionamentos, sendo uma boa ouvinte e demonstrando interesse quando uma amiga dava sinais de dificuldades em casa. Este livro é para aqueles dentre nós que desejam fazer o mesmo.

À medida que Darby começou a carregar os fardos de mais e mais mulheres e homens, ela desejou honrá-los, preparando-nos para servi-los bem. Ela tem feito isso por meio de seminários, artigos e livretos, palestras em igrejas e comitês denominacionais. Ao ler este livro, você rapidamente descobrirá que ela é uma guia confiável.

Darby conhece as histórias das muitas mulheres que você conhecerá neste livro. Ela caminhou com elas — muitas vezes, por anos a fio. Ela lhes tem amor, respeito e honra. Observe os muitos recursos e ferramentas que Darby lhe oferece para que você também possa amar, respeitar e honrar aqueles que estão em relacionamentos que substituem o amor por controle e poder. Cada pergunta diagnóstica e recurso prático evidenciam a experiência dela e seu desejo de preparar seus leitores. Ela sabe que podemos ser muito precipitados em tirar conclusões e inadvertidamente ferir, em vez de proteger.

O título do livro, *Desmascarando o abuso*, pode sugerir um sistema ou teste infalível capaz de rapidamente detectar mulheres vulneráveis e pessoas perigosas. Se fosse essa a promessa do livro, *não* seria este o livro a se ler. Respostas rápidas e fáceis não fazem parte do trabalho árduo de discernimento — e geralmente não são o caminho do amor. Em vez disso, desde sua primeira história, o livro irá lembrá-lo de que o processo de discernimento é lento. Uma mulher que foi abusada raramente deixa escapar os detalhes de sua dolorosa vida doméstica. Sua vergonha e sua crença de que ela é a culpada a levam a manter oculta sua situação. Somente amigos e pastores que caminham cuidadosamente em amor sábio ao lado das mulheres que conhecem estarão em condições de responder à pergunta que este livro faz. Humildade que escuta, amor e discernimento que agem com sabedoria — é isso que constitui o caminho à nossa frente.

Este livro chega em um momento importante. O mundo está cada vez mais preocupado com os vulneráveis e oprimidos, e a igreja está tendo uma visão renovada de que Deus tem esse grupo no fundo de seu coração. Que dádiva é vermos mais claramente aqueles a quem Deus vê — e então, juntos, termos a invejável tarefa de elaborar as implicações específicas da vida, morte, ressurreição e ascensão de Jesus.

Edward T. Welch

AGRADECIMENTOS

Escrevo este livro como alguém que aprendeu muito com as mulheres de que Deus me chamou para cuidar. Meu coração se envolve profundamente com as vítimas de abuso doméstico, e eu não poderia ter escrito este livro sem ter sido convidada a entrar na vida de quem sofre. Agradeço a cada uma de vocês por confiarem suas histórias a mim. Enquanto eu procurava amar vocês, Deus gentilmente me ensinou muito sobre opressão, sobre si mesmo e sobre como ajudar. Mas vocês suportaram o peso dos meus erros, foram pacientes comigo enquanto eu aprendia e, juntas, nós recorremos ao Senhor em busca de sabedoria. Cada uma de vocês é mais preciosa para mim do que pode imaginar, e observar a fé e testemunhar a coragem de vocês continuam a me abençoar — e agora abençoará a vida de muitos outros.

John, meu marido, ouviu-me atentamente e me encorajou enquanto eu procurava desenvolver este material e embarcar neste livro. Foram seus encorajamentos e orações que tornaram possível concluí-lo. Ele é um servo fiel que fez inúmeros sacrifícios os quais me permitiram carregar o fardo do ministério junto às vítimas de abuso para o qual meu Salvador me chamou. O sorriso, a fé e o coração de John me arrancaram da escuridão que é preciso visitar muitas e muitas vezes quando se trabalha nesta área. Meu coração se enche de gratidão aos meus filhos também. Cada um de vocês esteve à altura da ocasião — vocês me inspiraram pelos sacrifícios que fizeram e pelo que contribuíram para com este livro. Amo todos vocês.

Três mulheres em particular inspiraram minha escrita. Diane Langberg, Joy Forrest e Leslie Vernick, vocês foram as pioneiras em chamar a igreja a enxergar e cuidar de suas ovelhas sofredoras. A labuta de vocês pelo corpo da igreja tem sido inestimável para elas e para mim. Seu trabalho e seu uso das Escrituras moldaram meu coração e meu pensamento. Suas impressões digitais podem ser encontradas em toda parte ao longo destas páginas.

Um agradecimento especial aos meus primeiros leitores: Alasdair Groves, Ed Welch, Mike Emlet, Brad Hambrick, John Henderson, Ann Maree Goudzwaard e Joy Forrest. Cada um de vocês dedicou tempo e consideração cuidadosa que me ajudaram a aprimorar e refinar este manuscrito. Agradeço também aos meus colegas do CCEF que torceram por mim e cuja produção literária me ensinou a buscar os lugares onde a vida e as Escrituras se encontram.

Eu seria muito negligente se não mencionasse também meus editores. Em primeiro lugar, Amanda Martin, seu trabalho neste manuscrito causou ao mesmo um impacto imensurável. Também sou grata a Kim Monroe e Lauren Whitman, que mergulharam em meus primeiros escritos sobre opressão e me ajudaram, como uma jovem autora, a lhes dar forma. Sem vocês três, sinto que essa tarefa teria sido demais para mim. Deus foi doce em prover cada uma de vocês para mim e para este material.

Este livro é fruto de muitas orações. Quero expressar minha mais profunda gratidão a toda minha família e aos amigos que oraram por mim e por este livro. Todos vocês me ajudaram a buscar o Senhor e a confiar a ele minhas fraquezas e preocupações. Suas orações foram preciosas e hoje nos alegramos juntos por terem sido respondidas. Acima de tudo, porém, meu coração se enche de gratidão pela obra de Cristo, cujo próprio sofrimento fornece o resgate final. Afinal, um dia, ele porá a termo todo o pecado e mal que as vítimas suportam.

NOTA AOS LEITORES: COMO USAR ESTE LIVRO

Escrevi este livro para qualquer um que deseje estar ao lado de uma vítima, ou de vítimas, de abuso doméstico. Talvez você seja um líder de igreja, um amigo ou um conselheiro bíblico, e esteja lidando com as muitas camadas de complexidade que se desdobram ao se deparar com um casamento abusivo. Você está vasculhando muitas questões em meio ao caos. Como deve proceder? Talvez o que você ouviu de uma esposa tenha lhe deixado o questionamento: "Isto é abuso?" Ou talvez você a esteja observando de longe e se perguntando: "O que está acontecendo com ela?" Você sente o peso dessas perguntas e sabe que precisa respondê-las corretamente se quiser fornecer conselhos sãos.

É fácil não notar o abuso, mas é ainda mais fácil minimizá-lo. Quando era uma jovem conselheira, não possuía a sabedoria de que necessitava para ministrar às mulheres oprimidas.[1] Eu tinha muito a aprender sobre a opressão, suas feridas peculiares e a maneira como ela enreda suas vítimas. Agora, depois de anos trabalhando

---

1 N.T.: Embora o termo genérico mais comum em português seja *oprimidos*, nossa tradução preferiu optar pelo feminino na maioria das vezes em que o termo aparece, uma vez que este livro é direcionado majoritariamente a mulheres, e geralmente está se referindo a elas quando usa o termo.

com mulheres oprimidas, entendo o que governa o coração dos opressores e como eles procuram controlar suas vítimas — e controlar também a percepção dos outros sobre a realidade. Devemos entender a dinâmica do abuso para ministrar eficazmente às suas vítimas. O abuso doméstico pode ser desorientador; inicialmente, pode ser difícil entender o que está acontecendo em um casamento. Espero transmitir o que aprendi para que você tenha clareza sobre essa questão. Espero prepará-lo para pensar biblicamente sobre a opressão e ensiná-lo a ser um guia confiável para aqueles que estão sendo escravizados e enleados. Procurei ser ao mesmo tempo bíblica e prática em cada capítulo deste livro. Quero que você cresça em seu entendimento do que está na raiz da opressão e do que a Bíblia diz sobre isso e, ao mesmo tempo, fornecer os meios para criar rotas para a proteção e restauração das vítimas.

Este livro reconhece os males do abuso doméstico e prioriza a proteção para os que são por ele afetados. Meu objetivo não é apenas que você entenda o que torna um casamento abusivo, mas ajudá-lo a entender cada coração e as situações particulares que você encontrará. Não há dois casos de abuso iguais, mas toda opressão é destrutiva e desonra tanto as vítimas quanto a Deus. Portanto, este livro se esforça em ajudá-lo a oferecer cuidados atenciosos às vítimas específicas que Deus colocou em seu caminho. O objetivo dele é prepará-lo para fazer três coisas:

- Como conselheiro, você aprenderá a *captar sinais* de que algo está errado. Você aprenderá mais sobre a dinâmica do abuso, o coração do abusador e os danos causados à pessoa abusada;

- Você aprenderá a *extrair histórias* para que possa obter clareza sobre as situações que encontra e a gravidade delas (isso pode resultar em descartar a ocorrência de abuso);
- Você estará equipado para *fornecer conselhos sábios e centrados em Cristo* ao navegar pela complexa e muitas vezes perigosa dinâmica do abuso.

FORMATO

Os primeiros cinco capítulos deste livro fornecem uma estrutura essencial para o que se segue. Você pode ser tentado a ignorá-los e mergulhar nas partes 2 ou 3. Não faça isso. Você deve entender o que está na raiz da opressão e percorrer as muitas nuances de como ajudar as vítimas antes de poder usar melhor as ferramentas que revelam diferentes tipos de abuso e trazem cura.

Esta obra tem características de um livro didático. Há perguntas de reflexão ao longo de cada capítulo para ajudá-lo a processar o que está aprendendo. Mas apenas entender a opressão não é suficiente. É preciso entender os contornos da história e do coração de cada pessoa. Assim, este livro inclui muitos recursos projetados para você copiar e reutilizar. Essas ferramentas o ajudarão a fazer avaliações e definir as prioridades ministeriais para cada pessoa com quem você estiver caminhando.

Homens podem ser vítimas de abuso doméstico, e o material deste livro pode ser aplicado a vítimas do sexo masculino. No entanto, a maior parte da minha própria experiência é com o aconselhamento de mulheres que estão em casamentos opressivos, e a linguagem que uso refletirá isso. Vou me referir às esposas como vítimas e compartilhar histórias em que os maridos são os perpetradores do abuso. Isso é consistente com o que *tipicamente* encontramos em nossas igrejas, porque o abuso doméstico possui um recorte de gênero. Os homens são mais propensos a serem os perpetradores de abuso doméstico e as mulheres, as vítimas.[2]

PRECAUÇÕES

A sabedoria exige que tenhamos cuidado e conheçamos o coração e a história de cada pessoa que chega até nós. E a sabedoria também determina que estejamos bem cientes do potencial perigo e prontos para agir rapidamente. Antes de ter suas primeiras conversas com alguém que você apenas *suspeite* estar sendo oprimida, atente para o seguinte:

- As comunicações dela podem estar sendo monitoradas; portanto, não ligue para ela, ou envie mensagens de texto, ou e-mails, ou deixe mensagens sem supor que o cônjuge dela ficará sabendo;
- Qualquer confronto com um opressor tem o potencial de aumentar o perigo. Qualquer envolvimento deve ser cuidadosamente pensado e precauções de segurança devem ser tomadas; portanto, vá devagar e primeiro prepare todo o suporte necessário. Este livro o ajudará a fazer isso;
- Algumas situações são tão perigosas e intensas que é imperativo que você envolva imediatamente conselheiros profissionais, especialistas em abuso doméstico ou policiais. Os recursos deste livro ainda serão valiosos para você, pois as vítimas que estão em crise muitas vezes têm dificuldade em perceber a gravidade

---

2 Mulheres podem ser abusivas e violentas com seus parceiros masculinos, mas estima-se que isso aconteça em menos de cinco por cento dos casos de abuso doméstico. Veja Joanne Belknap e Heather Melton, *Are Heterosexual Men Also Victims of Intimate Partner Violence?* Harrisburg, PA: National Resource Center on Domestic Violence, 2005 (Disponível em: https://vawnet.org/material/are-heterosexual-men-also-victims-intimate-partner-abuse. Acessado em 15/2/22). Infelizmente, quando os homens são vítimas, eles precisam superar os muitos obstáculos associados ao estigma de ser uma vítima masculina, então pode ser mais difícil para que os homens se exponham. Se estiver trabalhando com uma vítima do sexo masculino, use os mesmos princípios que são ensinados neste livro, vá devagar e procure compreender com ternura a história dele.

de sua situação enquanto (e até mesmo após) a intensidade chega ao ápice. Porém, se você tiver qualquer preocupação quanto ao nível de perigo em que a vítima esteja, consulte um profissional que possa ajudá-lo a determinar os primeiros passos a serem dados imediatamente. As vítimas não podem se dar ao luxo de nós cometermos erros.

INCENTIVO PARA A JORNADA

Ao se tornar um guia e consolador para esposas oprimidas, uma das coisas mais poderosas que você pode fazer pelas vítimas é lembrá-las de que o Senhor as vê, conhece seus problemas e está ativo em seu resgate. Ouça as maneiras como ele promete ser uma ajuda para elas:

> O Senhor é também alto refúgio para o oprimido,
> refúgio nas horas de tribulação. (Sl 9.9)

> Sara os de coração quebrantado
> e lhes pensa as feridas. (Sl 147.3)

> O Senhor faz justiça
> e julga a todos os oprimidos. (Sl 103.6)

A Palavra está cheia de belas e úteis verdades que vamos explorar juntos. Minha oração é para que este livro expresse o coração de Deus em favor dos oprimidos, para que você possa compartilhar esse coração com as filhas oprimidas de Deus.

PARTE 1
ENTENDENDO A OPRESSÃO

[...] Para alumiar os que jazem nas trevas e na sombra da morte,
e dirigir os nossos pés pelo caminho da paz.
Lucas 1.79

CAPÍTULO 1
ISSO É ABUSO?

Nada há encoberto que não venha a ser revelado;
e oculto que não venha a ser conhecido.
(Lc 12.2)

Andreia era uma assídua frequentadora dos estudos bíblicos e dos eventos sociais para mulheres na igreja. Deus lhe dera o dom da hospitalidade, e ela possuía uma profunda fome por Jesus e sua Palavra. No entanto, depois que seu primeiro filho nasceu, seu envolvimento nas atividades do ministério de mulheres diminuiu — e depois parou completamente.

Numa manhã de domingo, consegui segurar Andreia por alguns minutos e perguntei como ela estava se adaptando à maternidade. Quando eu disse que sentia saudades de vê-la, ela fez uma piada sobre quanto tempo levaria para ela voltar ao estudo bíblico. Embora eu talvez pudesse desconsiderar aquilo como sendo os efeitos colaterais dos sentimentos normais de uma nova mãe, algo no que ela disse me chamou a atenção. Perguntei se ela dizia aquilo por estar sobrecarregada ou se alguém a havia machucado. Seus olhos se encheram de lágrimas. "É apenas que as coisas estão difíceis em casa, e eu tenho que fazer do meu casamento minha prioridade".

Aquela afirmação podia significar qualquer coisa. Mas os olhos cheios de lágrimas de Andreia entregaram a intensidade de sua emoção. Seu marido veio até ela, e eles rapidamente deixaram o local.

Ao ver a angústia de Andreia, eu naturalmente quis procurá-la novamente; mas nas semanas seguintes, sua família sempre ia embora assim que o culto terminava, não me deixando nenhuma oportunidade de falar com ela. Perguntei se podíamos nos encontrar para conversar, mas Andreia disse que as coisas estavam apertadas financeiramente e que ela não conseguiria sair. Muitos meses se passaram durante os quais trocamos apenas simples saudações.

Cerca de um ano depois, Andreia veio até mim e perguntou se poderia me fazer uma pergunta pessoal. "Seu marido já teve ciúmes de seus filhos?" Alguns anos antes, talvez eu tivesse dito que não, e feito uma piada sobre meu marido gostar de como a casa era mais limpa antes das crianças. Mas minhas prévias interações com mulheres oprimidas me levaram a responder com muito mais cuidado. Aprendi que mulheres abusadas tendem a fazer perguntas um tanto veladas, para tentar descobrir se o que elas estão vivenciando é normal e se você é uma pessoa segura para se conversar. Meus ouvidos se aguçaram com a pergunta dela. "Por que quer saber?", eu disse. "Você acha que seu marido está com ciúmes? O que ele faz para fazer você pensar isso?"

E as histórias começaram a fluir. Andreia compartilhou comigo como seu marido ficava bravo se ela acalentasse seu filho em prantos enquanto eles estavam conversando. Ele ficava em silêncio por dias se ela mostrasse afeição pela criança. Ele dizia com frequência: "Desde que o bebê nasceu, você tem um coração de pedra para mim! Você só se casou comigo porque queria filhos". Ele ficava tão incomodado com o tempo que ela gastava para cuidar de uma criança pequena que não permitia que ela fosse ao nosso estudo bíblico ou visitasse sua família. Se ela tivesse alguma energia ou tempo extra, tinha de ser para ele. Ela tinha uma dívida para com ele, e ele deixava bem claro o que queria que ela fizesse.

A teoria de Andreia era que ele estava com ciúmes do prazer que ela tinha em seu filho, mas ela não conseguia entender o porquê. Ela se questionava se amava seu o marido o suficiente. Por que amar o filho deles o deixava com tanta raiva? Isso era normal? O que ela estava fazendo de errado? Mas a pergunta que eu me fazia era: "Isso é abuso?"

O PROJETO DE DEUS PARA O CASAMENTO

As páginas iniciais das Escrituras nos dizem que Deus sabia que não era bom que o homem estivesse sozinho; então, ele criou Eva para ter intimidade espiritual, emocional e física com Adão. Isso nos diz que o companheirismo era parte integrante do projeto de Deus para o casamento, desde o início. Ele criou o casamento para ser um meio de o marido e a mulher ajudarem um ao outro a se tornarem as pessoas que Deus as projetara para ser. Mais do que isso, nossa aliança com nosso cônjuge deve ser um reflexo glorioso da aliança de Cristo com sua noiva, a igreja (cf. Efésios 5).

Para entendermos como Deus chama os cônjuges para se relacionarem mutuamente, devemos observar como Cristo ama a igreja. Seu amor por sua igreja é abnegado, fiel, purificador, honesto e santificador. Ele a trata com honra e a serviu com um alto custo pessoal. De fato, seu amor por ela é *caracterizado* por humildade e serviço.

Paulo diz que devemos ter esse mesmo tipo de mentalidade humilde e sacrificial:

> Nada façais por partidarismo ou vanglória, mas por humildade, considerando cada um os outros superiores a si mesmo. Não tenha cada um em vista o que é propriamente seu, senão também cada qual o que é dos outros. Tende em vós o mesmo

> sentimento que houve também em Cristo Jesus, pois ele, subsistindo em forma de Deus, não julgou como usurpação o ser igual a Deus; antes, a si mesmo se esvaziou, assumindo a forma de servo, tornando-se em semelhança de homens; e, reconhecido em figura humana, a si mesmo se humilhou, tornando-se obediente até à morte e morte de cruz. (Fp 2.3–7)

Tim Keller lembra aos maridos e esposas que "não devemos viver para nós mesmos, mas para o outro. Esse é o propósito mais difícil e, no entanto, mais importante de cada um dos cônjuges".[3] Deus nos chama a amar nosso cônjuge para o bem dele e para a glória de Deus. Afinal, foi assim que Jesus amou a nós, sua noiva.

Isso é difícil de fazer. Mesmo com a ajuda santificadora do Espírito Santo, agimos egoisticamente. No entanto, somos santificados em nosso casamento quando procuramos destacar o amor sacrificial de Jesus por nosso cônjuge. Muito poderia ser dito aqui sobre como ajudar e fortalecer um bom casamento — e até mesmo um nem tão bom assim. Mas já existe um mar de materiais valiosos à disposição dos cristãos. Meu foco aqui é como o abuso em particular corrompe a aliança do casamento. Certamente, todos nós precisamos ser continuamente lembrados de que o casamento não é um lugar onde buscamos realizar nossos próprios desejos (sejam emocionais, físicos ou espirituais), mas um relacionamento no qual somos chamados a amar e servir nosso cônjuge para que ambos ajudem um ao outro a amar melhor e a espelhar mais a imagem de Deus. Mas os opressores, como aprenderemos, se especializam em quebrar a aliança do casamento junto a essas dimensões egoístas, o que causa um tremendo estrago a seus casamentos e suas vítimas.

---

3 Timothy Keller e Kathy Keller, *O significado do casamento* (São Paulo: Vida Nova, 2012), p. 67.

REFLITA

1. Motivado e alimentado por seu amor sacrificial por nós, Jesus morreu para seus próprios interesses e olhou para nossas necessidades e interesses (cf. Rm 15.1–3). Considere como isso aprofundou a intimidade entre ele e você.
2. Como você tem visto seus relacionamentos se aprofundarem à medida que você age sacrificialmente e em benefício da santificação de outros?
3. Nosso pecado sempre distorce o bom propósito de Deus. Como você tem visto seu egoísmo prejudicar as pessoas que você ama?

O QUE É ABUSO DOMÉSTICO?

Conhecer a intenção de Deus para o casamento nos permite ver o quanto ela se corrompe quando a opressão está presente. A opressão é o oposto do propósito de Deus para o casamento. O abuso ocorre em um casamento quando um dos cônjuges persegue seus próprios interesses, procurando controlar e dominar o outro por meio de um padrão de comportamentos coercitivos, controladores e punitivos. Esse padrão de comportamento controlador é comumente chamado de *abuso doméstico* ou *violência doméstica*. Gosto de usar o termo *opressão*, pois ele fornece para tal comportamento uma moldura que é abordada nas Escrituras e captura a dominação que ele envolve. Não importa que forma a opressão assuma, o resultado pretendido é o mesmo: punir e ferir a vítima para que o opressor molde seu mundo conforme seu desejo. O comportamento do opressor diz: "Sirva-me ou sofra as consequências!". Estudaremos as raízes bíblicas desse tipo brutal de idolatria no capítulo 3, mas por enquanto já podemos perceber que a opressão contrasta fortemente com o amor abnegado de Jesus.

O abuso existe em um espectro. Embora a atitude fundamental de todos os opressores seja a mesma, nenhum caso de opressão é igual ao outro. Alguns opressores se deleitam em causar danos, enquanto outros permanecem inconscientes de sua sufocante presunção.[4] Toda opressão é um pecado grave; algumas táticas abusivas podem ser mais ou menos severas do que outras, mas todas são destrutivas e desonrosas para com as vítimas e para com Deus. *Não há lugar para opressão em um casamento.*

IDENTIFICANDO O ABUSO

A identificação de um abuso envolve muitas camadas de complexidade. Nosso objetivo é identificar se um casamento é abusivo como um todo, com base no fato de o controle coercitivo ser a força dominante dentro dele. Isso não é tão simples quanto desmembrá-lo em comportamentos individuais e rotular cada um, dizendo: "Isto é abuso" ou "Isto não é abuso"; o processo é muito mais complicado do que isso! Comparemos duas maneiras de pensar sobre abuso.

Rotulando comportamentos como abusivos ou não abusivos

Às vezes, focar nos comportamentos pode ser uma maneira eficaz de avaliar casos extremos ou brutais de abuso. Se alguém está estrangulando ou batendo em seu cônjuge, realmente não importa quantas vezes ele faz isso ou por quê. Certos comportamentos, como estupro ou estrangulamento, cruzam uma linha que nos permite identificá-los facilmente como malignos e abusivos. Eles chamam nossa atenção imediatamente. Sabemos que precisamos fazer algo a respeito.

No entanto, há divergências sobre se algumas ações específicas devem ser classificadas como abusivas ou não. Por exemplo, é abusivo dirigir de forma imprudente com seu cônjuge no carro? Alguns de nós

---

4 Falaremos mais sobre isso no capítulo 3.

podem achar que dirigir de forma imprudente é uma atitude de impaciência ou imaturidade; para outros, é uma demonstração de controle. Para discernir se um comportamento como esse é abusivo, teríamos que saber mais sobre o incidente e o contexto do relacionamento em que ele ocorreu. Aquilo foi feito para assustar e controlar? O motorista conseguiu algo ao assustar a passageira, como fazê-la desistir de uma viagem para visitar os parentes? Tal comportamento se encaixa em um padrão maior de intimidação ou crueldade? Não podemos desvincular comportamentos do coração que os perpetra. Perceber isso geralmente nos leva a fazer julgamentos usando o segundo método.

Identificando controle coercitivo

Na maioria das vezes, quando nos deparamos com o abuso, ele é sutil. Há uma explicação ou justificativa para cada instância ou ocorrência individual da maioria dos comportamentos. Para responder à pergunta: "Isso é abuso?", precisamos determinar se tal evento é parte de um sistema de opressão muito mais amplo. Os capítulos seguintes o ensinarão a estar atento a padrões de coerção, a fim de que você possa identificar a opressão tendo em mente todo o contexto de um relacionamento.

Por exemplo, digamos que uma mulher relate que seu marido a tem ignorado. Para determinar se o marido está sendo desatento ou abusivo, você precisa considerar muitas coisas.

- Isso é uma punição? Se sim, pelo quê?
- Com que frequência isso ocorre?
- Por quanto tempo?
- O marido conquista algo com isso?
- Qual é o seu efeito sobre a esposa?
- Como isso muda o comportamento futuro da esposa?

- A esposa consegue expressar como isso a está prejudicando sem receber mais punição?
- Quem restaura o relacionamento depois que isso acontece? Por quê?
- O marido mostra arrependimento verdadeiro e reconhece que esse comportamento é errado?

Você percebe como é preciso ir mais fundo — observar o coração do marido e o impacto de seu comportamento sobre a esposa? Nos capítulos seguintes, você aprenderá não apenas como discernir situações de abuso, mas como identificar casamentos em que o controle coercitivo é a força dominante. No capítulo 3, aprenderemos sobre o coração que busca dominação e controle. No capítulo 4, veremos os efeitos que comportamentos escravizadores e dominadores têm na vida e no coração das mulheres oprimidas. Na segunda metade do livro, entraremos nas especificidades dos vários tipos de abuso e consideraremos os diferentes comportamentos e punições que cada tipo de abusador emprega para conseguir o que quer.

Ao avaliarmos abusos em um casamento, devemos ser precisos e cuidadosos. Rotular como abuso algo que não o é causará estragos de um tipo diferente — não apenas para as pessoas envolvidas, mas também para mulheres que encontrarmos depois e que realmente estejam sendo abusadas. Se eu erroneamente rotulasse como abusivo um casamento ruim em uma igreja, da próxima vez que precisasse ajudar uma mulher oprimida a buscar ajuda naquela igreja, demoraria mais para que os outros acreditassem nela — um tempo que ela talvez não tenha. Além disso, ajudadores em potencial podem tratá-la com mais desconfiança quando ela precisa desesperadamente de seu apoio.

Há muito em jogo. Por isso, peço que tome muito cuidado antes de rotular algo como abuso. É sábio ir devagar e compilar histórias e exemplos de poder e controle. Eu projetei este livro não apenas para ajudar você a crescer em discernimento, mas também para fornecer perguntas que extrairão as informações críticas necessárias para fazer avaliações cuidadosas e precisas. Você servirá bem tanto à vítima quanto à igreja dela quando for capaz de apresentar um retrato claro, completo e preciso do casamento dela.

HÁ MULHERES OPRIMIDAS EM NOSSAS IGREJAS

Considere quem Deus colocou em sua vida. Quem se senta junto a você em seu pequeno grupo ou fica nervosamente quieta ao seu lado em um estudo bíblico para mulheres? Deus colocou pessoas específicas em seu caminho porque ele quer que você seja suas mãos e pés. Ele quer que você represente sua compaixão para com a alma fraca e ferida dessas pessoas. Deus nos chama a olhar para sofredores específicos. Para quem ele está atraindo você?

As estatísticas que mostram a natureza generalizada desse problema podem nos sobrecarregar ou nos tornar insensíveis. Ou talvez você esteja lendo este livro porque está preocupado com uma pessoa em particular. Se o seu interesse neste tópico é mais geral, no entanto, sugiro que peça a Deus para ajudá-lo a ver a quem ele o está direcionando à medida que você ler este livro. Somos chamados a ajudar pessoas *específicas* — e essa é uma realidade fundamental.

Choque de estatísticas

Há muitas, muitíssimas vítimas de abuso doméstico sentadas nos bancos de nossas igrejas. As estatísticas são alarmantes. Uma pesquisa da Divisão de Prevenção da Violência do Centro Nacional de Prevenção e Controle de Lesões dos Estados Unidos mostra que uma em cada quatro mulheres sofre violência física grave de um parceiro íntimo.⁵ Embora os homens também possam ser vítimas de abuso, a maioria das vítimas — oitenta e cinco por cento — são mulheres.⁶ E, infelizmente, essa estatística não muda dentro dos muros da igreja — mesmo da igreja evangélica. Os líderes religiosos que foram entrevistados em um estudo acreditavam que havia violência em um de cada cinco dos casais em suas congregações; e 9,3% dos pastores entrevistados haviam aconselhado *cinco ou mais* mulheres abusadas apenas no ano anterior.⁷

Uma vez que as estatísticas dentro de nossas igrejas são as mesmas de fora delas, podemos calcular que em uma igreja com cento e sessenta mulheres, quarenta sofreram algum tipo de abuso físico ao longo de sua vida, e vinte *atualmente* sofrem abuso físico. Se considerarmos o abuso emocional, o número de vítimas explode. Isso significa que muito provavelmente cada um de nós tem perpetradores e vítimas em nosso meio.⁸

Embora seja difícil de acreditar nessas estatísticas, é essencial admiti-las. Quando considerei as estatísticas pela primeira vez, elas me chocaram. Então, pensei nos casos que conheço em minha própria igreja e, infelizmente, os números soaram muito verdadeiros. Mesmo se cortarmos essas estatísticas pela metade para acomodá-las à nossa descrença, os números permaneceriam impressionantes — até

---

5 Veja Michele C. Black et al., *National Intimate Partner and Sexual Violence Survey: 2010 Summary Report* (Atlanta: Centers for Disease Control and Prevention, 2011). Disponível em: https://www.cdc.gov/violenceprevention/pdf/nisvs_report2010-a.pdf (acessado em 16/2/2022).

6 Veja Callie Marie Rennison, *Intimate Partner Violence, 1993–2001* (Washington, DC: US Department of Justice, 2003). Disponível em https://bjs.ojp.gov/content/pub/pdf/ipv01.pdf (acessado em 16/2/2022).

7 Veja "From Religious Leaders", The Rave Project. Disponível em https://www.theraveproject.org/resources/from-religious-leaders/ (acessado em 16/2/2022).

8 Veja Ron Clark, *Setting the Captives Free: A Christian Theology for Domestic Violence* (Eugene: Cascade Books, 2005), p. xx. Citado em Justin S. Holcomb e Lindsey A. Holcomb, *Is It My Fault? Hope and Healing for Those Suffering Domestic Violence* (Chicago: Moody Publishers, 2014), p. 59–60.

mesmo perturbadores — e nosso chamado para oferecer ajuda permaneceria inalterado.

O chamado da Escritura

Na Escritura, Deus repetidamente chama seu povo a trabalhar por justiça e retidão. O Salmo 82 é uma dessas instâncias. Observe como Deus desafia seu povo com urgência, questionando por quanto tempo eles continuarão a governar a favor dos iníquos: "Até quando julgareis injustamente e tomareis partido pela causa dos ímpios?" (v. 2). Essa é uma acusação e tanto. Para trabalhar por justiça e julgar reta e imparcialmente, primeiro devemos reconhecer os transgressores. O abuso muitas vezes se oculta de nossa vista, então parte de agir com justiça significa aprimorar nossa percepção de quem pratica malignidades.

Deus, porém, não está meramente preocupado com o julgamento preciso daqueles que praticam o mal. Seu interesse pela justiça vai além de julgar os perpetradores. Ele também nos chama a intervir em favor dos aflitos.

> Fazei justiça ao fraco e ao órfão,
> procedei retamente para com o aflito e o desamparado.
> Socorrei o fraco e o necessitado;
> tirai-os das mãos dos ímpios. (v. 3-4)

Deus nos dá ordens claras e diretas: faça justiça, proceda retamente, socorra e liberte. Não é pouca coisa o que ele requer de nós. Ele implora para que nós, como seu povo, ajudemos a resgatar os fracos e oprimidos. Os capítulos seguintes o ajudarão a responder a esse chamado.

Você deseja, como o Senhor deseja, ver a igreja se tornar um refúgio para as vítimas de abuso — um lugar onde elas possam buscar ajuda com confiança e obter conselhos sábios e protetores? As vítimas não devem ser deixadas sem ajuda e esperança por falharmos em ver o que está escondido ou não sabermos o que fazer. Deus nos chama não apenas a enfrentar a opressão, mas também a fornecer proteção e cuidado aos vulneráveis. Vemos Jesus fazendo essas coisas. Ele se identifica com os impotentes, assume a causa deles e se opõe àqueles que prejudicam os vulneráveis. Como corpo de Cristo, simplesmente não podemos permitir que o abuso permaneça em nosso meio sem ser abordado. Devemos ser libertadores e protetores.

Sabedoria bíblica e modelagem da alma

Este livro é necessário não apenas por causa da prevalência do abuso, mas por causa de sua complexidade. O abuso é esmagador — não apenas para a vítima, mas também para quem ajuda. Há muito a considerar sobre como reconhecê-lo e como fornecer cuidado e proteção; e nós tendemos a temer envolver-nos no casamento de outra pessoa, encontrar o mal, sentir-nos desamparados ou lidar com algo além de nossa capacidade. Posso praticamente garantir que tudo isso acontecerá quando você entrar na vida uma pessoa oprimida, e quero que você seja capaz de amá-la bem e de se achegar confiadamente, enquanto carrega as preciosas verdades da Escritura como seu guia (cf. Hb 4.16). Por isso, este livro extrai sabedoria diretamente das Escrituras e procura torná-la praticável.

O ministério com vítimas de abuso também molda a alma. Minha oração específica tem sido para que os próximos capítulos não apenas lhe deem informações sobre o abuso e o que fazer, mas alcancem ainda mais longe, moldando seu coração para melhor refletir Jesus à medida que você ministra às mulheres oprimidas.

> **REFLITA**
>
> 1. Pense no tamanho de sua igreja. Para cada cem pessoas em sua igreja, provavelmente há cinco mulheres que sofrem abuso físico e vinte que são emocionalmente abusadas. Quantos casos pode haver em sua igreja?
> 2. De quantas histórias de abuso em sua própria igreja você tem conhecimento ou suspeita?
> 3. Como você sente o Senhor mover seu coração ao pensar no amor dele pelos vulneráveis e no chamado dele à justiça?

UM PANORAMA DOS ENVOLVIDOS

Neste livro, examinaremos os diferentes papéis que Deus, os conselheiros, os maridos opressores e as mulheres oprimidas desempenham em situações de abuso. Para começarmos, quero lhe apresentar esses atores fundamentais.

Deus

A Bíblia tem muito a dizer sobre o coração de Deus em favor das vítimas de opressão. Logo no início, ele se apresenta ao seu povo escravizado como seu libertador e protetor (cf. Ex 3.7–10). A opressão o leva a orquestrar o resgate deles da dura escravidão no Egito. Deus continua a denunciar a opressão em toda a Escritura, como quando diz: "Ai daqueles que, no seu leito, imaginam a iniquidade e maquinam o mal! À luz da alva, o praticam, porque o poder está em suas mãos" (Mq 2.1). Deus se opõe a todas as formas de opressão (cf. Sl 12.5; 34.21; Pv 6.12–16; Is 10.1–3; Jr 50.33–34), e veremos que ele se preocupa especialmente quando a opressão ocorre dentro da aliança do casamento.

Como Deus encarnado, Jesus se identifica com os impotentes e assume a causa deles, além de levantar-se contra aqueles que ferem os vulneráveis. Descrevendo seu chamado, Jesus diz: "O Espírito do Senhor está sobre mim, pelo que me ungiu para evangelizar os pobres; enviou-me para proclamar libertação aos cativos e restauração da vista aos cegos, para pôr em liberdade os oprimidos" (Lc 4.18).

Deus também nos deu o Espírito Santo para ser nosso ajudador. Ele é uma fonte de sabedoria e poder, e nos guiará à verdade. Podemos orar para que ele convença os opressores e podemos ter certeza de que ele confortará as esposas oprimidas. Confiamos que ele fará isso à medida que procuramos ajudar as vítimas.

Deus é protetor dos vulneráveis. Ele nos livra não apenas de nossa própria imperfeição e pecado, mas também da injustiça — dos pecados dos outros. Ele conhece nosso sofrimento e é movido a agir.

REFLITA

As palavras de Jesus em Lucas 4.18 vêm no início de seu ministério público. Considere as pessoas que estavam em seu coração. Isso deve ser um profundo encorajamento — não apenas para você, ao entrar neste ministério, mas também para as pessoas oprimidas.

Os conselheiros

Deus nos chama a enxergar os quebrantados e vulneráveis entre nós. Muito mais do que isso, ele nos chama a cuidar deles e protegê-los, assim como ele enviou seu Filho para fazer o mesmo.

Se você se sentiu atraído a este livro, provavelmente é porque alguém que você ama está sofrendo. Seu coração carrega o peso do coração dela. Talvez você seja um amigo ou um parente cuja preocupação é profundamente pessoal. Talvez você seja pastor ou conselheiro bíblico, ou trabalhe no ministério de mulheres e queira saber como você e sua igreja podem apoiar as mulheres oprimidas em seu sofrimento. Para cuidar de suas ovelhas vulneráveis, Deus usa muitas pessoas diferentes que desempenham vários papéis. Não importa o seu papel, você quer ajudar, mas sente o peso de fazê-lo do jeito certo. Talvez você até se sinta sobrecarregado quando pensa por onde começar, ou tenha dúvidas de como pensar biblicamente sobre um casamento abusivo. Você está entrando em um papel crítico, e há muita coisa em jogo. Quero ajudá-lo a navegar nas águas profundas e turbulentas que há à frente.

Se você serve em uma instância mais formal, terá a possibilidade de fornecer cuidados diretos ou aconselhamento formal. Há boas chances de que uma vítima se apoie em seu entendimento sobre abuso e confie em seu conselho, por isso é vital que você obtenha conhecimento.

As vítimas também se beneficiam muito do envolvimento de sua igreja, de amigos informados e de familiares que saibam como apoiá-los. Não posso enfatizar o quanto o papel vital que amigos sábios desempenham ao ajudar as pessoas oprimidas a entenderem e organizarem suas histórias. Quando pessoas que sofrem compartilham as histórias delas com você, você proporciona que elas apareçam enquanto pessoas. Este é um papel glorioso a desempenhar em suas vidas.

Amigos também podem servir como condutores que guiam as vítimas a outras pessoas capazes de fornecer ajuda mais formal ou que, quando necessário, as incentivam a se conectarem com pessoas treinadas e aptas a trabalhar para estabelecer sua segurança. Quando os amigos sabem como amar, eles reforçam o trabalho dos pastores e conselheiros bíblicos. O tempo que uma aconselhada passa em meu consultório é significativamente reduzido quando a comunidade da igreja cuida dela com sabedoria.

Cada papel de auxílio é fundamental, e muitos tipos diferentes de conselheiros podem fazer uso do material deste livro — e podem até mesmo compartilhá-lo uns com os outros para ajudar a desenvolver uma comunidade unificada de cuidado à vítima.

Diferentes tipos de conselheiros podem até mesmo se unir para formar uma equipe de cuidado. Uma equipe de cuidado trabalha com um objetivo principal: proteger a vítima. Existem pessoas com treinamento especializado em abuso que podem ser recrutadas para essa equipe, como funcionários de abrigos, ativistas pelas vítimas, conselheiros e especialistas em intervenção contra agressores (consulte o apêndice F para obter mais informações a respeito). Embora o objetivo principal da equipe seja o cuidado pela vítima, como dissemos acima, ela também deve ajudar o perpetrador a se afastar de seu pecado e parar de fazer o mal, como uma dimensão do cumprimento daquele objetivo. Seria natural que uma igreja se envolvesse na formação dessa equipe, uma vez que uma igreja deveria ser facilmente capaz de se alinhar com os objetivos da equipe como parte de seu compromisso de cuidar dos vulneráveis e lutar contra o pecado. As igrejas também têm recursos que podem ajudar com as necessidades práticas das vítimas, bem como ricas verdades bíblicas de que elas precisam.

Uma verdade fundamental que nós precisamos saber, como conselheiros, é que *não podemos resolver a opressão e não podemos fazê-la parar*. Mas podemos ser usados por um Deus poderoso — um Deus que ama seu povo e está sempre do lado dos oprimidos.

Ao entrarmos na vida das mulheres oprimidas, devemos orar fielmente — devemos buscar a sabedoria do Senhor e pedir que ele revele o que precisamos saber e ver para podermos ajudar. As coisas raramente são do jeito que parecem externamente. Mas não precisamos temer, porque o Senhor promete ser nosso guia e nosso auxílio. Em meio a esse ministério desafiador, eu o encorajo a desacelerar e ver as coisas que Deus traz à sua atenção.

> **REFLITA**
>
> Comece a pedir que Deus aumente sua sabedoria e sua dependência dele. Ore para que ele prepare seu coração para ser transformado, para que você possa amar os oprimidos da maneira que Jesus os ama.

O opressor

É essencial entender de antemão que os opressores enganam e geralmente são mestres em disfarçar o que estão fazendo. Muitas vezes, seus próprios cônjuges não reconhecem que o que lhes está sendo feito é abusivo. E não apenas os abusadores enganam os outros, mas também enganam *a si mesmos* — o que torna difícil saber como pesar suas palavras (cf. Pv 21.2; Jr 17.9–10). Isso é desorientador para todos. Quando estamos tentando diagnosticar um abuso, não podemos confiar nas aparências externas ou no que *pensamos* que sabemos sobre alguém.

Também precisamos estar cientes de como é orgulhoso o coração de um opressor. O Salmo 10 se detém no coração de quem procura praticar a impiedade. Seu orgulho o leva a falar como alguém que não acredita que terá de prestar contas ao Senhor.

> Pois diz lá no seu íntimo: Jamais serei abalado;
> de geração em geração, nenhum mal me sobrevirá.
> A boca, ele a tem cheia de maldição, enganos e opressão;
> debaixo da língua, insulto e iniquidade. (v. 6–7)

A descrição de como esse homem vomita palavras vis, mentiras, ameaças e destruição nos mostra como os opressores são orgulhosos e desgovernados.

O que complica as coisas é que nossa cultura comprou vários mitos sobre por que os homens abusam. Não podemos confiar no que achamos que sabemos sobre abuso. Aqui estão algumas desculpas comuns que você pode ter ouvido sobre por que um homem pode abusar:

- Ele foi abusado quando criança.
- É apenas o álcool falando.
- Ele não consegue controlar sua raiva.
- Ele não consegue se comunicar e expressar emoções.
- Ele foi magoado por sua última namorada e agora teme a intimidade.
- Ele está tão apaixonado que tem medo de perdê-la.

Cada uma dessas desculpas caracteriza o abusador como alguém desamparado. Elas sugerem que seus comportamentos abusivos são reativos, que ele está fora de controle. Nada pode estar mais longe da verdade. Os opressores não estão fora de controle; eles *buscam* o controle. Os opressores são movidos por seu egoísmo e seu desejo de dominar seu cônjuge. O que eles fazem sempre faz com que eles conquistem algo para si mesmos. O mal comportamento deles os beneficia. Se uma esposa é abusada ao pedir ajuda em casa, ela aprende a parar de pedir ajuda. Os opressores não oprimem porque estão feridos ou fracos; eles ferem para que possam fazer seu mundo do jeito que querem. Como veremos no capítulo 3, entender a mentalidade presunçosa de um abusador é essencial se quisermos fornecer cuidados e conselhos sábios.

REFLITA

Você está consciente de suas próprias pressuposições sobre o abuso? Agora é um bom momento para escrevê-las.

1. Por que você acha que os homens abusam de suas esposas?
2. Você já teve alguma experiência com homens abusivos? O que você acredita que motivou o comportamento deles?

A oprimida

Quando você é abusada por seu cônjuge, sabe que algo está terrivelmente errado, mas pode não ter certeza do que é — assim como acontecia com Andreia. Você fez tudo o que podia e leu todos os livros sobre casamento que encontrou, na tentativa de entender como poderia consertar seu relacionamento. Mas as coisas continuam piorando. Nada funciona.

Você vive em constante tensão, com medo da raiva de seu cônjuge, e se perguntando o que está fazendo de errado. Você tentou manter a paz de tantas maneiras que está exausta; ainda assim, você não para de tentar agradar seu cônjuge. Nada adianta.

Ninguém ao seu redor vê o que está acontecendo. Nem *você* tem certeza do que está acontecendo. Você não consegue expressar em palavras o que é viver em sua casa. Nada parece descrever.

Você se vê com muitas perguntas sem resposta: Por que não consigo consertar isto? Está tão ruim assim? Ou será que sou apenas sensível demais? Estou exagerando? A culpa é minha? O que eu fiz para merecer isso? Por que Deus não tem me ajudado? Nada impede a autocondenação.

Sua percepção da realidade fica desorientada. Sua constante incerteza alimenta crescente confusão e medo. Seu coração e seu corpo doem, e você anseia por clareza e orientação. Onde você pode procurar ajuda? Quem acreditaria em você? Outros olham para você e veem uma pessoa deprimida e ansiosa. Ninguém vê o que realmente está acontecendo.

Quando você procura outras pessoas em busca de conselhos conjugais ou apoio em oração, os conselhos delas não resolvem o problema — e, além disso, fazem com que você se sinta ferida e exposta. Há grandes chances de que aqueles a quem você pediu ajuda não entenderam a extensão do seu sofrimento e a tenham ferido ainda mais com julgamentos ou conselhos equivocados. Você não sabe em quem confiar. Você teme que as pessoas lhe tragam mais dano do que ajuda. Ninguém parece seguro para você.

Se você pudesse, desapareceria. Você se sente encurralada e sem esperança — para não mencionar a culpa por se sentir assim em relação ao seu casamento. Depois de tudo o que você leu, você acredita que as mulheres piedosas têm bons casamentos e que respeitam e se deleitam em seus maridos. Nada poderia estar mais longe da verdade para você.

REFLITA

1. Davi descreve uma experiência semelhante ao que os cônjuges oprimidos sentem quando ele relata a libertação que recebeu de seus inimigos:

> Porque ondas de morte me cercaram,
> torrentes de impiedade me impuseram terror;
> cadeias infernais me cingiram,
> e tramas de morte me surpreenderam. (2Sm 22.5-6)

Medite nesta imagem de estar implacavelmente preso sob ondas e torrentes de água — enlaçado e estrangulado. Considere como seria viver assim dia após dia.

2. Se essa fosse a sua realidade, como você procuraria identificar um conselheiro confiável?

UMA PROCURA PACIENTE E EM ORAÇÃO

Durante as conversas que tive com Andreia, as quais vimos no início deste capítulo, minha experiência com outras mulheres vítimas de abuso me levou a perceber as dicas sutis que ela estava demonstrando. Andreia estava cada vez mais isolada e ansiosa e trabalhava além da conta para ser uma boa esposa. Ao simplesmente desacelerar e fazer uma pergunta bem colocada ("Por que você está perguntando isso?"), eu dei a Andreia o espaço e o apoio para me contar mais sobre o que estava acontecendo em sua casa. Eu teria perdido de vista o que estava acontecendo em sua vida se não tivesse pedido mais informações antes de responder sua pergunta inicial.

Muitas vítimas, como Andreia, sabem que algo não está certo. Elas precisam de pessoas que as ouçam cuidadosamente e saibam extrair suas histórias. Lentamente, Andreia começou a compartilhar mais histórias comigo, enquanto eu continuava a conversar com ela de tempos em tempos. Em algumas semanas, ela se sentia culpada por falar mal do marido; outras vezes ela acreditava que estava sendo sensível demais e injusta. Mas, à medida que continuávamos a conversar, eu pude gentilmente fazê-la notar a seriedade e a extensão da crueldade e do controle de seu marido. Enfim, ela não mais se sentia como uma louca e tornou-se capaz de articular que havia um problema e que ela desejava ajuda.

Eu notei que orar para que ela tivesse clareza e sabedoria lhe era um profundo encorajamento, e assim oramos juntas por isso por muitos meses. Ela compartilhava histórias comigo; eu afirmava a gravidade do que ela estava passando. Então, juntas, pedíamos ao Senhor para guiá-la. Demorou cerca de dezoito meses, mas eventualmente ela conseguiu falar com seu pastor (comigo presente) e pedir ajuda para seu casamento. Felizmente, o Senhor a colocou em uma igreja que entendia o abuso e respondia bem. Ela imediatamente começou a receber excelente cuidado.[9]

---

9 Nem sempre é o caso. Muitas vezes as igrejas precisam ser educadas sobre como cuidar de casamentos abusivos. Veja o apêndice B, bem como a seção de recursos recomendados, para recursos adicionais para treinamento de igrejas.

Ao procurarmos as vítimas para tentar ajudá-las, devemos nos lembrar de ser pacientes e cuidadosos. Devemos nos aproximar e pedir mais informações quando sentirmos que o abuso pode estar presente, e devemos desacelerar e reservar um tempo para aprender mais sobre aquela mulher e sua história. Podemos ser tentados a dar lições sobre o mundo dela, mas primeiro precisamos aprender como é o mundo dela.

Lembre-se de que, como Andreia, as vítimas nem sempre são capazes de nos fornecer avaliações precisas de seus problemas. Podemos ajudá-las buscando cuidadosamente detalhes importantes sobre sua situação e reunindo histórias suficientes para fazer um julgamento preciso a respeito. E lembre-se de que leva tempo para que as vítimas confiem em nós, bem como para reconhecerem que estão sendo abusadas. Descobri que são necessários vários meses, se não mais de um ano, até que a maioria das vítimas com quem trabalho esteja pronta para tomar medidas substanciais para enfrentar sua opressão. Assim, ao começarmos a trabalhar com mulheres oprimidas, devemos estar preparados para agir devagar e em oração.

REFLITA

1. Medite em Efésios 4.1–2: "Rogo-vos, pois, eu, o prisioneiro no Senhor, que andeis de modo digno da vocação a que fostes chamados, com toda a humildade e mansidão, com longanimidade, suportando-vos uns aos outros em amor". Como esse chamado para sermos humildes, gentis e pacientes pode ser particularmente importante quando ministramos às esposas oprimidas?
2. Considerando o que você sabe sobre si mesmo, descreva como você pode ser tentado a agir das seguintes formas ao trabalhar com uma vítima:
   - Fazer suposições com base no que sabe;

- Ser insensível à história dela;
- Ser impaciente com o longo processo de cuidado com a vítima.
3. Confesse essas coisas ao Senhor e lhe peça ajuda para remodelar seu coração para a jornada à frente.

O QUE DEUS DIZ SOBRE A OPRESSÃO

As vítimas precisam ouvir sobre como o coração de Deus é por elas e como ele se levanta contra aquilo que lhes está acontecendo. Mulheres oprimidas precisam de conforto verdadeiro e duradouro. É fundamental que você compartilhe com as vítimas o que Deus diz sobre a opressão. Escrevi esta próxima seção[10] para que você possa compartilhá-la diretamente com as vítimas. Quero que você a leia agora e a guarde para usá-la mais tarde. Ela fala diretamente às pessoas oprimidas e aborda as preocupações de seu coração.

Descobri que o coração das vítimas muitas vezes fica ainda mais sobrecarregado por maus ensinamentos. Se queremos que elas se conectem a Deus e levem a ele suas perguntas, é essencial que as ajudemos a saber o que a Palavra de Deus de fato diz sobre elas e sua condição. Quando for a hora certa, você pode optar por ler esta seção para uma vítima ou contar essas verdades para ela — mas você deve fazê-lo à medida que procura entender no que ela acredita no momento, e deve orar com ela para que essas verdades criem raízes.

O ABUSO NÃO É CULPA SUA

Comportamentos abusivos são injustificáveis. Eles não são o resultado de suas palavras, ações ou inações. Nada que você tenha feito poderia fazer você merecer ou ser responsável por um tratamento abusivo — nada, nunca. Jesus diz:

---

[10] Uma versão do material desta seção também aparece em um livreto que pode ser entregue às vítimas: Darby A. Strickland, *Domestic Abuse: Help for the Sufferer*. (Phillipsburg: P&R Publishing, 2018), p. 14–19.

E dizia: O que sai do homem, isso é o que o contamina. Porque de dentro, do coração dos homens, é que procedem os maus desígnios, a prostituição, os furtos, os homicídios, os adultérios, a avareza, as malícias, o dolo, a lascívia, a inveja, a blasfêmia, a soberba, a loucura. Ora, *todos estes males vêm de dentro* e contaminam o homem. (Mc 7.20-23)

Seu opressor irá culpá-la pela raiva e rancor dele. Mas Jesus diz que essas ações abusivas vêm de dentro dele. Maridos dirão: "minha esposa me provocou". Mas Deus diz que o oposto é verdadeiro. Atos abusivos fluem do coração, das escolhas e ações deliberadas de um opressor. Os opressores querem que suas esposas se sintam responsáveis por seus pecados para que possam usar o medo e a culpa para controlá-las. Mas Deus diz que não é sua culpa, nunca. *Não podemos fazer ou obrigar outra pessoa a pecar.* Todos nós falhamos e desapontamos nossos cônjuges às vezes, mas há muitas maneiras saudáveis pelas quais eles podem expressar que foram feridos. Não há justificativa para abuso — nunca!

NINGUÉM MERECE SER TRATADO INJUSTAMENTE

Os opressores lançam acusações contra suas vítimas. Ouvir esses ataques implacáveis pode fazer você acreditar que merece um tratamento odioso. Você pode pensar em seus fracassos e concluir: "Eu não tenho sido uma cristã fiel, então esta é a maneira de Deus me repreender"; "Quando eu era mais jovem, caí no pecado e agora estou pagando por ele"; ou: "Se eu fosse uma esposa melhor, Deus não precisaria me punir dessa maneira". Esses pensamentos podem fazer você acreditar que merece o abuso que está sofrendo. Porém, não há nada que você pudesse ter feito para justificar a opressão. Tudo na opressão é injusto.

Quando estamos sofrendo, nossos corações clamam para entender por que algo ruim está acontecendo conosco. Às vezes olhamos para dentro e nos examinamos, perguntando: "O que eu fiz para merecer isso?". Podemos pensar que Deus está nos punindo. Mas esse pensamento é falso, porque não leva em conta a graça de Deus. Nosso mérito, passado ou presente, não determina o amor e o cuidado de Deus por nós. Ele ama os que não são amáveis e os abatidos. Quando pertencemos a Jesus, a graça que recebemos é baseada unicamente no que Jesus fez. A obra de Jesus é completa, e assim somos perdoados — completamente. De fato, Deus diz: "Também de nenhum modo me lembrarei dos seus pecados e das suas iniquidades, para sempre" (Hb 10.17; cf. Jr 31.34). Se Deus não se lembra de seus pecados e falhas, por que ele puniria você por eles? O próprio Jesus assumiu o castigo por *todos* os nossos pecados na cruz. Ele amorosamente e voluntariamente nos substituiu para que nossos pecados fossem perdoados e fôssemos reconciliados com Deus. O desejo de Deus não é nos punir, mas nos atrair para si. Ele anseia derramar sua graça amorosa sobre nós, com nossas falhas e tudo mais (cf. Gl 2.20).

DEUS ODEIA A VIOLÊNCIA

Deus não se cala sobre a questão da violência. Passagens como o Salmo 11 descrevem seu ódio por pessoas violentas. As pessoas são feitas à imagem de Deus, e ser brutal com elas profana essa imagem (cf. Gn 9.6); por isso, Deus não esconde seu desprezo pela violência. Ser casada não significa que a esposa precise ficar com um marido violento. Não é pecado fugir do perigo. Nada nas Escrituras diz que alguém deva permanecer em uma situação perigosa.

A OPRESSÃO VIOLA O PROJETO
DE DEUS PARA O CASAMENTO

Deus projetou o casamento para ser um lugar de confiança, sacrifício, cuidado e honestidade mútuos. Ele foi feito para ser um reflexo da maneira como Jesus ama sua igreja — um relacionamento que é caracterizado pelo sacrifício (cf. Gn 2.23-24; Ef 5.25, 28-30). Pessoas opressoras fazem dele um lugar de dominação. Elas têm um senso inflado de autoestima e sentem que merecem tratamento preferencial e lealdade inabalável. Usam de manipulação e pressão implacável para que suas necessidades sejam atendidas. Quando o outro falha, eles retaliam. Os opressores estão dispostos a ferir os outros para preservar suas posições de poder. Isso não é o que Deus pretende para *nenhum* casamento.

As vítimas muitas vezes pensam: "E daí? Sou casada, então é isso que tenho de suportar"; ou: "Deus odeia o divórcio, então esta é a minha realidade!" Mas não somos chamados a nos submeter e aceitar um comportamento destrutivo desenfreado. A verdade é justamente o contrário. Somos chamados a ajudar nosso cônjuge a conhecer, servir, amar e ser mais como Jesus (cf. Cl 3.12-16; 1Ts 5.14). Isso significa limitar sua capacidade de pecar contra nós. Às vezes, uma separação é a única maneira de isso acontecer. Quando o abuso está presente, as esposas devem resistir à dominação e, se for seguro para elas, expor o pecado de seus maridos (cf. Ef 5.11-14). Esse é um ato de graça para com seus maridos.

DEUS VÊ O SEU SOFRIMENTO

A opressão isola. Pode parecer que ninguém, nem mesmo Deus, vê ou se importa com o que está acontecendo com você. O salmista clama: "Pois tu és o Deus da minha fortaleza. Por que me rejeitas? Por que hei de andar eu lamentando sob a opressão dos meus inimigos?" (Sl 43.2). O pregador de Eclesiastes o explica desta forma: "Vi ainda todas as opressões que se fazem debaixo do sol: vi as lágrimas dos que foram oprimidos, sem que ninguém os consolasse; vi a violência na mão dos opressores, sem que ninguém consolasse os oprimidos" (Ec 4.1).

É natural que você se pergunte se Deus vê ou se importa com o seu sofrimento. No entanto, Jesus não apenas vê, mas também compreende sua angústia, porque ele também experimentou sofrimento e opressão. Ele "era desprezado e o mais rejeitado entre os homens; homem de dores e que sabe o que é padecer […] Ele foi oprimido e humilhado" (Is 53.3, 7).

DEUS DESEJA RESGATAR VOCÊ

Quando Deus fala sobre opressão, ele também fala sobre resgatar seu povo: "Eu livrarei as minhas ovelhas, para que já não sirvam de rapina" (Ez 34.22). Deus conecta a opressão ao livramento. Quando olha para a opressão, ele deseja libertar seu povo dela. Ele diz: "Certamente, vi a aflição do meu povo, […] e ouvi o seu clamor por causa dos seus exatores. Conheço-lhe o sofrimento; por isso, desci a fim de livrá-lo" (Êx 3.7–8). Jesus diz que foi enviado "para proclamar libertação aos cativos e […] para pôr em liberdade os oprimidos" (Lc 4.18). Deus encoraja você a clamar a ele por libertação, como o salmista fez: "Livra-me, SENHOR, do homem perverso, guarda-me do homem violento" (Sl 140.1).[11]

REFLITA

1. As Escrituras são claras quando falam sobre cada um de nós ser responsável por nosso próprio pecado. Em suma, não podemos fazer outra pessoa pecar. Por que temos dificuldade em acreditar nisso?

---

11 Para ler sobre outros exemplos de Deus mostrando seu cuidado pelos oprimidos, veja Gn 16; 1Sm 25; Sl 146.7–9; Is 1.17; Jr 50.33–34; e Zc 7.10.

2. Por que podemos ser tentados a crer que o abuso é uma punição? Como lembrar a maneira como Deus lidou com nossos pecados ao enviar seu Filho para nos redimir deve mudar nossa forma de pensar?
3. Como ser lembrado de que Deus enxerga os oprimidos — e deseja o resgate deles — lhe dá esperança?

CAPÍTULO 2
O CHAMADO PARA AJUDAR

> *Revesti-vos, pois, como eleitos de Deus, santos e amados, de ternos afetos de misericórdia, de bondade, de humildade, de mansidão, de longanimidade. Suportai-vos uns aos outros.*
> (Cl 3.12–13)

Andar com pessoas oprimidas geralmente é uma jornada lenta e deliberada — a qual não pode ser apressada. Temos de dar muito de nós mesmos para que outros possam encontrar a liberdade. Este capítulo o ajudará a preparar-se para fazê-lo. Comece a orar agora mesmo para que, ao lê-lo, Deus o ajude nesse esforço, enchendo-o de terna compaixão.

Eu não me envolvi com o ministério com vítimas de abuso por ser uma área de meu interesse. Foi esse ministério que me encontrou. Eu não estava pronta, nem havia sido treinada, para pensar em como cuidar de casamentos opressivos e das pessoas que estão presas neles. Mas Deus continuava a me enviar suas filhas preciosas. Uma após outra, cada uma vinha a mim com uma história devastadora para contar. Muitas vezes eu não sabia como ajudar — ou o que poderia sequer dizer a alguém que enfrentava abusos implacáveis dia após dia.

Ao buscar orientação na Palavra e por meio da oração, Deus continuou me mostrando que não bastava saber o que fazer ou quais verdades falar. Se eu quisesse ser eficaz, também precisava que Deus moldasse meu coração, bem como a maneira como cuidava das vítimas. Passei a perceber que as mulheres oprimidas aprendem sobre como o coração de Deus é por elas tanto por experiência quanto por proposições — tanto por meio de cuidado relacional como de conhecimento teológico, à medida que as preciosas verdades das Escrituras lhes são entregues mediante as palavras calorosas de um amigo. Se havemos de oferecer a ajuda e a verdade de que as vítimas desesperadamente necessitam, precisamos mostrar como o coração de Jesus é por elas. Jesus não apenas compartilhou seus ensinamentos sem ter compaixão pelas pessoas, nem tampouco lhes deu uma empatia desprovida de verdade. Ambos são essenciais. Portanto, antes de nos aprofundarmos na compreensão do abuso, pensaremos juntos sobre nosso chamado para cuidar bem das pessoas abusadas.

A COMPAIXÃO DE JESUS

Quando Jesus caminhou entre nós, o cuidado que ele tinha pelas pessoas feridas era caracterizado por ternura e misericórdia. Ele curou os enfermos, restaurou a visão aos cegos e falou palavras de esperança aos atemorizados. Ele ofereceu seu tempo e cuidado pessoal àqueles que sofriam. As esposas oprimidas precisam que façamos o mesmo: cuidar de suas feridas, abrir seus olhos e ajudá-las a encontrar esperança e segurança.

É aqui que Jesus pode nos servir de guia. Os Evangelhos dizem muitas vezes que Jesus teve compaixão pelas pessoas. Em Mateus 9.35–36, vemos que Jesus estava "pregando o evangelho do reino e curando toda sorte de doenças e enfermidades. Vendo ele as multidões, compadeceu-se delas, porque estavam aflitas e exaustas como ovelhas que não têm pastor". Partia seu coração ver pessoas sofrendo, e sua compaixão o movia em direção a elas.

A compaixão de Jesus sempre o levou a agir — fosse curando, alimentando ou provendo, ou chamando outros para ajudar. Se desacelerarmos e observarmos cuidadosamente seu comportamento nas passagens que o descrevem fazendo isso, veremos um manso Salvador. Por exemplo, em Lucas 7, vemos que uma viúva estava aos portões de Naim enquanto o corpo de seu filho era carregado. Ele era seu único filho, e sua morte a deixara desolada.

> Vendo-a, o Senhor se compadeceu dela e lhe disse: Não chores! Chegando-se, tocou o esquife e, parando os que o conduziam, disse: Jovem, eu te mando: levanta-te! (v. 13–14)

Ao dizer-lhe para parar de chorar, Jesus estava na verdade dizendo: "Estou aqui para ajudá-la". E, sem que ninguém lhe pedisse, ele ressuscitou o filho dela. Sem medo de ser contaminado por tocar os mortos, ele interveio para ajudar. Jesus se compadece das lágrimas de seu povo. E sua compaixão vai além de sentir empatia; por amor, ele também age.

Um bom ensino é essencial, mas Jesus não falou apenas verdades fundamentais para pessoas feridas. Ele também se aproximou dos quebrantados de coração, sentou-se com eles, chorou com eles e ouviu seus corações. E fez tudo isso com ternura. Não há uma imagem mais excelente disso do que sua encarnação. Jesus não nos salvou de longe. Ele renunciou a todos os confortos da vida celestial e tomou sobre si nossa estatura e nossas tristezas. Seu amor por nós o compeliu a se aproximar e entrar em nosso mundo e em nosso abatimento.

Da próxima vez que você ler os Evangelhos, observe outros lugares em que a mansidão de Jesus se evidencia à medida que ele cuida dos quebrantados de coração. De que maneiras podemos demonstrar sua ternura quando estamos sentados com uma alma despedaçada? Precisamos pensar cuidadosamente sobre a melhor forma de demonstrar o amor de Deus, e não apenas falar sobre ele. Os opressores são mestres em usar palavras e em dizer a suas vítimas como pensar. Precisamos ser radicalmente diferentes. Queremos levar as pessoas a ver o amor que Deus tem por elas. Desejamos que elas encontrem verdades que ecoem em sua experiência e seu sofrimento. Isso demanda ouvirmos bem antes de falar; oferecermos palavras bondosas que insiram a história de Deus em suas vidas; sermos pacientes e as entregarmos ao Senhor. Queremos que haja uma interação entre duas pessoas que igualmente precisam de um Salvador. As mulheres oprimidas precisam de conselheiros humildes que evidenciem o coração de Jesus.

REFLITA

Se fosse encarregado de mover, de sua casa até o carro, alguém que quebrou a perna, você tomaria muito cuidado para planejar as coisas. Você pensaria em como aguentar o peso dele, onde poderia segurá-lo com segurança, como poderia apoiar a perna lesionada sem causar mais dor e com que rapidez deveria andar ao carregá-la. Da mesma forma, embora a maioria das feridas das pessoas oprimidas sejam invisíveis, é útil conceituar a mulher oprimida como alguém incrivelmente ferido e sensível. Pensar dessa maneira pode ajudar você a moldar sua abordagem para interagir com ela.

1. Quais são algumas maneiras concretas de demonstrar compaixão pelas pessoas oprimidas?
2. Gaste algum tempo pensando em como você quer que a vítima experimente sua presença física e receba suas palavras. Quais são algumas maneiras pelas quais você pode intencionalmente adaptar seu comportamento para conseguir isso?

APRENDENDO COM JESUS

Mais adiante neste capítulo, discutiremos sobre como ajudar as esposas oprimidas. Porém, primeiro nos concentraremos na maneira como Jesus nos chama a tratar dos aflitos. O melhor ponto de partida é analisar mais profundamente como Jesus se aproxima de nós — seu povo fraco e necessitado (cf. Rm 5.6).

Jesus se fez pequeno

Para nosso benefício e para nos atrair a si mesmo, Jesus encobriu seu poder e majestade e se humilhou, assumindo a forma não apenas de um humano, mas de um bebê. Ele se fez pequeno, assim tornando seguro que nos achegássemos a ele. Como homem, ele era alguém com quem podíamos nos identificar — ele assumiu nossa forma, nossas lutas e nosso sofrimento.

Quando nos sentamos com os oprimidos, precisamos nos tornar pequenos também. Nossos gestos, palavras e expressões devem ser diminutos. Uma esposa oprimida não precisa ouvir nossas opiniões ou receber um discurso sobre o que ela deve fazer. Lembre-se de que seu opressor diz a ela o que fazer e como pensar. Devemos adotar uma postura diferente — de ouvi-la e restaurar sua capacidade de fazer escolhas.

Vemos muitas vezes Jesus se colocar ao lado dos quebrantados. Ele não enche os fracos de discursos. Por exemplo, ele trata Marta e Maria de maneiras muito diferentes após a morte de Lázaro (cf. Jo 11.21-37). Marta se aproxima dele com uma afirmação do poder de Jesus e de sua própria fé. Jesus lhe diz uma verdade reconfortante, confirmando que um dia Lázaro ressuscitará. Mas quando Jesus vê Maria caída a seus pés e perturbada por ter perdido Lázaro, ele simplesmente lhe pergunta: "Onde o sepultastes?", e chora também. Jesus se aproxima dos feridos, conecta-se com a dor deles e é manso para com eles.

> **REFLITA**

Jesus sabia que no momento de angústia de Maria, os gritos do coração dela precisavam ser reconhecidos e abordados. A dor dela era viva e palpável. Embora Jesus conhecesse verdades mais profundas, ele sabia que o coração de Maria não estava em condições de ouvi-las. Ele poderia ter se apressado para focar a ressurreição, mas se deteve na tristeza e permitiu que seus próprios olhos se enchessem de lágrimas.

Mais adiante neste livro, aprenderemos mais sobre falar verdades às pessoas que sofrem. Por enquanto, nosso foco está em nosso próprio coração, atitude e abordagem. Por favor, considere estas perguntas como um meio de ajudá-lo a refletir sobre esses aspectos de sua própria alma.

1. Você já foi tentado a apressar um sofredor em sua dor, pelo desejo de que ele rapidamente alcançasse a paz ou encontrasse uma solução? O que você fez? Como o sofredor reagiu?
2. Por que você acha que todos nós somos tentados a fazer isso?
3. Como você pode, em vez disso, fazer-se pequeno e diminuir suas palavras para o bem de uma vítima? Que verdades você talvez precise evitar dizer para poder se conectar com o coração daquela pessoa naquele momento?

Jesus se aproximou dos quebrantados

Jesus tocou os enfermos e bebeu e comeu com pecadores; ele estava disposto a se tornar impuro (de acordo com os costumes da época) para restaurar outros. Neste livro, ouviremos muitos detalhes de horrores e aprenderemos sobre males que jamais poderíamos imaginar. Em certo sentido, nos familiarizaremos com coisas vis e impuras.

Somos tentados a silenciar as pessoas enquanto elas estão falando — limitar as informações que compartilham para não termos de carregar conosco detalhes doentios. No entanto, as Escrituras não se envergonham de detalhes grotescos; e nós também não podemos fazê-lo. Jesus sabia o quanto era importante para os sofredores que ele não tentasse se proteger ou sentisse repulsa por suas histórias ou aflições. Vemos isso em sua interação com a mulher no poço em João 4, assim como com os leprosos e outros a quem ele curou.

As mulheres oprimidas com quem trabalho muitas vezes se sentem indignas, não amáveis, sujas e impuras. Nós combatemos esse sentimento ao não temermos suas histórias, ao mergulharmos em sua vergonha. Isso é vital para a cura delas. Jesus bebeu do cálice que lhe foi oferecido pela mulher junto ao poço; seus dedos tocaram o leproso enquanto ele o curava. Jesus não mostrou preocupação consigo mesmo; suas ações se concentravam em fazer com que aqueles que se sentiam indignos se sentissem amados, conhecidos e cuidados. Precisamos nos sentar e conversar com as pessoas de maneiras que removam a vergonha peculiar que a opressão traz.

REFLITA

1. Você consegue pensar em um momento em que você estava compartilhando uma memória vulnerável com alguém, mas a pessoa desviou a conversa para longe da sua dor? Sutilmente, isso mostrou que a pessoa não queria ouvir seu coração. Como você se sentiu?
2. Por outro lado, você consegue se lembrar de um momento em que alguém demonstrou amor de verdade apenas por ouvir você? Por que você acha que ouvir as vítimas contarem suas histórias ajuda a eliminar a vergonha que vem com o abuso doméstico?

Jesus amou como um servo

Jesus é um redentor compassivo e um fiel aliado dos oprimidos. Ele nos instrui a não abusar de nosso poder ou maltratar os fracos. Aos seus próprios discípulos ele disse:

> Sabeis que os que são considerados governadores dos povos têm-nos sob seu domínio, e sobre eles os seus maiorais exercem autoridade. Mas entre vós não é assim; pelo contrário, quem quiser tornar-se grande entre vós, será esse o que vos sirva; e quem quiser ser o primeiro entre vós será servo de todos. Pois o próprio Filho do Homem não veio para ser servido, mas para servir e dar a sua vida em resgate por muitos. (Mc 10.42–45)

Jesus sabe que aqueles que estão em posições de liderança enfrentam a tentação de impor sua autoridade sobre aqueles de quem são chamados a cuidar. Vemos isso com maridos que oprimem suas esposas. Mas aqui Jesus instrui seus discípulos a serem diferentes. Nós que estamos em Cristo devemos desejar servir aqueles que estão sob nossos cuidados. E devemos ser cuidadosos; pessoas oprimidas são vulneráveis. Nosso cuidado para com elas deve ter a essência do serviço. Se você é um líder de igreja, você mostra que a morte e ressurreição de Jesus dão origem a um tipo diferente de pessoas quando pastoreia com ternura e humildade. O povo de Jesus é caracterizado não pela dominação, mas pelo desejo de servir (cf. 1Pe 5.1–4). É assim que Jesus chama você a pastorear; e fazer isso ajudará os oprimidos a terem clareza sobre o que é o verdadeiro amor.

REFLITA

1. Pessoas oprimidas estão acostumadas a ser maltratadas. Como você acha que isso as torna vulneráveis àqueles que abusam de sua autoridade?
2. Quando líderes da igreja ministram aos oprimidos com ternura e humildade, eles dão testemunho de como o povo de Deus deve ser. Por que você acha que isso ajuda a restaurar a visão que os oprimidos têm de Deus e de sua igreja?

Jesus foi ferido

Relacionamentos que machucam não eram estranhos para Jesus. As pessoas mais próximas a ele nunca o compreenderam de fato. Ele teve de explicar sua missão e propósito para seus próprios discípulos repetidas vezes. No jardim do Getsêmani, quando ele mais precisou deles e repetidamente pediu que orassem, seus discípulos mais próximos adormeceram. Pedro e Judas o traíram em seguida.

Andar com os oprimidos causará dores e conflitos relacionais. Nem todos entendem os males da opressão ou as dinâmicas que operam dentro dela. Quando você procurar advogar em favor das vítimas, alguns companheiros cristãos podem decepcioná-lo e deixá-lo ferido e confuso. Sempre que isso acontecer, nossa postura deve ser a mesma de Jesus. Ele continuou a amar — e devemos prosseguir com amor pela igreja e por aqueles que não entendem a opressão. Nós, como Jesus, nunca devemos nos cansar de tentar ensinar outros — mesmo os opressores. Devemos continuar a ser mansos. Não queremos ficar na defensiva ou de coração endurecido, como os opressores. Não queremos interferir no cuidado que os oprimidos recebem, ao deixarmos que nossos objetivos e frustrações impeçam uma igreja de ver a opressão em seu meio. E o mais importante que temos a fazer pelas vítimas é reconhecer as nossas próprias falhas e as dos outros, assim como as feridas que essas falhas criam, de uma maneira que tenha um impacto redentor no relacionamento delas com Cristo e com sua igreja como um todo.

Ao trabalhar com os oprimidos, você será ferido. Ficará frustrado com outros cristãos. E o modo como você lida com isso aproximará ou afastará as vítimas da igreja — e de Cristo. Considere como um guia essencial a imagem de Jesus pendurado na cruz e proclamando: "Pai, perdoa-lhes, porque não sabem o que fazem" (Lc 23.34). Precisamos ser humildes e preocupados com o coração daqueles que não entendem. Ore, eduque e esteja disposto a estender misericórdia àqueles que ainda não enxergam.

REFLITA

1. Como você pode ser proativo para educar sua igreja sobre o abuso, à medida que cuida das vítimas — especialmente se você estiver recorrendo à ajuda dos líderes da igreja?
2. Há pessoas que podem apoiá-lo e encorajá-lo quando você se sentir desencorajado pela reação de outros cristãos?
3. Há pessoas estratégicas que você pode começar a educar agora — talvez até compartilhando este livro com elas — para que, quando a ajuda for necessária, haja mais unidade em sua igreja?

ENTRANDO

Acabamos de observar a compaixão que Jesus teve e como ele a demonstrou aos feridos. Dependendo do seu papel na vida da vítima, pode haver diferentes maneiras de fazer isso com sabedoria. Se a vítima for alguém próximo a você, provavelmente será fácil para você se comover com o sofrimento dela. Mas talvez você se pergunte se seu senso de urgência ou angústia pessoal com o sofrimento dela pode atrapalhar o processo de esclarecimento da própria vítima. Se estiver lidando com uma situação enquanto pastor ou conselheiro bíblico, talvez você se questione se não seria antiprofissional demonstrar que você foi afetado ao ouvir a história de uma vítima. Seja qual for seu papel, quero ajudá-lo a pensar no que você precisa oferecer às vítimas ao entrar nas histórias delas.

Ouvir

A coisa mais importante que podemos fazer é simples: ouvir. Nosso objetivo inicial é extrair a história de quem sofre. Como fazemos isso? Ouvindo. Ouvimos bem quando sentimos algo do que as vítimas sentem — quando sofremos com elas. Mais uma vez, é assim que Jesus faz. Ele se comove com o que ouve. Como ele, devemos entrar na confusão, nos medos e nas frustrações da vítima. À medida que ouvimos, as histórias que ela conta devem nos mudar e nos comover.

As Escrituras colocam isso de forma simples: "Alegrai-vos com os que se alegram e chorai com os que choram" (Rm 12.15). Adoramos a Deus quando crescemos em nossa capacidade de nos alegrar com o que alegra a vítima e chorar pelo que a entristece. No início, ministrar aos oprimidos envolve muito choro. Nosso coração se partirá constantemente se estivermos de fato ouvindo. Com o tempo, começaremos a nos alegrar ao ver Deus trabalhando e corações sendo restaurados.

A maioria das minhas aconselhadas diria que, no início, o que mais as ajudou foram minhas lágrimas e minha notória preocupação. Ouvir e ver como suas histórias me afetaram permitiu que elas entendessem que o que estava acontecendo com elas não era apenas errado, mas também algo digno de lamento. Ao me comover com suas histórias, eu conquistava a confiança delas e ao mesmo tempo deixava claro que o que lhes estava acontecendo não era correto. Você terá sua própria e peculiar maneira de demonstrar preocupação. Expresse às vítimas como você é afetado pelo que elas estão compartilhando. É de partir o coração — e elas devem saber que seu coração está partido por elas (cf. Cl 3.12).

Porém, tenha cuidado. Uma vítima não deve sentir que precisa confortar você ou que você está sobrecarregado pela história dela. Procure um equilíbrio entre mostrar que você se comove sem colocar sobre ela o fardo das emoções — somos nós que estamos pedindo para carregar os fardos das vítimas (cf. Gl 6.2).

Deixe-a expressar suas emoções

Não devemos nos surpreender ao vermos mais intensidade em uma esposa oprimida à medida que ela se conecta mais profundamente com os males que sofreu. Não devemos julgá-la por isso. Se, por exemplo, uma esposa revela detalhes de seu sofrimento de forma expressiva, devemos ficar atentos ao conteúdo do que ela está dizendo. Tentar moldar a maneira como ela conta sua história ou tentar amenizar suas emoções pode interromper seus pedidos de ajuda. Deus odeia a forma como ela foi tratada, e devemos abrir espaço para sua ira. Com o tempo, podemos ajudá-la a transformar seus gritos em lamentos, mas não devemos apressar isso.

Às vezes, uma esposa oprimida inventa desculpas para a brutalidade do marido — especialmente no início. Ou ela pode assumir a responsabilidade pela opressão. Isso pode nos confundir, mas lembre-se de que ela pode ter sido enganada e manipulada para pensar que o abuso é culpa dela. Enquanto a ajudamos a reformular sua história, não esperamos que ela enxergue o comportamento de seu cônjuge com a mesma clareza que nós. Devemos ser pacientes enquanto ela oscila entre ver a dominação de seu marido sobre si e justificar as ações dele. A culpa e a responsabilidade que ele colocou sobre ela, pelo pecado ou pela felicidade dele, a iludem. Ela não é responsável pelo pecado de seu marido, e devemos ajudá-la a ver essa verdade fundamental, mas isso levará tempo. Não a force a ver o que você vê. Ajude-a a descobri-lo com você.

Deixe-a à vontade para corrigi-lo

À medida que construímos bons relacionamentos com as vítimas, elas se sentirão mais à vontade para nos dizer quando as machucamos inadvertidamente tentando ajudar. Viver sob opressão muitas vezes faz com que as vítimas fiquem em alerta máximo. Às vezes, de um lugar de medo, elas atribuem a nós aspectos do seu relacionamento com seu opressor. Elas podem erroneamente achar que estamos sendo críticos ou indiferentes, ou até mesmo interpretar mal nossas palavras. Essas percepções errôneas não devem afetar a forma como interpretamos a credibilidade delas. Pelo contrário, devem nos alertar para o dano que está sendo causado à sua pessoa.

Quando elas compartilham essas observações conosco, devemos ficar encorajados. Esse é um sinal de que elas estão recuperando a capacidade de falar — e que confiam em nós. Mesmo que tenhamos sido mal compreendidos, é essencial ouvirmos e sermos humildes. Quando as vítimas expressam suas experiências conosco, nosso objetivo é ouvi-las e interagir com elas de maneiras que as encorajem a usar sua voz para obter a confiança de pessoas saudáveis. Não devemos nos defender ou envergonhá-las pelo modo como elas se sentiram depois de tudo o que fizemos e sacrificamos por elas. Devemos apenas ouvir.

Isso aconteceu muitas vezes no meu gabinete de aconselhamento. Certa vez, uma vítima compartilhou comigo que temia que eu ficasse desapontada se ela não deixasse seu cônjuge violento. Na semana anterior, eu havia passado algum tempo com ela analisando um plano de medidas de proteção, o que era algo bom e sábio a fazer. No entanto, ela me entendeu mal e pensou que, se ela não estivesse pronta para sair de casa, eu a consideraria um fracasso. Ela temia que eu parasse de vê-la depois de lhe dar um duro sermão. Aquilo jamais passara pela minha mente, mas, naquele momento, o mais importante era que eu levasse em conta como ela havia saído com tal impressão, o quão corajosa ela era por retornar e me dizer que não estava pronta para sair de casa, e o quão grata eu estava por ela ter compartilhado comigo o que eu a fizera sentir. Minha carne queria dizer: "Depois de três anos, você deveria saber que eu nunca lhe daria um sermão!" Mas não há uma maneira mansa de dizer: "Você deveria me conhecer melhor e confiar mais em mim"; e fazer isso teria sido humilhante e destrutivo. Eu ouvi e aprendi algumas maneiras de me comunicar melhor ao fazer planos de proteção com outras vítimas no futuro.

Essas conversas levam tempo e podem ser dolorosas, mas são vitais. Talvez nós sejamos a primeira pessoa que genuína e humildemente se arrepende e pede desculpas a uma vítima de abuso. Seu cônjuge certamente não se importa como suas palavras e ações a afetam. E, uma vez que o cuidado para com as vítimas é tão complicado, estamos fadados a cometer erros e ferir aqueles a quem tentamos ajudar. Tenha em mente que engajarmo-nos nessas conversas e estarmos dispostos a nos arrepender de nossas falhas é algo restaurador e que evidencia o evangelho.

Caminhe pacientemente com as oprimidas

Desenredar uma esposa oprimida de um agressor é como remover ervas daninhas de uma planta — leva tempo, é doloroso e exige constante cuidado. Nunca se canse de levar verdade e esperança à vítima. Ao iniciarmos a longa caminhada com cônjuges oprimidos, tenha em mente Hebreus 13.3: "Lembrai-vos dos encarcerados, como se presos com eles; dos que sofrem maus tratos, como se, com efeito, vós mesmos em pessoa fôsseis os maltratados". Uma esposa oprimida vive em cativeiro sob um cruel senhor. Quando você ministrar a ela, entre em sua vida e tome consciência da intensidade dos sofrimentos dela como se fossem seus. Ela não suportará se você se mostrar distante ou subestimar a dificuldade das circunstâncias dela.

Deus nos manda descansar

Acabo de compartilhar muitas maneiras pelas quais a Palavra de Deus compele você a agir em favor dos oprimidos. Mas isso não resume tudo o que a Bíblia diz sobre ajudar. Muitas pessoas compassivas mergulham em situações abusivas e esquecem que os conselheiros também são convidados a descansar. Mas Jesus entende nossa humanidade e nossas limitações. Ele andou nesta terra e viu nossa exaustão, nosso estresse e nosso cansaço. Ele aborda isso em Marcos 6:

> Voltaram os apóstolos à presença de Jesus e lhe relataram tudo quanto haviam feito e ensinado. E ele lhes disse: Vinde repousar um pouco, à parte, num lugar deserto; porque eles não tinham tempo nem para comer, visto serem numerosos os que iam e vinham. (v. 30–31)

Nosso corpo é limitado e devemos cuidar dele. É significativo que, embora Jesus veja as necessidades das pessoas ao seu redor, ele também vê a necessidade de descanso daqueles que estão ministrando a elas. O cuidado com as vítimas é um ministério de longo prazo, e precisamos nos envolver com ele de maneira sustentável.

Podemos descansar porque podemos confiar que Deus está trabalhando. Desde os fundamentos da criação, fomos instruídos a ter um descanso sabático. O descanso só nos é possível porque sabemos que Deus ainda está trabalhando em nosso favor e em favor de outros. Ouça como o rei Asa clama ao Senhor por ajuda: "Senhor, além de ti não há quem possa socorrer numa batalha entre o poderoso e o fraco; ajuda-nos, pois, Senhor, nosso Deus, porque em ti confiamos e no teu nome viemos contra esta multidão. Senhor, tu és o nosso Deus, não prevaleça contra ti o homem" (2Cr 14.11). O rei Asa está enfrentando pressão; ele está suplicando a Deus. Ele sabe quem deve agir para que Israel seja salvo, e não é ele. Podemos descansar sabendo que, em última análise, Deus está sempre trabalhando para o bem de seu povo (veja Rm 8.28). Sentiremos a mesma necessidade urgente de resgatar os oprimidos que Asa sentiu. Mas, como ele, temos de ministrar-lhes ao mesmo tempo em que descansamos no poder do Senhor e em nossa finitude.

REFLITA

1. Qual dessas cinco maneiras de entrar na história de uma vítima lhe parece mais desafiadora?
2. Como o cuidado paciente que Jesus demonstra por você pode ajudá-lo a estender a mesma graça a uma vítima?
3. Como você pode crescer em sua capacidade de entregar o povo de Deus ao amor, poder e cuidado divinos? Como isso pode ajudar você a descansar? De que maneiras talvez você seja tentado a se esforçar demais ao trabalhar com mulheres oprimidas?

CONECTANDO AS VÍTIMAS ÀS PALAVRAS DE DEUS

Para as vítimas de opressão, Deus muitas vezes parece distante. A intensidade de seu abuso faz com que elas se sintam ignoradas e desamparadas. Queremos que as pessoas conheçam o coração de Deus em favor delas. Como cristãos que caminham ao lado das vítimas de abuso, podemos servir como suas mãos e pés. Não podemos deixar que o foco de nossas interações com elas esteja em nós; precisamos destacar Jesus. Jesus é a evidência física, de carne e osso, do amor de Deus por nós. Quanto mais as mulheres oprimidas enxergarem Jesus, mais o amor de Deus por elas as libertará.

É crucial compartilharmos com cada vítima o que Deus tem a dizer sobre o abuso que ela está sofrendo. Ela precisará que essas verdades sejam repetidas muitas vezes. Quanto mais você puder trazer das Escrituras exemplos que mostrem o coração do Senhor em favor dos oprimidos, melhor. Deus lhe concederá oportunidades de compartilhar essas verdades que serão vitais para a cura dela, à medida que você extrai detalhes de seu casamento opressivo. Porém, compartilhar essas verdades sem se importar com o coração da vítima, ou antes que ela sinta que você a conhece, produzirá poucos frutos.[1] Lembre-se de que o objetivo é conquistar o coração de uma pessoa; o ministério relacional não deve

---

1 Há riscos adicionais se a vítima passou por abuso espiritual. Veja o capítulo 9.

parecer uma lição impessoal de teologia. Desacelere e procure conhecer o coração dela de modo a saber quais verdades falar.

Ore para que as vítimas internalizem as palavras de Deus sobre elas, seus agressores e seu sofrimento. Quanto mais uma vítima puder receber as boas palavras de Deus, mais ela será capaz de lutar contra as palavras falsas e desorientadoras de seu opressor. As palavras de Deus são verdadeiras, alimentam e humanizam. Elas contrastam muito com as palavras falsas, destrutivas e degradantes que seu abusador lhe fala. Pense em maneiras de ajudar as vítimas a ver a disparidade entre como Deus fala e como seus opressores falam — e ver quais palavras elas devem valorizar.

Podemos ajudar uma vítima a se reconectar com Deus mostrando a ela que as próprias palavras das Escrituras capturam sua experiência.[2] Abra passagens como o Salmo 69:

> Salva-me, ó Deus,
> porque as águas me sobem até à alma.
> Estou atolado em profundo lamaçal,
> que não dá pé;
> estou nas profundezas das águas,
> e a corrente me submerge.
> Estou cansado de clamar,
> secou-se-me a garganta;
> os meus olhos desfalecem
> de tanto esperar por meu Deus. (v. 1–3)

Versos como esses dão voz à profundidade da aflição de uma vítima e capturam seus exaustos e não respondidos gritos por socorro. Prossiga conduzindo-a por este salmo, até àquele ponto em que ele muda para um tom de esperança, quando os clamores do salmista

---

2 Eu mostro como parafrasear um salmo em uma oração personalizada ao final do capítulo 6.

são transformados em súplicas, à medida que ele se lembra de quem é o Senhor.

> Responde-me, Senhor, pois compassiva é a tua graça;
> volta-te para mim segundo a riqueza das tuas misericórdias.
> Não escondas o rosto ao teu servo, pois estou atribulado;
> responde-me depressa.
> Aproxima-te de minha alma e redime-a;
> resgata-me por causa dos meus inimigos. (v. 16–18)

Esses clamores esperançosos criam uma expectativa de libertação que se baseia na bondade e no amor do Senhor. Lembre continuamente às pessoas oprimidas que o Deus de conforto e resgate está do lado delas.

Nos próximos capítulos, ao examinarmos os diferentes tipos de abuso, fornecerei perguntas específicas para você fazer às mulheres que sofrem. Antes de mergulhar nisso, porém, você precisa preparar seu coração para se dispor a estar atento ao coração de uma vítima. Este ministério não é apenas sobre ajudar; trata-se de estar com as pessoas em meio à sua dor. Lembre-se de que elas precisam de nossas respostas sinceras, ternas e compassivas para verem Jesus e serem curadas.

No próximo capítulo, consideraremos como o trauma do abuso doméstico muda as vítimas. Ao fazê-lo, veremos o quanto também precisamos ser mudados para ajudar as vítimas e glorificar a Deus por meio de nosso cuidado para com elas. Eu sei que este ministério me mudou — me santificou e aumentou minha dependência do Senhor. Amar os oprimidos vai moldá-lo cada vez mais na pessoa que você foi criado para ser. Isso só acontece com quem está disposto a refletir sobre si mesmo, arrepender-se e ser humilde — mas é lindo o que Deus faz no coração de cada um que ele chama a prestar auxílio.

ORAÇÃO PARA REFLEXÃO E CRESCIMENTO

Ao se preparar para caminhar com os oprimidos, peça ao Senhor que torne seu coração mais parecido com o dele. As bem-aventuranças em Mateus 5.2–11 fornecem uma lista sucinta de atributos os quais devemos desejar que nos caracterizem cada vez mais, à medida que cuidamos dos vulneráveis. Eu os dividi e os tornei parte de uma oração para você.

>Bem-aventurados os humildes de espírito.
>*Senhor, ajuda-me a ser mais humilde e capaz de ouvir e aprender com os oprimidos.*

>Bem-aventurados os que choram.
>*Senhor, ajuda-me a entrar na dor das vítimas de abuso e chorar com elas.*

>Bem-aventurados os mansos.
>*Senhor, ajuda-me a crescer em mansidão.*

>Bem-aventurados os que têm fome e sede de justiça.
>*Senhor, assiste-me a amar e a falar da tua verdade em favor dos quebrantados.*

>Bem-aventurados os misericordiosos.
>*Senhor, faz-me compassivo e disposto a servir tuas filhas escravizadas.*

Oração para reflexão e crescimento

Bem-aventurados os limpos de coração.
Senhor, mantém-me honesto diante de ti em tudo o que digo e faço.

Bem-aventurados os pacificadores.
Senhor, ajuda-me a buscar a paz para as pessoas que são atormentadas em suas casas, estendendo-lhes a tua paz e sabedoria.

Bem-aventurados os perseguidos por causa da justiça.
Senhor, enquanto sirvo as pessoas que estão sofrendo, ajuda-me a amar a tua igreja, protege-me de pessoas ignorantes e arrogantes e lembra-me de que é um privilégio servir e sofrer por ti.

CAPÍTULO 3
A DINÂMICA DO ABUSO

Pelos seus frutos os conhecereis. Colhem-se, porventura, uvas dos espinheiros ou figos dos abrolhos?
(Mt 7.16)

Mateus e Sara brigavam rotineiramente sobre como passar seus fins de semana. Sara valorizava seus parentes e queria passar o máximo de tempo possível com eles. Mateus desejava dedicar mais tempo para que sua família de quatro pessoas pudesse desfrutar uns dos outros. Era difícil para ambos chegar a um acordo, porque cada um temia desistir de algo que valorizava, e eles frequentemente discutiam sobre o que deviam fazer em um determinado fim de semana.

Enquanto eu investigava o assunto no aconselhamento, percebi junto com eles que, embora Sara apreciasse o marido e os filhos, ela também tinha medo de perder experiências com sua família mais ampla. Quando ela se tornou capaz de lidar com esse medo, ficou mais disposta a abrir mão de certos eventos para passar um tempo apenas com sua família imediata. E depois de algumas lutas e orações, Mateus compreendeu que ele não apenas queria um tempo sozinho com seus filhos; percebeu que queria fins de semana mais tranquilos, para poder assistir a esportes na TV sem interrupção. Ele não gostava de ser tão cobrado no relacionamento. Ver essa tendência egoísta em si mesmo permitiu que ele a confessasse a Sara. Isso a abençoou muito. Eles começaram a pedir em oração que o Senhor os ajudasse a discernir a melhor forma de amar uns aos outros e passar os fins de semana.

O que Sara e Mateus queriam (experiências familiares compartilhadas e tempo ocioso) não era inerentemente pecaminoso; foi quando seus desejos se tornaram exigências que ambos pecaram um contra o outro. Quando eles priorizaram seus próprios anseios em vez de cuidarem um do outro, as coisas ficaram feias. Mas era essa uma situação abusiva? De modo nenhum. Mateus e Sara estavam ambos angustiados por sua desunião. Eles estavam dispostos a refletir sobre seu próprio coração, negociar suas diferenças e confiar em Deus nas suas dificuldades de amar um ao outro.

Mateus e Sara são um exemplo de conflito conjugal típico. Quando ambos os cônjuges em um casamento estão dispostos a trabalhar e crescer, o aconselhamento pode abordar a dinâmica de suas lutas relacionais compartilhadas. Se ambos os cônjuges trabalham para tornar Cristo o centro, confiam nele e se arrependem de suas lealdades a outras coisas, o casamento deles melhora.

Por causa disso, quando comecei a aconselhar casais, eu procurava ver como os padrões de pecado de cada pessoa estavam se desenvolvendo e enredando o outro. Quando Júlia, uma de minhas primeiras aconselhadas, relatou que seu marido mostrava pouco interesse por ela, eu ingenuamente gastei quinze minutos esboçando coisas que ela poderia fazer para reaquecer o vínculo entre eles, tais como planejar uma noite romântica ou procurar um passatempo em comum. Eu presumi que ela estava contribuindo para o problema; talvez ela tivesse deixado seu próprio interesse minguar. Eu erroneamente presumi que a acusação de seu marido — de que Júlia era fria e não conseguia expressar amor por ele — era verdadeira e que, no fundo, ele queria um casamento melhor, assim como Sara e Mateus queriam.

Porém, quando Júlia tentou implementar aquelas ideias, os resultados foram desastrosos. Comecei a perceber que meu conselho havia deixado Júlia *mais* vulnerável às constantes críticas do marido. Pior, eu a fizera acreditar que ela era responsável pelo tratamento cruel de seu marido. Sem querer, eu lhe havia transmitido a mensagem de que, se ela corresse atrás de seu cônjuge, seria digna do amor dele e evitaria a rejeição. Eu não poderia estar mais enganada.

Por que minha abordagem falhou? Eu não levara em conta o modo como funciona a opressão. Quando um cônjuge é opressor, seus desejos se tornam exigências, e ele está disposto a dominar continuamente o outro cônjuge para que seu mundo seja o que ele quer. *A opressão é muito mais do que um problema de ira ou um problema conjugal. Opressão é controle coercitivo.* O comportamento opressivo não é provocado. É o comportamento que conquista algo para o agressor. É uma expressão de possessividade perniciosa.

O QUE ESTÁ NA RAIZ DA OPRESSÃO?

Todos nós sabemos o que é sentir-se presunçoso. Isso acontece quando nossos desejos, mesmo desejos por coisas boas, se tornam perversos.

Eu exijo.

Você me deve.

Eu tenho o direito de insistir.

O que eu quero é mais importante.

Por exemplo, depois de um longo dia de educação domiciliar, sinto-me cansada. Não vejo a hora de sentar-me pelo resto da noite, logo após concluir todas as tarefas do dia. Tudo o que quero é ter trinta minutos para mim mesma, para espairecer. Porém, quando minha filha se levanta da cama às 23h com algum pedido, esses justos desejos que tenho podem mudar para pior. "Eu trabalhei duro o dia todo. Não é justo que eu tenha de cuidar disso agora. Estou cansada; preciso de um tempo! Acabei de me sentar!" É muito fácil que esses sentimentos tomem conta da minha atitude e se transformem em um rígido senso de presunção.

Porém, na verdade, há uma *escolha* diante de mim, ainda que eu não perceba. Eu posso ceder à minha crença de que mereço descanso e posso reagir com frustração e ira. Ou posso deixar de lado meus desejos e cuidar das necessidades da minha filha.

Todos nós podemos nos identificar com isso; todos somos tentados a exigir o que queremos dos outros. Podemos escolher nos entregar aos nossos desejos pecaminosos ou podemos nos arrepender deles e buscar servir ao Senhor e uns aos outros. Mas algumas pessoas nunca percebem que têm essa escolha. Os opressores veem apenas um caminho: o caminho da realização de seus desejos. Eles usarão todos os meios necessários para conseguir o que querem. No exemplo acima, uma mãe abusiva pode repreender a criança sonolenta com uma longa lista de falhas da criança ou pode ameaçá-la até que ela volte para a cama. Mesmo quando seu filho desobedece, o modo egocêntrico como uma mãe abusiva reage a essa desobediência traz dano, e não disciplina e crescimento, à criança. Tal mãe está mais preocupada com seu próprio conforto do que com o conforto ou a disciplina de que seu filho precisa. Ela deixa de ver a dor que seu comportamento causa ao seu filho amedrontado. Os opressores sentem que seus esforços para conseguir o que querem são tão legítimos que ficam cegos ou indiferentes aos efeitos que suas exigências têm sobre os outros.

Deus deseja que vivamos em busca de amá-lo e de amar aos outros acima de nós mesmos. Os opressores exigem que os outros os amem e os sirvam. Consideraremos as razões para isso na próxima seção.

Embora todos lutemos com a presunção, os opressores exibem *padrões* de exigência e punição que são arraigados, inflexíveis e implacáveis. A presunção comum se torna perniciosa quando leva uma pessoa a punir aqueles que se tornam obstáculos às suas exigências. Uma pessoa tóxica e presunçosa:

- desvia toda a culpa de si;
- não admite erros;
- racionaliza comportamentos punitivos como uma resposta apropriada.

Essa presunção pode prejudicar qualquer relacionamento; mas, especialmente no casamento,[1] a presunção perniciosa cria um clima de medo, no qual um dos cônjuges trabalha duro para evitar que o outro fique irado e o castigue. Mesmo que a esposa oprimida mude, isso não melhora o casamento e pode fortalecer ainda mais a opressão, por alimentar o próprio fogo que ela está tentando extinguir.

REFLITA

1. Como você buscaria resolver um conflito com alguém que (a) desvia toda a culpa de si, (b) não admite erros e (c) racionaliza comportamentos punitivos como uma resposta apropriada?
2. Você consegue pensar em momentos em que você mesmo transferiu a culpa, deixou de enxergar ou admitir seu próprio pecado e sentiu que sua própria ira era legítima? Como isso afetou seu relacionamento com as demais pessoas envolvidas e com o Senhor?

A PRESUNÇÃO DO OPRESSOR

Muita confusão com respeito ao abuso se resume a mal-entendidos sobre *por que* uma pessoa age de forma opressiva em relação a outra. É vital entender que a presunção tóxica está no centro da

---

[1] Ou em qualquer relacionamento que envolva uma desigualdade de poder, como um relacionamento entre pais e filhos.

opressão. Os opressores estão tão envolvidos em suas próprias necessidades que acreditam que a principal razão pela qual as outras pessoas existem é para atender às suas exigências. Quando essas pessoas falham em fazê-lo, eles as penalizam. Alguns usam táticas agressivas, como gritar, xingar, atirar objetos ou até pior. Alguns usam táticas passivas, como mentir, ignorar suas vítimas ou se retirar. De qualquer forma, eles usam a dominação e o medo para obter poder, de modo a viverem a vida que desejam. Eles procuram controlar e ferir a pessoa "infratora".

Em cada um dos exemplos a seguir, observe como a reação da pessoa presunçosa ao problema tem a intenção não apenas de punir ou culpar, mas também de controlar o resultado:

- Um marido está com dificuldades para consertar a bicicleta quebrada de sua esposa. Ele irrompe em palavrões, começa a jogar suas ferramentas para todo lado e diz à esposa que foi a inépcia dela que levou a esse momento de ira. Ela aprende a não lhe pedir ajuda.
- Um casal está conversando sobre contratar um eletricista. Quando a esposa pergunta se aquilo cabe no orçamento deles, a conversa se transforma em uma discussão. O marido fica tão aborrecido com as perguntas dela que sai abruptamente de casa, pensando: "Como ela ousa me interrogar?". O marido assim estabelece que não deve ser contestado.
- Um marido chega do trabalho na tarde de sexta-feira e explode ao ver a bagunça na porta de casa e ouvir música tocando. Ele repreende sua esposa por suas habilidades domésticas e seu caráter, depois a ignora durante todo o fim de semana. A esposa aprende que deve manter a casa em ordem.

Os opressores acreditam que são o centro do mundo ao seu redor. Eles são em grande parte insensíveis às preocupações, necessidades e importância dos outros. Acreditam sinceramente que sua visão da vida e dos relacionamentos é verdadeira e correta. Mas, é claro, este é um senso distorcido da realidade.

Consideremos seis falsas crenças que são comuns às pessoas presunçosas. Tais pessoas podem não estar conscientes dessas crenças, mas as vivem funcionalmente em seus relacionamentos e, principalmente, em seu casamento. Portanto, você geralmente não ouvirá um opressor articular essas crenças, mas precisará descortiná-las. Dependendo do indivíduo que as possui, algumas crenças são mais proeminentes do que outras, e nem todo opressor possui todas as seis. Descreverei a mentalidade de cada crença e como ela afeta um relacionamento conjugal. Ao ler a respeito de cada uma delas, tente imaginar como é estar casado com alguém que pensa assim.

Crença básica 1: Tudo tem a ver comigo

Mentalidade: Pessoas presunçosas acreditam que possuem uma posição especial. Seus direitos são os mais importantes. Trata-se de egoísmo ao extremo. É uma postura cega, autocentrada, totalmente perversa em sua essência e terrivelmente destrutiva. Quanto mais elevada for a percepção do opressor sobre si mesmo, mais a sua visão será eclipsada por suas próprias necessidades e desejos — e, de fato, mais cego ele será para o modo como suas exigências afetam os outros, e mais incapaz ele será de perceber que outras pessoas também têm necessidades e desejos. Em suma, opressores não têm empatia. Como você pode empatizar com uma pessoa que você não se dispõe a entender? Também é provável que os opressores não concebam que seu cônjuge tenha pensamentos diferentes dos seus — muito menos que tais pensamentos tenham algum valor. Eles exigem que seu cônjuge olhe para seu mundo como se eles fossem o centro de tudo.

Dinâmica conjugal: Com o tempo, as mulheres oprimidas são esmagadas sob o peso do egocentrismo de seus cônjuges. Como os opressores não têm empatia e nem noção de como suas ações afetam seus cônjuges, as oprimidas são negligenciadas e desamparadas. Elas relatam sentir-se "esmagadas" ou "negligenciadas". Cuidado mútuo e apoio em seu casamento são quase inexistentes.

Por exemplo: o marido gasta a maior parte da renda livre de sua família em seus passatempos. Mesmo quando sua esposa precisa de fisioterapia para uma lesão na mão, ele não muda seus padrões de gastos. Em vez disso, ele exige que ela trabalhe horas extras para pagar por seu próprio tratamento.

Crença básica 2: Só a minha voz precisa ser ouvida

Mentalidade: Pessoas presunçosas sempre têm razão e sabem o que é melhor. As opiniões dos outros são inconvenientes, irrelevantes ou imprecisas. Como as outras pessoas estão erradas, os presunçosos descartam, ignoram, zombam ou aniquilam verbalmente as preocupações delas. Apenas o seu próprio conhecimento ou opinião importa. Quando seus cônjuges discordam deles, eles provavelmente recebem essa discordância como rejeição ou como sabotagem — e consequências danosas resultam quando eles reagem de maneira punitiva.

Dinâmica conjugal: É difícil ser casada com alguém que não pede sua opinião ou que consistentemente a desconsidera quando você a oferece. Pessoas presunçosas normalmente ignoram ou interrompem seus cônjuges. Às vezes, eles terminam uma discussão cedendo, mas depois fazem o que queriam fazer desde o início. Como as mulheres casadas com pessoas assim não têm voz e suas contribuições não são valorizadas, elas perdem a autoconfiança, temem que seus cônjuges tomem decisões imprudentes, tornam-se exasperadas ao tentar se comunicar com eles, e ficam cada vez menos dispostas a interagir com eles. Como ninguém as ouve ou considera suas preocupações, elas se sentem sozinhas e podem ficar com medo ou deprimidas.

Por exemplo: uma esposa compartilha que está preocupada com o comportamento de um dos filhos e acha que eles deveriam marcar uma reunião com o professor da criança. Seu marido lhe diz que suas preocupações são ridículas e se recusa a ouvir suas inquietações específicas. Ele dá a entender que pedir ajuda à escola vai expô-la como uma mãe superprotetora e ansiosa.

Crença básica 3: Regras não existem para eu segui-las, mas para me manterem feliz

Mentalidade: "Eu tenho regras que você deve seguir para me manter feliz — mas você não pode nutrir nenhuma expectativa sobre mim". As regras de uma pessoa presunçosa podem soar como: "Você tem de seguir um orçamento apertado (mas eu posso ostentar a tecnologia mais recente)" ou "Você tem de manter a casa imaculada (mas eu posso deixar minhas coisas onde eu quiser)". O amor da pessoa presunçosa pelo seu próprio conforto e controle geralmente resulta em dois pesos e duas medidas: "Faça o que eu digo, mas não o que eu faço". As regras que as pessoas presunçosas estabelecem para os outros não se aplicam a elas mesmas.

Dinâmica conjugal: À medida que essa mentalidade toma conta, a quantidade e a intensidade das regras das pessoas presunçosas sobrecarregam seus cônjuges. Não só isso, as regras mudam continuamente. As vítimas da presunção de outra pessoa simplesmente não são capazes de cumprir todas as regras, mesmo quando gastam muito de sua energia contorcendo suas vidas para tentar evitar a punição que resulta da violação dessas regras. Isso se dá porque pessoas presunçosas fazem com que seja literalmente impossível seguir suas regras. Eles estão sempre mudando as coisas para que as regras tácitas se adaptem a eles; o relacionamento é uma confusão interminável de "regras" com foco em um alvo que está sempre em movimento.

Por exemplo: um marido insiste que sua esposa e filhos não falem com ele enquanto ele assiste ao futebol. No entanto, quando eles estão sentados juntos assistindo a um filme num fim de noite, ele exige que todos parem imediatamente para ajudá-lo com as tarefas.

Crença básica 4: Minha ira é legítima

Mentalidade: A ira dos opressores se legitima simplesmente porque eles pensam que estão certos. Eles não veem sua ira como um problema e não entendem nem confessam sua culpa por ela. Na cabeça deles, suas reações iracundas são razoáveis porque eles têm a percepção de que são vítimas do pecado dos outros. Simplificando: "*Minha* ira é culpa *sua*".

Dinâmica conjugal: Pessoas presunçosas são mestres em transferir a culpa: "Estou irado porque você não me ouviu"; "Você me criticou"; "Você está tentando me controlar." As vítimas se tornam culpadas se expressarem qualquer desapontamento ou sofrimento.

Por exemplo: uma esposa não está fatiando a carne como o marido gosta. Ele grita com ela na frente de seus convidados. Ela responde: "Por favor, não grite. Vou resolver". Ele então grita ainda mais alto: "Eu não teria de gritar se você não fosse tão estúpida, e apenas fizesse o que eu lhe disse!". Na visão dele, sua ira é legitimada pela estupidez dela. Tenha em mente que a ira nem sempre fala alto. Há muitas formas sutis que são igualmente destrutivas, tais como mostrar-se aborrecido, sabotar ou ignorar.

Muitas vezes, as vítimas de cônjuges presunçosos ficam confusas sobre como contribuem para o pecado de seus cônjuges. Pessoas presunçosas são convincentes e suas vítimas podem se sentir responsáveis por coisas que não são culpa delas. Elas temem deixar seus cônjuges irados. Essa dinâmica leva a uma forma de escravização relacional, pois as vítimas atendem às exigências dos cônjuges presunçosos a fim de evitar serem alvo de sua ira e punição.

Crença básica 5: Outras pessoas me atacam

Mentalidade: Quando alguém traz uma reclamação ou mesmo uma preocupação, pessoas presunçosas interpretam isso como um ataque. Elas não estão dispostas a ter outras pessoas lembrando-as de algo ou oferecendo sugestões ou opiniões. Quando alguém faz isso, elas recebem isso como um ataque. Meros pedidos assumem dimensão desproporcional. Sugestões de qualquer tipo são mal-recebidas.

Dinâmica conjugal: Pessoas presunçosas têm dificuldade em receber a opinião de outras sem perceber isso como um ataque pessoal. Por exemplo, uma conversa entre uma pessoa presunçosa e seu cônjuge a caminho da igreja pode ser assim.

— Se você virar à esquerda, pode tomar o caminho de trás.
— O quê?! Você quer dirigir? Acha que eu não sei como chegar lá?
— Não, eu só pensei que poderia haver muito congestionamento na rua principal.
— O que você sabe sobre trânsito? Você nem consegue encontrar o caminho do dentista para casa. Já que sabe dirigir tão bem, não me ligue na próxima vez que estiver perdida!

A pessoa presunçosa nem sequer cogita a ideia de que um comentário possa ser uma tentativa de ajuda. Em vez disso, ela reage a isso como se estivesse sendo atacada.

Se um cônjuge não se sente seguro para expressar preocupações ou ter uma opinião diferente, seu casamento não é baseado em honestidade e união. Na verdade, ele só gerará mais e mais desunião. O cônjuge presunçoso acumulará sentimentos exagerados de rejeição e mágoa, e o outro cônjuge cada vez mais temerá ser honesto sobre seus pensamentos. Quando intervimos para mitigar os conflitos dentro de casamentos assim, os opressores podem ser muito convincentes em apresentar-se como se fossem vítimas. É essencial irmos devagar e aprender mais sobre as situações antes de tentarmos tomar partido ou atribuir culpa.

> Crença básica 6: Eu não tenho de apreciar o que você faz, mas exijo que você aprecie o que eu faço

Mentalidade: Eu chamo isso de *raciocínio de conta bancária*. Indivíduos presunçosos se lembram de todos os depósitos de boas ações que já fizeram. Quando alguém tem uma reclamação contra eles, eles esperam que essa pessoa veja que seu saldo ainda está no azul. Em sua mente, todos os seus depósitos anteriores deveriam cancelar quaisquer reclamações. Eles não estão interessados em perceber o que estão realmente fazendo agora; preferem fazer referência a um ponto no passado em que sua conta estava positiva. Ao mesmo tempo, talvez eles não reconheçam nem apreciem nenhum dos depósitos que suas esposas já fizeram. Aquilo não era nada além da obrigação delas. Ou talvez eles sejam manipuladores, mostrando-se gratos por coisas pequenas na tentativa de distrair suas vítimas de sua perpétua e controladora insatisfação. De qualquer forma, há um grande desequilíbrio no placar do cônjuge opressor.

Dinâmica conjugal: A balança sempre pende a favor do cônjuge presunçoso, e seus depósitos anteriores justificam seu comportamento atual. Isso mantém o outro cônjuge na defensiva durante uma discussão, fazendo com que o verdadeiro problema seja rapidamente esquecido. Essa dinâmica impede a compreensão mútua e a reconciliação. No fim das contas, há tantos conflitos não resolvidos que o relacionamento se desfaz.

Por exemplo: uma esposa menciona o fato de que ficou chateada por seu marido lhe ter dado apenas uma caixa de chá como presente de Natal. Ela explica como se sentiu desvalorizada, já que todos os outros receberam presentes luxuosos. Ele responde que ela deveria ser grata por ter comprado um carro novo no ano passado e possuir um armário cheio de roupas. Ele lhe dá presentes o ano todo, e ela é infantil por ser tão incompreensiva. É irrelevante o fato de que há anos ela vinha dirigido um carro em péssimo estado e que, como todo mundo, ela precisa de roupas. Nenhuma dessas coisas são luxos. Mesmo que a esposa não tivesse razão em estar chateada, a raiva com que o marido reagiu quando ela expressou seu desgosto ainda seria injustificável.

Essas seis crenças básicas produzem e reforçam umas às outras. É difícil desenredar e desmantelar formas de pensar tão profundamente arraigadas e subconscientes. Você consegue imaginar como é viver com alguém que tem essas crenças? É sufocante.

REFLITA

1. Como você se sentiria se seus sentimentos e preocupações fossem ignorados ou desprezados por anos a fio?
2. Que tipo de pressão você sentiria se seu cônjuge estivesse insatisfeito com você todos os dias? Ou se suas regras estivessem mudando constantemente?
3. Como seria elaborar um orçamento familiar com uma pessoa presunçosa? Ter um marido que priorizasse suas próprias necessidades financeiras e não estivesse disposto a ouvir suas preocupações? Tenha em mente como as finanças afetam você, seus filhos e seu futuro.

PESSOAS PRESUNÇOSAS TÊM UM PROBLEMA DE ADORAÇÃO

Os opressores não apenas carecem de empatia e punem os outros. Por trás das seis crenças básicas que estão na raiz da presunção e dos comportamentos prejudiciais que ela causa, está a distorção mais significativa e prejudicial de todas: um problema de adoração. Os opressores se veem como o centro de seu mundo; seus corações dizem: "Fui criado para ser adorado, não para adorar". Mas *Deus* é o centro de todas as coisas. Ele nos criou para adorá-lo. Então, quando "Eu, eu, eu!" governa tudo, Deus é destronado, a adoração é impedida e o crescimento cristão é atrofiado.

Os opressores exigem que todas as demais pessoas se devotem a *eles* — não a Deus. Eles fazem isso de três maneiras:

1. Eles exigem ser "adorados". Os opressores possuem a crença funcional de que devem ser o único objeto de preocupação e cuidado dos outros. Suas necessidades e desejos são os mais importantes, e os outros devem renunciar seus próprios desejos e preferências a fim de servi-los.

2. Eles exigem obediência dos outros. Eles estabelecem regras que contribuem para seu próprio conforto e esperam que seus cônjuges cumpram essas regras. Quando as regras são violadas, os opressores respondem não com a graça perdoadora do nosso único e verdadeiro Deus, mas com a ira ardente de quem se sente ofendido e legitimado em sua punição.

3. Eles não têm obrigações para com ninguém. Os opressores ignoram o chamado de Deus para amarmos nosso próximo como a nós mesmos (cf. Mt 22.37–39), e se sentem justificados nisso. Os outros devem amá-los — mas eles não amam reciprocamente. Seu casamento não se baseia em cuidado mútuo, porque um dos cônjuges submete o outro a desejos, expectativas e exigências implacáveis.

O CULTO DE SI MESMO COMO UMA DISTORÇÃO DA VERDADEIRA ADORAÇÃO

Culto de si mesmo	Verdadeira adoração
Tudo tem a ver comigo. Toda a criação existe para mim — para servir às minhas necessidades e desejos.	Todas as coisas foram criadas por Deus e existem para glorificá-lo. Portanto, também sou criado para glorificá-lo.
Só a minha voz precisa ser ouvida. Minhas palavras são mais sábias e verdadeiras do que as de qualquer outra pessoa. Meus pensamentos são infalíveis e perfeitos.	Somente as palavras de Deus são infalíveis e perfeitas. Não devo confiar em meu próprio entendimento a meu respeito, mas devo pedir que ele sonde meu coração.
Regras não existem para eu segui-las, mas para me manterem feliz. Todos devem me adorar — seguir minhas regras e me trazer conforto, glória e honra.	Somente Deus deve ser adorado, e suas leis são definitivas. Sou chamado a viver de acordo com suas regras.
Minha ira é legítima. Eu não preciso de perdão; minha raiva é boa e justa.	Somente a ira de Deus é plenamente legítima e perfeita. E só ele me justifica.
Outras pessoas me atacam. Eu não machuco os outros; *eles* me *ferem*. Eu já estou santificado.	Só Deus é perfeito e está acima da crítica. Eu preciso da ajuda de Deus para ser santificado.
Eu não tenho de apreciar o que você faz, mas exijo que você aprecie o que eu faço. Você me deve honra por tudo o que eu lhe tenho provido.	Somente Deus merece nossa adoração, pois ele é o doador de toda boa dádiva. Devo erguer os olhos a ele com um coração de gratidão e dependência.

SONDANDO A PRESUNÇÃO

Todos nós lutamos contra a presunção. Sim; até mesmo você e eu. A Bíblia deixa claro que somos pessoas egoístas e orgulhosas. No entanto, aqueles que oprimem outras pessoas têm um problema de adoração excepcionalmente grave. Mesmo entre opressores, encontraremos graus variados de punições e veremos diferentes espectros de severidade. Mas todos os opressores têm uma perspectiva de vida que não reflete a realidade estabelecida por Deus, e isso prejudica seu relacionamento com ele. Quando esse grave problema de adoração existe em um casamento, é desastroso e muitas vezes perigoso.

Quando a maioria dos cristãos lida com um casamento problemático, eles encaram o problema do casamento como se ele envolvesse dois pecadores que contribuem com padrões pecaminosos para o relacionamento, como acontecia com Sara e Mateus. Se falharmos em considerar a possível presença de dinâmicas opressivas, como eu fiz com Júlia, falharemos em ajudar; ou, o que é pior, causaremos danos às vítimas sem saber. Avaliar a gravidade da presunção quando encontramos conflito conjugal é uma maneira de começar a detectar se o abuso está ocorrendo.

PERGUNTAS DE SONDAGEM DA PRESUNÇÃO ABUSIVA

Ao começarmos a suspeitar que a opressão esteja ocorrendo em um casamento, podemos sondá-la indiretamente, tentando ver se um dos cônjuges está exibindo sinais de presunção abusiva. As perguntas a seguir podem nos ajudar a começar a reconhecer o terreno. Elas abrem um caminho em que não precisamos mencionar que suspeitamos de abuso. Elas também podem servir para nos ajudar a ter noção do clima do casamento — algo que muitas vezes é difícil de avaliar de fora. Leia-as agora e observe os aspectos da presunção abusiva que elas procuram revelar. Em seguida, guarde-as para uso posterior.

Você pode usar essas perguntas em momentos diferentes ao longo do processo de descoberta do abuso. Como é muito importante entender a presunção do opressor, muitas vezes faço essas perguntas à mesma vítima várias vezes. Destacarei abaixo alguns métodos que costumo usar para fazer isso; mas, seja qual for o momento em que fizer essas perguntas, certifique-se de aprofundar o assunto com mais discussão, à medida que você busca exemplos concretos de como a presunção se revela.

- Você pode escolher uma ou duas perguntas para fazer a alguém que está apenas começando a compartilhar com você as dificuldades em seu casamento. Esta é uma maneira útil de obter mais informações sobre sua situação particular.
- Se começar a suspeitar que a opressão está presente no casamento dela, explique que você ficou preocupado com o que ouviu (sem usar a palavra *abuso*). Em seguida, percorra a lista

Perguntas de sondagem da presunção abusiva

completa de perguntas de sondagem com ela. Fique de olho nas histórias contadas por ela que indiquem um desequilíbrio relacional.

- Você pode usar ou revisitar essas perguntas com uma vítima logo após identificar o abuso no casamento dela. A esta altura do processo, você deve tomar nota dos padrões que se revelam. Isso ajudará a vítima a obter clareza e discernimento sobre como ela deve responder. Além disso, fornecer informações precisas sobre as principais atitudes presunçosas do opressor ajudará as pessoas que ministram a ele a concentrar adequadamente seus conselhos nas raízes de sua adoração distorcida.

PERGUNTAS

- Você tem medo de discordar de seu cônjuge?
- O que acontece quando você tenta compartilhar uma opinião diferente da de seu cônjuge?
- Seu cônjuge já ignorou você alguma vez? Se sim, por quanto tempo e quando?
- Como você sabe quando seu cônjuge está irado? Seja específica. Como é a ira dele? O que ele diz e faz?
- Quando vocês estão conversando sobre assuntos difíceis, como seu cônjuge expressa desacordo (zombando de você, virando as costas, revirando os olhos, jogando coisas)?
- O que acontece se você o desapontar?
- Você sente como se houvesse dois conjuntos de regras — um para você e outro para seu cônjuge?
- Você se sente pressionada a fazer coisas que não quer fazer?
- Seu cônjuge lembra você das ocasiões em que você pecou contra ele? Quando e como?

A PARÁBOLA DAS ÁRVORES[2]

Ao buscarmos compreender os males dos comportamentos opressivos e controladores, podemos nos voltar às vívidas imagens das Escrituras. A parábola das árvores em Juízes 9 me permitiu compreender tanto o coração dos que governam pela dominação quanto as consequências desse governo para os dominados.

O CONTEXTO

O livro de Juízes registra os eventos de uma era em que não havia um rei em Israel. Durante esse tempo, Deus levantava líderes (chamados juízes) para ajudar seu povo. Gideão foi um desses juízes. Após a morte de Gideão, um de seus setenta filhos, Abimeleque, usou assassinato e engano para assumir o controle. Ele convenceu o clã de sua mãe a apoiá-lo insinuando que os favoreceria com o poder que ganharia. Com o apoio deles, ele matou todos os setenta de seus irmãos, exceto Jotão, o mais novo, que sobreviveu ao ataque se escondendo (veja Jz 9.5). Jotão respondeu com uma parábola que condenava as ações de Abimeleque.

A PARÁBOLA

> Foram, certa vez, as árvores ungir para si um rei e disseram à oliveira: Reina sobre nós. Porém a oliveira lhes respondeu: Deixaria eu o meu óleo, que Deus e os homens em mim prezam, e iria pairar sobre as árvores?

---

2 Uma versão do material desta seção também aparece em um livreto para conselheiros: Darby A. Strickland, *Domestic Abuse: Recognize, Respond, Rescue* (Phillipsburg: P&R Publishing, 2018), p. 9–11.

Então, disseram as árvores à figueira: Vem tu e reina sobre nós. Porém a figueira lhes respondeu: Deixaria eu a minha doçura, o meu bom fruto e iria pairar sobre as árvores?

Então, disseram as árvores à videira: Vem tu e reina sobre nós. Porém a videira lhes respondeu: Deixaria eu o meu vinho, que agrada a Deus e aos homens, e iria pairar sobre as árvores?

Então, todas as árvores disseram ao espinheiro: Vem tu e reina sobre nós. Respondeu o espinheiro às árvores: Se, deveras, me ungis rei sobre vós, vinde e refugiai-vos debaixo de minha sombra; mas, se não, saia do espinheiro fogo que consuma os cedros do Líbano. (Jz 9.8–15; parágrafos acrescidos)

A INTERPRETAÇÃO

Nessa parábola, as árvores (que representam Israel) pedem um governante. A oliveira, a figueira e a videira com razão recusam o pedido das outras árvores para governá-las, porque têm um claro senso de sua própria vocação frutífera. Elas sabem para que foram criadas e se deleitam em cumprir seu propósito. Como estão mais dispostas a servir do que a governar, não se sentem tentadas a cobiçar um papel que não é seu. Elas não disputam poder, controle ou glória.

O espinheiro, no entanto, tem uma reação diferente. De bom grado ele se oferece para governar as árvores, mas com uma promessa irônica e ridícula: "Refugiai-vos debaixo de minha sombra". Um espinheiro não tem folhas, somente espinhos, e não pode oferecer abrigo. O tipo particular de espinheiro que cresce em Israel tem espinhos com vários centímetros de comprimento. Sendo um arbusto de baixo crescimento, ele não oferece sombra nenhuma às árvores mais altas. Ele não protege do sol. E, pior ainda, ele rapidamente cresce, sufoca e perfura tudo o que o cerca. Ele claramente não é um líder adequado para as árvores, mas mesmo assim corre atrás do papel. O espinheiro mostra seu caráter — e sua propensão para destruir e oprimir — ao afirmar que está disposto a usar o fogo para destruir qualquer coisa que se oponha a ele.³

A parábola de Jotão se torna verdadeira no desenrolar do reinado de Abimeleque. Para manter o poder, ele continua a matar pessoas. Ele chega a jogar sal na terra, destruindo seu potencial agrícola (cf. Jz 9.45). Como o espinheiro, Abimeleque é um opressor. Ele busca poder e controle que não são legitimamente seus. Sua tirania prejudica os outros. Assim como o espinheiro não é um rei apropriado para as árvores, Abimeleque não é um líder digno para Israel. Ambos desejam dominar aqueles que estão sob seu controle. Quando contrariados, sua resposta é destruir o ofensor que os contrariou.

A APLICAÇÃO

Quando entendemos como o opressor se comporta em um casamento e o que o cônjuge oprimido vivencia, havemos de abordá-los de forma diferente de como faríamos com outros casais. Nosso cuidado para com cada cônjuge precisa refletir as complexidades do que a esposa nos revelou sobre si mesma. O versículo 14 em 1 Tessalonicenses 5 nos chama a admoestar os insubmissos, consolar os desanimados e amparar os fracos. O cuidado que damos a cada cônjuge deve expressar as diferenças entre eles. Para a esposa oprimida, o cuidado é caracterizado por ternura. Ela está ferida, com medo, potencialmente em perigo e possivelmente confusa sobre o que está certo e errado no relacionamento.

3 Não é de admirar que as Escrituras sempre retratem os espinheiros negativamente. Espinheiros, cardos e abrolhos representam desolação e morte. Eles não protegem (cf. Is 9.18); não dão frutos (cf. Mt 7.16); consomem a virtude de qualquer coisa ao seu redor (cf. Is 5.6); são destrutivos e inúteis. Sua própria existência é uma maldição (cf. Gn 3.17–18), e o solo em que habitam deve ser queimado (cf. Hb 6.8).

Tenha em mente que dar à esposa oprimida um lugar para ser ouvida e reconhecida ameaça o controle do opressor sobre o casamento. Isso pode colocar a mulher oprimida em uma situação ainda mais perigosa. Lembre-se da ameaça do espinheiro sobre o fogo! *A preocupação com a segurança da esposa oprimida deve estar sempre em foco.* É sábio pedir a ajuda de conselheiros que estão familiarizados com o abuso, pois há muitas complexidades envolvidas em prestar cuidado com sabedoria.

O cuidado com o opressor deve incisivamente abordar a maneira como ele tem manipulado e dominado implacavelmente a esposa. Deve se concentrar em extinguir comportamentos punitivos e, em seguida, cavar fundo em seu coração até chegar à sua presunção, de modo a ajudá-lo a se arrepender do poder e do controle — algo que exigiria um livro à parte.[4]

REFLITA

1. Pare para visualizar como seria uma árvore enlaçada por espinheiros de rápido crescimento. Como será viver cercado por espinheiros como esse? Como isso pode deixar uma pessoa confusa sobre o que lhe está acontecendo?
2. Se definirmos uma esposa oprimida como uma árvore que está sendo engolida e estrangulada por um espinheiro opressor (seu marido), como isso influencia a maneira como a tratamos?
3. Você acha que abordar as respostas pecaminosas de uma vítima à sua opressão é o lugar por onde devemos começar? O que precisa acontecer primeiro para que ela cresça e seja saudável?
4. Você consegue perceber por que pode ser perigoso iniciar esse processo? Quem será a vítima das punições do opressor quando ele for

---

[4] Felizmente, Chris Moles já o escreveu: *The Heart of Domestic Abuse: Gospel Solutions for Men Who Use Control and Violence in the Home* (Bemidji: Focus Publishing, 2015).

confrontado? O que pode acontecer se a árvore não estiver protegida do espinheiro à medida que você interage com os dois?

5. Há sempre dois pecadores em um casamento; mas o efeito destrutivo e dominador de um opressor e a impotência da oprimida mudam radicalmente a dinâmica de seu relacionamento. Quando o poder está concentrado em uma pessoa que tiraniza a outra, aquela se torna como um espinheiro cercando seu cônjuge oprimido. O espinheiro aperta cada vez mais, causando cada vez mais dor. Você acha que aconselhar o espinheiro a ser um cônjuge melhor pode ajudar a mudar a dinâmica relacional? Ou a parar o desejo de dominação do espinheiro?

6. Por que ensinar a árvore a servir melhor ao espinheiro pode, na verdade, alimentar as presunções do opressor? Você acha que o espinheiro ficará satisfeito? Qual é o objetivo do espinheiro?

CAPÍTULO 4
ENTENDENDO OS IMPACTOS DO ABUSO

Clamam os justos, e o Senhor os escuta
e os livra de todas as suas tribulações.
Perto está o Senhor dos que têm o coração quebrantado
e salva os de espírito oprimido.
Muitas são as aflições do justo,
mas o Senhor de todas o livra.
(Sl 34.17-19)

As amigas de Cátia sabiam que algo não estava certo. Ela parecia ansiosa o tempo todo. Ela confessou a algumas delas que se sentia um fracasso em seu casamento e que estava tendo dificuldade em respeitar seu marido e servi-lo. Suas amigas lhe deram dicas sobre como ela poderia ser uma esposa e mãe melhor, mas ela não parecia melhorar. Ela até parou de ir ao estudo bíblico das mulheres.

As amigas de Cátia se preocupavam que ela estivesse respondendo mal às tensões da vida e talvez até se afastando da fé. Quando falavam com ela e lhe faziam perguntas, as respostas de Cátia eram desconexas e cheias de dúvida. Era difícil para elas se aproximarem. Quanto mais tentavam tratar da vida dela e abordar suas fraquezas, mais ela se afastava. Ela parecia estar murchando diante de seus olhos, e elas não conseguiam ver o porquê. Talvez ela não tivesse fé? Se Cátia se esforçasse mais e orasse mais, com certeza melhoraria.

Cátia também não conseguia entender por que não conseguia dar conta de sua vida. Afinal, era uma vida boa: ela tinha boa condição financeira, seus filhos eram alegres, seu marido a mimava com presentes e saídas. Tudo simplesmente parecia fora de sintonia. Sua mente estava nublada pela culpa, e seu corpo estava tomado de ansiedade. Ela experimentava uma pressão interna implacável que culminava em enxaqueca quase todas as tardes. Ela estava preocupada com seu desempenho como mãe. Tinha medo de estragar seus filhos. Em muitos dias, ela ficava paralisada por emoções avassaladoras. Quando seu marido Guilherme chegava em casa, ela queria fugir e não conseguia entender por que não queria passar mais tempo com ele e os filhos. Então, quando ela finalmente veio a mim para aconselhamento, procurava ajuda para sua intensa culpa.

Cátia começou a registrar seus pensamentos de culpa e encontrou neles um padrão. Eu liguei os pontos primeiro; logo depois, Cátia conseguiu relacionar seu sofrimento físico ao humor de Guilherme e o início de suas dores de cabeça, à hora que ele chegava em casa. Ao longo de muitos meses, ela começou a ver que quando Guilherme ficava desapontado, ele a punia. Quando a casa deles não atendia às suas expectativas, ele atacava o caráter de Cátia, a sua aparência e o modo como ela criava os filhos. Ocasionalmente ele jogava coisas, mas na maioria das vezes ele dava sermões, criticava e ficava aborrecido. Nem tudo era como parecia às amigas de Cátia. Semana após semana, nós nos reuníamos e Cátia me contava o que estava acontecendo em sua casa.

REFLITA

1. Por que você acha que interpretamos mal as pistas de que uma pessoa está sendo oprimida?
2. Nós confiamos fortemente no que vemos; mas, como no caso das amigas de Cátia, é fácil não perceber que uma pessoa está sofrendo. De que maneiras você pode se tornar mais consciente dos fardos não ditos de outras pessoas?
3. Considere Gálatas 6.2: "Levai as cargas uns dos outros e, assim, cumprireis a lei de Cristo". O que esse ensinamento significa em relação a como devemos interagir com uma alma sobrecarregada?

A ESPOSA APRISIONADA

Na "parábola das árvores" abordada no capítulo anterior, vimos que os opressores são como espinheiros. Eles são incapazes de fazer sombra, um símbolo de proteção (cf. Is 25.4). Pelo contrário, seus espinhos longos e penetrantes infligem dor e aprisionam aqueles que passam. Se quem é aprisionado tentar se libertar dos espinhos, sofre mais feridas.

O objetivo do espinheiro é a dominação. Ele não discrimina frutos bons de frutos ruins. Os espinheiros sufocam até mesmo o fruto vivificante de uma árvore. Eles não se importam com o que seu domínio custa aos demais. Os opressores, semelhantemente, querem apenas mais controle e usam táticas severas para obtê-lo. Por causa de seu senso de presunção, eles estão dispostos a ferir para manter o poder. Eles não apenas ficam incomodados com o que consideram ser falhas de suas esposas, mas também atacam até os melhores esforços delas.

Uma pessoa casada com um opressor não tem um casamento caracterizado por confiança, cuidado e honestidade. É caracterizado pela dominação e pelo medo. Esse não é o desígnio de Deus para o casamento; isso é escravidão. Ao longo do tempo, esposas oprimidas tornam-se aprisionadas, isoladas e dominadas. Para sobreviver, elas precisam aplacar as infinitas exigências e caprichos de seus opressores. Elas contorcem suas vidas para sobreviver a um governante brutal e controlador.

Presas nos dolorosos ramos do espinheiro, esposas oprimidas ficam confusas e perdem a capacidade de ver sua situação com clareza.[1] Mas elas não são as únicas pessoas com dificuldade para ver a situação com clareza. O complexo trauma que esposas oprimidas sofrem dia após dia, ano após ano, causa danos peculiares à sua personalidade, os quais as moldam de maneiras que outros confundem com marcas de pecado ou fraqueza na fé. Amigos e pessoas de fora não veem como é a realidade dessas vítimas dentro de sua casa, e as vítimas muitas vezes não compartilham o que está acontecendo por causa de sua própria confusão, vergonha ou medo. Assim, mesmo pessoas com a intenção de ajudar podem identificar erroneamente as feridas das vítimas como problemas a serem tratados e não como feridas de opressão. Em vez de atribuir o dano ao abuso, elas fazem avaliações incorretas e fornecem conselhos inadequados.

Aqui estão alguns efeitos comuns de ser controlado por um cônjuge opressor:[2]

Angústia física
- Dores de cabeça
- Sintomas gastrointestinais
- Dor crônica ou inexplicável
- Ansiedade (variando de nervosismo leve a ataques de pânico)
- Falta ou excesso de sono
- Mudanças nos padrões alimentares
- Distúrbios autoimunes
- Infertilidade

---

[1] Para saber mais a respeito, cf. Darby A. Strickland, *Domestic Abuse: Help for the Sufferer* (Phillipsburg: P&R Publishing, 2018), p. 9–14.
[2] Lembre-se de que esses sintomas também podem aparecer em pessoas que não sofrem abuso.

Vergonha
- Sentir-se indigna
- Pensar que tudo é culpa sua
- Ter vontade de desaparecer
- Ser bombardeada com pensamentos autocríticos

Dificuldades na fé
- Experimentar conflitos com a espiritualidade
- Questionar o cuidado de Deus
- Ter dificuldade para orar ou buscar conforto nas Escrituras

Excesso de vigilância
- Temor pelos filhos
- Temor pela segurança física, emocional e/ou econômica de alguém
- Perda da sensação de proteção
- Incapacidade de confiar nos outros

Intrusões
- Lampejos do passado
- Pensamentos intrusivos
- Dificuldade de concentração
- Irritabilidade ou sensação de estar à flor da pele

Fugas
- Sentimentos de desesperança
- Apatia
- Torpor ou indiferença
- Fuga de pensamentos, sentimentos, lugares, atividades e pessoas
- Perda de amigos
- Sensação de afastamento

Sobrecarga de emoções
- Depressão
- Ira
- Sensação de perder a cabeça
- Choro incontrolável

REFLITA

1. Ao refletir sobre esta lista de efeitos do abuso, quais dos sintomas podem ser confundidos com problemas que resultariam da vítima e não de sua opressão?
2. Ao ver esses sintomas em alguém, a sua tendência é rotulá-los como pecado? Ou percebê-los faz você querer saber mais sobre a história da pessoa? Por que você acha que isso acontece?

CULPAR A VÍTIMA

As amigas de Cátia não tinham a intenção de culpá-la por seu sofrimento, mas as palavras delas a machucaram, a despeito da intenção delas. Semelhantemente, os amigos de Jó lhe causaram danos por também não conseguirem entender a natureza do sofrimento e as feridas que esse sofrimento cria.

Apenas uma semana após Jó enfrentar tremenda perda e dor, seus amigos pararam de lamentar com ele. Rápida e severamente, eles voltaram sua atenção para como o coração de Jó estava respondendo à sua insuportável dor. Eles questionaram sua fé e sua justiça e até o culparam por seu próprio sofrimento. Seu cuidado para com ele foi desastroso; suas suposições e conselhos causaram-lhe mais tormento. O próprio Jó lhes disse isso ao falar: "Pobres consoladores são vocês todos!" (Jó 16.2, NVI). Não queremos ser os amigos de Jó. Em vez disso, devemos apontar as pessoas para Jesus e para a sabedoria de Deus.

Jó era de fato um pecador, como todos os humanos são, mas *ele não pecou de forma a torná-lo diretamente culpado por seu sofrimento*. Mesmo assim, seus amigos o culparam. Embora eles estivessem cientes de seu sofrimento, o "cuidado" deles apenas o feriu mais uma vez — especialmente quando o culparam por seu sofrimento.

Como os amigos de Jó fizeram, nós podemos inconscientemente — ou pior, conscientemente — culpar as vítimas pelo abuso que estão sofrendo. Esquecemos que elas estão escravizadas; elas não são livres. Precisamos lembrar que elas vivem com medo — muitas delas, aterrorizadas demais para se manifestar ou fazer mudanças quando sentem que isso as colocará em perigo ainda maior. Lembre-se de que, assim como o espinheiro, o opressor buscará suprimir qualquer mudança que a vítima tente fazer para melhorar sua vida.

Quando nunca estivemos em um relacionamento abusivo, fica difícil imaginar como é. Achamos que as vítimas têm escolhas, mas não entendemos as retaliações que elas sofrem ao fazê-las. Cátia havia tentado resistir ao modo como Guilherme a tratava. Certo dia, ela resolveu: "Não vou passar por todo o esforço de limpar a casa e me arrumar para quando ele chegar". Guilherme ficou furioso pelo resto da noite. Foi cruel e duro com seus filhos. Assim, na noite seguinte, Cátia realizou a rotina esperada. Outro dia, Cátia sentou-se com ele e tentou apelar ao seu coração, dizendo que ela estava sufocada e precisava que as coisas mudassem. Ela lhe pediu que fosse mais razoável e ajudasse mais em casa. A reação de Guilherme foi deixar de falar com ela por onze dias — nem uma palavra.

Muitas vezes, até mesmo os conselheiros falham em fazer perguntas que vão além do que se vê. Quando trabalhamos com vítimas de abuso doméstico, é tentador desviar o foco cedo demais para a maneira como elas estão *reagindo* à perda, estresse ou mágoa. Nossa atenção precisa permanecer focada no que está *acontecendo* com elas.

Culpa de todos os lados

Amigos e conselheiros. Tragicamente, as pessoas de fora do casamento podem culpar uma esposa oprimida pelo abuso que ela está sofrendo, mesmo quando o percebem. Abaixo estão alguns comentários que ouvi enquanto atuava em favor de vítimas na igreja.

- "O pai dela era abusivo — é a única realidade que ela conhece."
- "Como ela o provocou?"
- "Ela é tão insegura! É por isso que aguenta o que ele faz."
- "Ela é tão passiva! Estava à procura de alguém que tomasse as decisões por ela."
- "Eu nunca aceitaria que alguém me tratasse dessa maneira!"
- "Se ela fosse mais submissa, as coisas não teriam ido tão longe!"
- "Se está tão ruim assim, como ela pode estar com ele há tanto tempo?"
- "Ela é muito sensível — deve estar exagerando suas experiências."
- "Por que ela simplesmente não sai de casa?"

Cada um desses comentários comuns desvia a culpa da pessoa que está realmente causando o dano.

Opressores. Quando culpamos as vítimas, nossa mensagem concorda com o que elas ouvem em casa e dá credibilidade às mentiras e acusações que enfrentam todos os dias. Os opressores convencem suas vítimas de que elas são as culpadas pelos problemas em seu casamento — e que são até mesmo a causa do próprio abuso. Eles dizem às vítimas coisas como: "Você não sabe o que está fazendo"; "Você é louca"; "Eu tinha que manter você na linha!"; ou: "Se você tivesse me ouvido, eu não teria que chamar sua atenção dessa maneira."

Há muitos exemplos na Bíblia de pessoas transferindo a culpa de seus pecados para os outros (cf. Gn 3.12; 16.5; 27.36). Por exemplo, ao conversar com Samuel sobre a vitória de Israel sobre os amalequitas, Saul foi rápido em receber o crédito pelo bem que foi realizado, mas foi ainda mais rápido em transferir a culpa para o povo por seus fracassos (cf. 1Sm 15.20–21). Saul fracassou em ser exemplo para seu povo e seu orgulho rebelde o levou a apontar o dedo para outra direção. Seu desvio de culpa revelou seu coração orgulhoso com tanta força que "nunca mais viu Samuel a Saul até ao dia da sua morte; porém tinha pena de Saul. O SENHOR se arrependeu de haver constituído Saul rei sobre Israel" (v. 35). As Escrituras demonstram claramente o dano que a transferência de culpa causa.

Por que culpamos as vítimas?

Existem várias razões pelas quais inadvertidamente culpamos as vítimas. A primeira é para nos distanciarmos de realidades desagradáveis. O mal é assustador. É legal pensar que, de alguma forma, nosso comportamento pode impedir que ele bata à nossa própria porta. Culpar as vítimas nos dá uma falsa sensação de segurança, de que somos capazes de garantir que não sofreremos como elas sofrem. Por exemplo, quando supomos que alguém tem câncer por causa de sua alimentação, dizemos a nós mesmos que temos controle e podemos evitar doenças devastadoras se tão somente comermos bem.

Nossas crenças sobre o pecado e a natureza humana também influenciam o modo como podemos olhar para a vida e o coração das vítimas como motivos de seu sofrimento. Nós sabemos que todos pecamos, o tempo todo. Mas ser um pecador não significa que a vítima pecou de forma a tornar-se diretamente responsável por seu abuso. Como mostra o livro de Jó, nossa teologia do sofrimento muitas vezes está errada: pensamos que receberemos bênçãos se formos bons e que receberemos maldição se formos maus. Isso simplesmente não é verdade. Às vezes sofremos apenas porque vivemos com outros pecadores em um mundo caído.

Por fim, culpamos as vítimas porque falhamos em entender o que é o abuso. Impomos nosso conhecimento sobre relacionamentos saudáveis a um casamento abusivo e pensamos que a vítima é valorizada por seu cônjuge e pode influenciá-lo para o bem. Acreditamos que ela pode se comportar de uma maneira que fará com que o abuso pare. Isso simplesmente não é verdade. Nenhuma quantidade de "fazer o certo" fará com que a vítima acabe com o abuso. Lembre-se de que os opressores sofrem de tóxica presunção, de modo que são implacáveis em sua busca pelo controle coercitivo.

REFLITA

Culpamos as vítimas para evitar pensar em nossas próprias vulnerabilidades. Quanto mais vemos sofrimento injusto e severo, mais temos que lutar com o fato de que nenhum de nós está a salvo dos efeitos da queda.

1. Você já foi tentado a acreditar que uma "vida correta" impedirá você de sofrer? Como essa crença afetou você? Como ele influenciou a maneira como você pensa sobre seu sofrimento?
2. Considere os momentos em que você julgou outros (os pais de uma criança rebelde, alguém com problemas financeiros, uma vítima de agressão ou um cônjuge traído) por seu sofrimento. Ore para que Deus o ajude a enfrentar suas vulnerabilidades, para que ele o ajude a viver neste mundo arruinado, tornando-o mais dependente dele e menos crítico dos outros.

NOSSAS PALAVRAS MOLDAM O SOFRIMENTO DOS OUTROS

Pense na história de Cátia. Ela não tinha como processar o pesadelo em que estava vivendo, então seu corpo soou o alarme bem antes de seu coração. Mas por que demorou tanto para ela relacionar a culpa e as dores de cabeça que sentia ao tratamento que Guilherme lhe dava?

Uma das principais razões é que as amigas de Cátia lhe forneceram interpretações alternativas baseadas em suas próprias observações. Guilherme regularmente condenava o desempenho e a aparência dela e, eventualmente, vinculou suas críticas à "decadente" caminhada espiritual dela. Cátia não compartilhou com suas amigas detalhes suficientes para lhes dar uma imagem precisa do que estava enfrentando dentro de casa. Suas amigas viam uma pessoa deprimida, ansiosa e frágil que estava perdendo o interesse em Deus. Elas a ouviam falar sobre a culpa que sentia como esposa e mãe e presumiam que a autoavaliação dela era correta, quando, na verdade, ela estava tentando processar as mentiras que o marido lhe dizia. Não quero condenar as amigas de Cátia; como elas poderiam reconhecer o abuso a partir do que Cátia lhes tinha revelado? Mas quero instruir você sobre outro conjunto de perguntas que podemos fazer às pessoas que procuramos ajudar. Infelizmente, a comunidade de Cátia levava em consideração apenas as informações que tinha em mãos e não hesitava em desafiá-la; assim, os relacionamentos dela se deterioraram, pois ficava cada vez mais difícil para ela confiar em alguém.

Quando me reuni com Cátia, pude ajudá-la a contar sua história de forma mais completa, fazendo-lhe algumas perguntas básicas de sondagem elaboradas com o objetivo de desvendar a opressão:

- Você alguma vez sente medo perto de seu cônjuge?
- Você tem a liberdade de ser você mesma perto de seu cônjuge?

- Você sente que seu cônjuge valoriza sua opinião?
- Como as divergências são resolvidas em seu casamento?
- Você já foi ameaçada ou fisicamente ferida neste relacionamento?
- Você já participou involuntariamente de um ato sexual com seu cônjuge?

Como as vítimas geralmente não revelam abusos, é aconselhável usar perguntas de detecção com elas. Costumo fazer essas perguntas às pessoas que estou começando a aconselhar — mesmo antes de suspeitar de abuso. Ao fazer perguntas de sondagem a Cátia, eu lhe permitia dizer coisas difíceis, e surgiam novas categorias para o que ela estava suportando. Quando a convidei para falar de seu sofrimento, Deus lhe deu clareza para que ela me dissesse o seguinte:

> Quando Guilherme chegava, a casa tinha de estar impecável, o jantar tinha de estar pronto, uma mesa chique tinha de estar posta, e esperava-se que eu e as crianças deixássemos todas as nossas responsabilidades para nos preparar para a chegada dele e o cumprimentássemos com entusiasmo. Durante o momento de recepção, ele fazia questão de comentar sobre minha aparência física — então ele esperava que eu estivesse linda, além de deixar tudo preparado para sua chegada. Não era sempre fácil estar linda depois de correr atrás de três filhos e deixar a casa pronta para atender aos padrões dele. Ele não me permitia falar de aspectos difíceis ou estressantes do meu dia. Quando Guilherme chegava em casa, ele queria que sua casa fosse seu santuário; ele não deveria ser perturbado, mas paparicado. A princípio, aquilo me parecia justo — afinal, ele trabalhava o dia todo, e eu queria servi-lo e lhe dar um lar onde ele pudesse descansar e se sentir amado.

O que eu não entendia era por que, se algo estivesse errado — por exemplo, se as toalhas do banheiro estivessem amassadas no toalheiro — ele achava que podia ficar uma fera e atirá-las em mim. Era como se eu fosse uma camareira de um spa de hotel cinco estrelas, e tudo tivesse de estar perfeito. Bem, na verdade, era pior do que isso; afinal, suponho que ninguém jamais jogaria coisas em uma camareira.

Depois de vários anos, deixei de me sentir como esposa dele e passei a me sentir mais como sua empregada. Na verdade, eu me sentia mais como uma escrava. Eu não diria que ele me respeitava tanto quanto respeitaria uma funcionária. Quando paro para pensar nisso, lembro que ele ficava furioso se estivesse descontente comigo. Eu costumava pensar que ele estava me ensinando para que eu me tornasse uma esposa, mãe e cristã melhor. Mas agora percebo que eu trabalhava muito duro e fazia um ótimo trabalho. Ainda não consigo entender por que ele simplesmente não reconhecia todos os meus esforços para cuidar dele – e por que ele se concentrava tanto nas pequenas coisas.

Quando encontrei a moldura certa para a história dela, Cátia conseguiu ver que Guilherme era um espinheiro. Agora que sua narrativa pessoal estava alinhada com o que realmente acontecia com ela em casa, ela já não acreditava que era uma fracassada e impotente. Em vez disso, ela percebeu que Guilherme queria que sua casa fosse seu reino; que ele queria o estilo de vida mimado de um *spa*. Ele não tinha olhos para ver as outras pessoas que viviam com ele, os esforços ou as necessidades delas. Ela entendeu que quando Guilherme estava infeliz, desconfortável ou insatisfeito, ele a punia. Guilherme frequentemente questionava como ela podia ser tão indiferente e fria em relação a ele. Cátia passou a ver a ironia do fato de Guilherme sentir-se torturado, e já não se sentia responsável por aquilo.

VENDO O SOFRIMENTO COM UM NOVO OLHAR

Temos falado sobre as muitas maneiras pelas quais ignoramos a opressão, entendemos mal as vítimas e somos tentados a condenar os que sofrem. Como cristãos, devemos estar sempre alertas ao pecado; mas isso não significa que essa seja a única lente que devemos usar ou a primeira coisa que devemos focar. Pensemos no que Deus disse a Moisés: "Certamente, vi a aflição do meu povo, que está no Egito, e ouvi o seu clamor por causa dos seus exatores. Conheço-lhe o sofrimento" (Êx 3.7). Não é como se os israelitas não fossem pecadores naquele ponto da história bíblica. Mas esse não era o problema mais significativo que estavam enfrentando naquele momento. Eles estavam sendo oprimidos e precisavam ser resgatados. Mais à frente no livro de Êxodo, quando Deus fala novamente a Moisés, ele diz: "Ainda ouvi os gemidos dos filhos de Israel, os quais os egípcios escravizam, e me lembrei da minha aliança" (Êx 6.5). Por causa de seu amor e fidelidade, Deus é movido a libertar seu povo da opressão.

Mais adiante, no mesmo capítulo, aprendemos que quando Moisés falou ao povo de Israel sobre a fidelidade de Deus e o plano de resgatá-los, "eles não atenderam a Moisés, por causa da ânsia de espírito e da dura escravidão" (v. 9). Mas sua incapacidade de ouvir e ter fé e esperança não dissuadiu Deus de buscar e resgatar seu povo. Esse é um lembrete útil para nós enquanto buscamos cuidar daqueles que estão sofrendo.

SETE EFEITOS DA OPRESSÃO

Pessoas oprimidas sofrem física, mental e espiritualmente. Embora nem todas as vítimas sejam feridas em todas as áreas e a gravidade das feridas da opressão varie de pessoa para pessoa, quero que nos concentremos em sete principais áreas de danos que ela causa. Se quisermos entender as vítimas, é essencial conhecê-las. Isso nos ajudará a saber como podemos começar a ajudá-las.

Angústia física

Um trauma muitas vezes se manifesta fisicamente. As vítimas podem sofrer de ansiedade ou ataques de pânico. Podem mostrar sinais de falta de concentração, fadiga ou letargia. Dificuldades para dormir e comer, taquicardia, dores crônicas ou inexplicáveis, disfunção sexual; dores de estômago ou de cabeça também são comuns às vítimas de abuso doméstico.

Vergonha

Cônjuges oprimidos muitas vezes lutam com sentimentos de inutilidade. Seus opressores lhes dizem que elas merecem ser tratadas com desdém. O constante fluxo de ataques verbais de seus opressores faz com que se sintam detestáveis e humilhadas. Vergonha é algo difícil de combater; é estridente, convincente e vai até o âmago de uma pessoa. Ed Welch diz que se você se sente culpado, é porque *fez* algo de errado. A culpa pode ser removida, porque algo pode ser feito a respeito: você pode se arrepender e reconciliar-se, se for culpado. Mas a vergonha diz que *você* está errado. Essa é uma acusação muito mais ampla. "A vergonha domina a vida e é teimosa. Uma vez entrincheirada em seu coração e mente, é uma invasora que se recusa a sair."[3]

Dificuldades na fé

Todos os tipos de pessoas que sofrem são forçados a confrontar questões profundas sobre quem é Deus e quais são seus propósitos. Esposas oprimidas tendem a perguntar: Por que Deus não me ajuda? Ele me ouve? Ele me vê? Sequer se importa comigo? Deus é confiável? Ele é bom? Como Deus pode permitir que essas coisas más aconteçam? Se ele é poderoso, por que não faz algo para

---

[3] Edward T. Welch, *Shame Interrupted: How God Lifts the Pain of Worthlessness and Rejection* (Greensboro: New Growth Press, 2012), cap. 2, ed. Kindle.

me ajudar? Ele está me punindo? Está me ignorando por eu, às vezes, odiar meu marido?

Sempre que temos dúvidas sobre o caráter de Deus ou a maneira como ele pessoalmente cuida de nós, isso cria desafios peculiares à nossa vida de oração, nossos momentos devocionais e nossa sensação de paz. Ao lutarem com suas experiências neste mundo, as vítimas precisam de ajuda para lembrar quem é Deus — e isso, compreensivelmente, leva tempo.

Excesso de vigilância

Pode-se sentir fisicamente o excesso de vigilância. Por exemplo, vítimas frequentemente estão em alerta extremo e à procura de perigo em potencial, o que faz com que se assustem facilmente ou fiquem constantemente tensas. Mas o excesso de vigilância também pode ser relacional. Em algum nível, as vítimas se perguntam se as pessoas ao seu redor são seguras — e podem se perguntar o mesmo sobre seu relacionamento com elas. Você é confiável? A confiança delas em você pode ser facilmente quebrada, porque elas são hipersensíveis a qualquer dano que você possa causar.

Intrusões

O tipo de intrusão com que estamos mais familiarizados são o *flashback*. Existem diferentes tipos de *flashback*; um *flashback* físico é uma vívida experiência na qual alguém revive um evento ou sente como se ele estivesse acontecendo no presente. Muitas vezes pensamos que *flashbacks* envolvem uma pessoa vendo imagens ou lembrando-se visualmente de um evento. Mas as vítimas também podem reviver os sons, cheiros, sabores e sensações físicas que experimentaram durante o trauma. Há também os *flashbacks* emocionais, episódios intensos em que a vítima é dominada por sentimentos de medo, alienação, desespero, depressão ou tristeza.

Quando as memórias do passado de uma pessoa invadem seu presente, elas tomam conta de sua mente e corpo e geralmente invocam medo ou mesmo terror. As intrusões podem ser desencadeadas por algo que estimula a memória, como um cheiro, palavras ou um lugar. Mas elas também podem aparecer aleatoriamente, até mesmo durante o sono. Elas são muito desorientadoras e muitas vezes fazem a vítima sentir como se estivesse enfrentando perigo ou dano naquele exato momento.

As vítimas também podem ter pensamentos intrusivos. Alguns são vivenciados como pensamentos de autocondenação que repetem as acusações de um agressor. Outros aparecem como um ciclo constante de ansiedade que impede o cônjuge oprimido de desligar sua mente.

Fugas

Vítimas podem usar a fuga para lidar com uma avassaladora sobrecarga de estresse ou problemas insolúveis. Algumas vítimas de abuso evitam pensar ou refletir sobre como se sentem com relação ao que lhes está acontecendo. Elas podem fazer isso por meio de comportamentos de fuga, como assistir à TV em excesso, trabalhar demais, dormir demais ou ingerir bebidas alcoólicas. Outras podem evitar pessoas ou situações que trazem seus fatores de estresse à tona.

Sobrecarga de emoções

Conforme as vítimas ganham clareza sobre o fato de que estão sofrendo abuso, seu coração pode ficar sobrecarregado quando começam a lidar com suas experiências e processá-las. Quando a comporta de suas emoções se abre, pode ser difícil gerenciá-las. Elas se espalham por todas as áreas da vida das vítimas, afetando sua capacidade de pensar, realizar tarefas ou se relacionar com os outros. Extrema tristeza, raiva, medo, ansiedade, pânico, depressão e culpa assumem o controle. Vítimas podem se estressar muito com pequenas coisas e ter dificuldades para discernir entre uma percepção precisa e uma que foi formada pelo medo. Elas tendem a expressar suas emoções de forma repetitiva. A intensidade do que sentem também pode levar as vítimas a sentirem-se fisicamente doentes ou exaustas. Essas emoções avassaladoras são uma das razões pelas quais as vítimas se retraem e se isolam.

REFLITA

A fim de desenvolver uma melhor compreensão do que as vítimas estão passando, use alguns momentos para pensar sobre o sofrimento que você mesmo já experimentou. O sofrimento não precisa atingir o nível de opressão para criar essas feridas em uma pessoa. Por exemplo, uma vez eu estava andando de bicicleta e fui atingida por um carro. Por semanas, tive problemas com *flashbacks* e ficava em estado de excessiva vigilância quando ouvia certos sons. Até hoje, eu não ando de bicicleta perto de carros! Pense em um momento em que você realmente esteve ferido, foi vítima de um pecado ou sofreu uma lesão.

1. Reveja a lista acima e considere seu próprio coração e sua história. Onde, tanto no passado quanto atualmente, você vê essas feridas aparecerem em sua vida?
2. O que ajudou você a se curar delas? Com que aspectos delas você ainda precisa da ajuda do Senhor?

MUDANDO NOSSO FOCO

Pode ser tentador olhar para o comportamento de uma vítima e atribuir o sofrimento dela a seus próprios fracassos. Embora seja verdade que muitas vítimas poderiam responder melhor ao abuso que estão sofrendo, não é nisso que devemos nos concentrar quando começamos a trabalhar com elas, e implementar essas melhorias não as impediria de sofrer abuso. A primeira coisa que precisamos fazer é entender o que está acontecendo com elas. Antes de passarmos a oferecer palavras de instrução, temos que saber como é o mundo delas.

Não estou sugerindo que você procure compreender intelectualmente uma pessoa oprimida ou simplesmente reunir fatos sobre ela; estou desafiando-o a conhecê-la e a conhecer a história dela de uma forma que o comova. Você precisa ver como o coração dela está ferido e quem o feriu. Isso significa familiarizar-se com os detalhes da vida dela para entender a maneira como aquilo que ela vem enfrentando a tem machucado. É assim que Deus se importa com nosso coração: ele nos conhece intimamente e profundamente, e por causa de seu coração em favor de seu povo, ele ajudará você a cuidar de suas filhas.

LEVANTAMENTO DE IMPACTOS DO ABUSO

Aqui estão algumas perguntas que abordam as sete feridas específicas que a opressão causa (mais adiante no livro, forneço perguntas detalhadas sobre os impactos de diferentes tipos de abuso). Eu as preparei como perguntas que você pode fazer diretamente a alguém para ter uma noção de como ela está reagindo. Mas você também pode prestar atenção aos sinais de abuso que as perguntas descrevem e anotá-los sempre que a pessoa estiver falando com você.

Esteja alerta sobre como essa pessoa está reagindo. Seus níveis de estresse estão muito altos? Seu corpo físico está em frangalhos? Ela é capaz de sentir o cuidado do Senhor por ela, ou está sobrecarregada por seu sofrimento? Você pode trabalhar com ela para ver se há maneiras de mitigar alguns dos sintomas que ela está sentindo, tais como orar com outras pessoas, fazer um plano para quando ela estiver emocionalmente sobrecarregada ou estipular uma rotina de sono e exercícios. Se o impacto do sofrimento dela for intenso, provavelmente será preciso conectá-la a níveis superiores de apoio, como um conselheiro ou um profissional médico.

Angústia Física
- Como seu corpo está lidando com o estresse?
- Você consegue se concentrar, comer e dormir?
- Você está lutando contra a ansiedade?

Vergonha
- Você sente que não consegue fazer nada direito?
- Você se sente como uma propriedade, uma empregada ou um objeto a ser usado em vez de uma esposa e uma pessoa?
- Existem coisas que você tem vergonha de contar aos seus amigos e familiares?

Dificuldades na fé
- Você sente que o Senhor responde às suas orações?
- Você reconhece o cuidado do Senhor por você?
- Você acredita que merece ser ferida ou maltratada? Por quê?

Excesso de vigilância
- Você sente medo ou fica tensa na maior parte do tempo em que está com seu cônjuge?
- Você às vezes se sente em alerta perto de outras pessoas?
- Que dificuldades você tem para confiar nas pessoas?

Intrusões
- Há momentos em que você não consegue se livrar de um sentimento?
- Você tem memórias invasivas?
- Você às vezes se sente temerosa mesmo quando não há razão, naquele momento, para se sentir nervosa?

Fugas
- Você evita pensar em coisas difíceis?
- Quais são seus mecanismos de reação quando você está sobrecarregada?
- Você tem dificuldade em se lembrar de eventos?

Sobrecarga de emoções
- Você se pergunta se está louca?
- Você sente as coisas com excessiva intensidade?
- Há momentos em que você se sente sobrecarregada por suas emoções?

ESTUDOS DE CASO: SUSANA, ISABEL E LINDA

Acabamos de analisar os muitos impactos que o abuso doméstico tem sobre as pessoas que sofrem. Organizei esses impactos em sete áreas principais para ajudá-lo a conceituar as diversas maneiras como o abuso doméstico pode causar danos a uma vítima. É importante notar que as feridas de cada vítima serão diferentes e expressas de forma diferente. Quero compartilhar com você as histórias de três vítimas e as maneiras particulares como seus corações e corpos foram moldados pelo trauma da opressão.

SUSANA

Susana tinha quarenta e tantos anos e filhos adultos quando veio em busca de aconselhamento para depressão e solidão. Ela era casada com um diácono da igreja que a ignorava a maior parte do tempo. Quando ela tentava conversar com ele ou fazer perguntas, ele explodia com ela em uma série de insultos.

Angústia física. Susana tinha dificuldades para dormir na maioria das noites e experimentava muitos sintomas gastrointestinais.

Vergonha. O marido de Susana era amado em sua igreja, então ela achava que devia ter muitos defeitos. A vergonha a impedia de fazer novos amigos e até de manter contato com os antigos. Se ela pudesse sumir, era o que teria feito.

Dificuldades na fé. A fé de Susana era vibrante e ativa. Sua oração e momentos devocionais eram consistentes e abundantes.

Excesso de vigilância. Susana observava como a liderança de sua igreja venerava seu marido. Isso a impedia fortemente de confiar neles. Ela havia compartilhado com algumas pessoas da liderança as preocupações com seu marido, e não conseguia entender por que eles continuavam a abraçá-lo. Ela se questionava se eles acreditavam nela ou se eram confiáveis, já que eles pareciam não ter discernimento. Depois de muitos meses, ela se afastou de seus relacionamentos com eles.

Intrusões. Susana costumava repetir os ataques verbais do marido para si mesma. Era como se sua mente ficasse constantemente reproduzindo as acusações cruéis e injustas que ele lhe fazia.

Fugas. Susana era fortemente tentada a evitar as pessoas de sua igreja. Ela achava que que elas não acreditariam nela e temia que, mesmo se acreditassem, eles a julgariam por suas falhas conjugais. Por causa desses medos, ir ao estudo bíblico e ao pequeno grupo parecia uma tortura e, não fosse pelo valor substancial que ela dava ao estudo bíblico, ela provavelmente não teria lutado contra a tentação de se afastar. Felizmente, certo dia, ela finalmente se aventurou a contar às amigas mais próximas da igreja o que estava acontecendo em sua casa.

Sobrecarga de emoções. Susana chorava incontrolavelmente enquanto dirigia para o trabalho e de volta para casa, quase todos os dias. Ela odiava isso. Mesmo quando tinha um bom dia, ela não conseguia evitar ser dominada por torrentes de lágrimas. Ela se sentia envergonhada por não conseguir parar de chorar.

ISABEL

Isabel estava em seus trinta e poucos anos. Ela veio em busca de aconselhamento para falar sobre sua infertilidade e o conflito com sua família estendida. Ela levou vários anos para conseguir falar consistentemente sobre o abuso de seu marido e mais dois anos antes de revelar que ele a violentava sexualmente.

Angústia física. Isabel tinha dificuldade para comer e perdeu peso consideravelmente. Com frequência, ela também dormia além do horário por sofrer de fadiga. Algumas vezes por ano, ela ficava acamada devido a fortes dores nas costas.

Vergonha. O marido de Isabel a abusava emocionalmente e sexualmente. Ela se culpava pelas maneiras que seu marido a violava. Ela acreditava que, se não houvesse pecado sexualmente na adolescência, seu marido não precisaria forçá-la a fazer sexo. Ela não enxergava que estava sendo abusada e violentada. Ela achava que o desejo sexual do marido era legítimo e que era ela mesma quem devia estar em falta de alguma maneira.

Dificuldades na fé. Isabel tinha dificuldade para orar sobre o que estava suportando — afinal, poucos de nós falamos com Deus sobre sexo. Depois de anos orando por seu marido, ela passou a crer que Deus não a estava ouvindo. Ela pensava que ele a estava punindo por seus erros juvenis, sua atual falta de fé e seu crescente ódio pelo marido. Após entender que estava sendo violentada, Isabel passou a lutar com Deus e com seus desígnios para o casamento e o sexo. Ela muitas vezes dizia que Deus era cruel com as mulheres ao fazer o corpo e os desejos femininos tão diferentes dos masculinos.

Excesso de vigilância. Isabel frequentemente questionava o que eu pensava dela e de sua situação. Foi difícil para ela confiar em mim. Semana após semana, eu tinha de reafirmar para ela que entendia tanto a gravidade de seu abuso quanto as boas qualidades de seu cônjuge. Muitas semanas ela voltava achando que era uma decepção para mim. Tivemos de passar um tempo considerável falando sobre nosso relacionamento e meus pensamentos sobre ela para estabelecer e manter sua confiança.

Intrusões. Isabel sofria com *flashbacks* visuais dos ataques sexuais que havia sofrido. Eles lhe sobrevinham em ondas à noite, já que ela ainda dividia a cama com o mesmo homem que a violentava nela.

Fugas. Nos primeiros anos em que me encontrei com Isabel, ela evitava falar sobre seu casamento. Ela falava sobre seus próprios pecados passados, suas lutas com a infertilidade e as maneiras como sua família a magoava. Ela ficava visivelmente desconfortável quando falávamos sobre seu casamento. Após começar a ver e falar sobre seu abuso, ela relatou que passava horas assistindo à televisão, dormia demais e havia aceitado um segundo emprego para evitar pensar no que estava sofrendo.

Sobrecarga de emoções. Inicialmente, Isabel lutava com uma culpa generalizada. Ao começar a falar comigo e com outras pessoas sobre seu abuso, ela sofria com ataques de pânico.

LINDA

Linda estava na casa dos cinquenta anos. Ela foi encaminhada a mim por seu pastor, que havia tentado fazer aconselhamento matrimonial com ela, mas não sabia como lidar com toda a ira que ela tinha. Logo no início, fiz um levantamento de abuso, o qual revelou ser físico.

Angústia física. Linda não parecia ter nenhum sintoma físico.

Vergonha. A vergonha de Linda se expressava na forma de ira. Em vez de enfrentar suas vulnerabilidades e sensibilidades, ela ficava furiosa ao ser ferida. Sua ira era uma máscara muito vívida para suas próprias inseguranças e dores.

Dificuldades na fé. Linda não tinha vergonha de dizer que estava com raiva de Deus. Por quê? Por que ele simplesmente não faz isso parar? Ela se sentia como uma filha bastarda — enquanto todos os outros cristãos eram abençoados, ela era amaldiçoada.

Excesso de vigilância. Devido à natureza física do abuso que Linda sofria, ela estava sempre muito nervosa e em constante alerta. Ela relatou quase ter esmurrado uma amiga que se aproximara de surpresa por detrás dela. Ela ficava furiosa com seu pastor, o qual insistia em abraçá-la nas manhãs de domingo, mesmo depois de ela ter lhe pedido para parar de fazê-lo. Após tentar compartilhar sua história com suas amigas cristãs e ser profundamente magoada por elas, Linda decidiu não confiar em outras mulheres cristãs por medo de que todas a culpassem pelo abuso.

Intrusões. As intrusões de Linda vinham na forma de medo de outras pessoas. Ela recapitulava as maneiras como os irmãos da igreja a haviam culpado por seu abuso e involuntariamente transferia aquelas acusações a conversas posteriores. Isso a levava a interpretar mal o que a pessoa à sua frente estava tentando dizer em uma determinada conversa. Ela analisava tudo escrupulosamente e compulsivamente.

Fugas. Antes de buscar aconselhamento, Linda às vezes fazia uso de vinho para anestesiar seus pensamentos e sentimentos. Ela minimizava o abuso que sofria, muitas vezes dizendo: "Não é tão ruim assim"

Estudos de caso: Susana, Isabel e Linda

ou "No caminho até aqui, eu vinha pensando que não há nada para falar". Ela estava tão afastada de sua própria experiência que esquecia o que havia acontecido com ela na semana anterior, mesmo quando envolvia abuso severo.

Sobrecarga de emoções. Como dito anteriormente, a ira era a principal emoção que Linda expressava. Era intensa e muitas vezes misturada com palavrões. Curiosamente, a princípio ela raramente se dirigia ao seu opressor. Ela se irava consigo mesma, com seus filhos, com seu pastor e com a igreja.

Como você pode ver, não há duas pessoas que processem ou exibam seu trauma da mesma maneira. É vital estudarmos cada coração individual à nossa frente e aprendermos com cada pessoa o que lhe aconteceu, de que forma aquilo a moldou e do que ela precisa. Nós raramente vemos o abuso real acontecendo, então o que nos resta é observar a maneira como suas feridas são expressas física, emocional e espiritualmente.

REFLITA

Pense em uma vítima que você conhece e use essas sete categorias para organizar as observações que você tem sobre ela. Se não consegue pensar em ninguém, pense se há alguma personagem de um livro ou filme na qual você possa se basear.

1. Como ver as coisas dessa maneira muda suas interpretações do que você observou sobre essa vítima?
2. Que perguntas você gostaria de fazer a ela agora que está identificando suas feridas?

CAPÍTULO 5
AJUDANDO AS VÍTIMAS DE OPRESSÃO

Como a andorinha ou o grou, assim eu chilreava
e gemia como a pomba;
os meus olhos se cansavam de olhar para cima.
Ó Senhor, ando oprimido, responde tu por mim.
(Is 38.14)

Quando eu era criança, minha família gostava de montar quebra-cabeças. Particularmente na época do Natal, sentávamo-nos à mesa e montávamos um por horas, até mesmo dias. Sendo ainda uma criança pequena, eu muitas vezes ficava frustrada com o processo que meus pais me impunham enquanto jogávamos. Primeiro, era preciso colocar todas as peças viradas para cima, depois procurar as bordas, trabalhar para construir a moldura do quebra-cabeça e classificar as peças por forma e cor. Muito tempo era gasto na preparação. Eu queria pular logo para a parte de juntar as peças! Mas sempre que eu tentava me adiantar e resolver o quebra-cabeça sem seguir um processo, eu rapidamente via que meus pais estavam certos em desacelerar e fazer tudo com calma. Mesmo depois de toda a preparação, ainda sobravam centenas de peças na mesa e nenhuma imagem à vista. Todos começavam a disputar a posse da caixa para poder ver a foto e saber por onde começar a encaixar as peças. Ver o todo nos ajudava muito a entender as pequenas partes que estávamos segurando. No entanto, mesmo com a imagem maior na mão, eu ainda cometia erros — e insistia que uma determinada peça fazia parte de uma casa, quando na verdade ela era parte do vestido de uma dama.

Em momentos nos quais eu queria pôr o carro na frente dos bois, usar os simples passos de meus pais me ajudava a desacelerar, o que me levava a cuidadosamente criar ordem a partir do caos. Primeiro, construía-se a moldura; depois, grandes pedaços do quebra-cabeça eram preenchidos; então, uma vez que estivéssemos familiarizados com a imagem, tudo começava a se encaixar e as coisas se juntavam muito mais rapidamente. Achar o lugar de cada peça era evidente e gratificante.

Reconstituir as histórias das pessoas oprimidas traz consigo o mesmo sentimento esmagador de tentar montar um quebra-cabeça sem um plano estabelecido. Muitas vezes, o que temos são fragmentos de histórias e pedaços de informação. Estamos tentando entender a imagem como um todo — compreender algo de que em geral não somos testemunhas. Temos apenas uma fração de uma história maior. E, às vezes, quando estamos ouvindo histórias de opressão pela primeira vez, os detalhes que as vítimas compartilham conosco estão desorganizados ou podem parecer insignificantes, porque estão fora do contexto completo dos eventos que originalmente os envolviam. Isso pode aumentar a nossa confusão. Para tornar tudo ainda mais difícil, as esposas oprimidas muitas vezes não veem o que está acontecendo e não conseguem nos fornecer uma imagem completa. Elas nos oferecem apenas um vislumbre através de uma lente distorcida. Assim, montar o retrato do sofrimento de uma vítima requer tempo e sabedoria.

As vítimas não podem dar-se ao luxo de perdermos alguma parte crucial das suas histórias ou de as culparmos por algo que não é culpa delas. Assim como em um quebra-cabeça, se desacelerarmos e pensarmos no processo de montar suas histórias, será mais fácil para nós entendermos as peças de informação que estamos coletando. É muito melhor nos movermos lentamente e priorizarmos a segurança quando suspeitamos de abuso. Os riscos são altos, e quaisquer erros que cometamos não se corrigirão por si sós.

É fácil ficarmos desorientados enquanto as esposas oprimidas contam suas histórias. Ao fazerem-no, essas mulheres são repetitivas, atormentadas, cheias de culpa, confusas e até iradas, e duvidam de sua própria percepção dos eventos. As histórias delas podem ser difíceis de acompanhar. Não descarte o que você não entende. Continue fazendo perguntas, gentilmente, até obter clareza.

Às vezes, recebemos um pedaço de uma história, apenas um pequeno detalhe. Talvez você ouça de uma briga dentro do carro, durante a qual o marido vociferava palavrões, e seja tentado a menosprezar o relato. Todo mundo se destempera às vezes. Ao ouvir coisas assim, sempre se pergunte: "Isso já aconteceu antes?". Às vezes, um pedaço de uma história pode até nos parecer de pouca importância. Como vimos no capítulo 1, talvez uma vítima compartilhe uma ocasião em que seu marido a ignorou. Isso pode lhe parecer um detalhe irrelevante. No entanto, ao se lembrar de que está procurando um padrão de controle coercitivo, você perceberá que todo episódio de coerção é significativo. Procure um padrão e observe as maneiras como um opressor estabelece a dominação ao longo do tempo. Mais uma vez, estou apelando a que você procure diligentemente entender o quadro geral — não apenas julgar cada peça individualmente, desprovida de seu contexto.

Os capítulos da parte 2 deste livro pintarão um quadro detalhado das várias formas de abuso. Eles fornecerão perguntas diagnósticas e outras formas de avaliar a presença e a gravidade do abuso. Não importa sua função — conselheiro, pastor ou amigo —, elas o ajudarão a fomentar conversas com as vítimas. Estes capítulos também almejam fornecer-lhe uma abordagem sistemática para organizar e categorizar as informações que você está coletando. Isso é importante não só para ajudar a vítima a obter percepção, mas também para ajudar uma igreja que porventura esteja envolvida na situação a considerar como ela pode administrar correção e disciplina ao seu opressor.

UMA MANEIRA SIMPLES DE COMEÇAR

Muitas vítimas procuram aconselhamento repetidamente, leem todos os livros sobre casamento, oram intensamente por mudanças e alívio, e tentam promover mudanças significativas; e, ainda assim, seu abuso continua. Perguntar a uma vítima sobre os esforços que ela já fez é muito importante, mas tenha cuidado para não aumentar o fardo dela, fazendo-a pensar que ela é responsável por resolver a opressão ou que não tem se esforçado o suficiente. Você deve buscar fazer perguntas como as seguintes de uma forma que torne mais fácil ela se abrir com você e, ao mesmo tempo, mostre que você a apoia. Ao agir desse modo, você fará algumas conquistas. Primeiro, isso a honrará como pessoa, ao demonstrar que você acredita que ela já tem tentado reagir de maneiras boas e piedosas. Segundo, isso permitirá que ela reflita sobre o quanto já tem se esforçado por seu casamento. Terceiro, as respostas dela o lembrarão de que não há soluções simples, o que afastará você da tentação de oferecer conselhos banais para um problema sistêmico.

- Que livros você já leu? Algum deles ajudou ou machucou você?
- Você já procurou aconselhamento? Foi útil?
- Compartilhe comigo algumas coisas que você já tentou fazer ou mudar.
- Você compartilhou o que está acontecendo com mais alguém?
- Como essas pessoas responderam?
- Você tem conseguido orar sobre isso?[1]

Quando a pessoa oprimida compartilhar com você o que ela já tentou, reconheça seus esforços anteriores. Em seguida, pergunte a ela:

- O que você acha que pode ajudar?
- Que coisas fazem você se sentir presa ou insegura?
- O que você tem medo de que aconteça?
- Como você está?
- Como posso ajudar?

FALAR É REDENTOR

A parte 2 deste livro inclui perguntas que você pode fazer às vítimas; e, sim, elas foram pensadas para ajudá-lo a desmascarar a opressão. Mas elas também servem a outro propósito. É crucial que uma pessoa oprimida conte sua própria história. Não basta nós enxergarmos o quadro de sua história; ela também precisa enxergá-lo. Falar é crucial para encontrar redenção. As vítimas precisam encontrar palavras para

---

[1] Uma advertência sobre esta pergunta: muitas esposas com quem falo sentem-se como se Deus estivesse longe delas. Elas clamaram ao Senhor e sentem que ele não as ajuda nem responde. Como resultado, elas podem ter parado de orar por seu casamento. Eu gosto de lembrá-las de que este é um dos maiores temores do salmista: que Deus tenha desviado seu rosto dele. Não é errado sentir-se assim; é bom expressar isso. Aqui está apenas um dos muitos exemplos desse sentimento expresso na Escritura: "Por que, Senhor, te conservas longe? E te escondes nas horas de tribulação?" (Sl 10.1).

expressar suas histórias para que possam localizar lugares nas Escrituras que abordem essas histórias. Elas também precisam de palavras para poderem falar com o Senhor.

A opressão é muitas vezes indescritível, confusa e vergonhosa. É difícil para as vítimas capturarem o que estão experimentando; as palavras tendem a fugir delas. Porém, uma vez que elas tenham palavras que se encaixem à sua experiência, palavras que capturem as maneiras como elas foram vítimas de pecado e estão sofrendo, elas conseguem acessar uma abundância de ricos ensinamentos na Escritura — ensinos que Deus falou para conosco e que as guiarão e consolarão. Consideraremos as muitas maneiras como falar ajuda uma esposa oprimida a crescer em sua compreensão do abuso, a responder a ele e a promover seu relacionamento com Deus enquanto está sofrendo.

Falar traz o abuso à luz

O abuso precisa do silêncio para crescer e prosperar. Como disse Elie Wiesel, sobrevivente do Holocausto e ganhador do Prêmio Nobel: "Eu jurei nunca ficar em silêncio sempre e onde quer que seres humanos estiverem passando por sofrimento e humilhação. Temos de tomar partido. A neutralidade ajuda o opressor, nunca a vítima. O silêncio encoraja o atormentador, nunca o atormentado".[2] Falar é o primeiro ato que uma vítima pode adotar para trazer o pecado à luz, onde se pode fazer algo a seu respeito. Falar torna possível seu primeiro passo de declarar que a opressão a qual ela está sofrendo é errada. Suas palavras nos permitem entrar em sua história à medida que ela a compartilha conosco, nomeando o mal e resistindo-lhe. E tais

---

2 Elie Wiesel, discurso de agradecimento do Prêmio Nobel, Prefeitura de Oslo, Noruega, 10 dez. 1986. Disponível em: https://eliewieselfoundation.org/elie-wiesel/nobelprizespeech/. Acessado em: 13 mar. 2022.

palavras devem fazer com que nós mesmos nos manifestemos contra os pecados que ela está suportando.

Falar orienta os desorientados

A opressão distorce a verdade. Em um casamento abusivo, o que é ruim é chamado de bom, mentiras são ditas como se fossem verdades, mágoa e dor são confundidas com amor, ser subjugada é confundido com submissão voluntária, e a vítima é tratada como inimiga. Tudo está de cabeça para baixo. Ajudar as mulheres desorientadas a falar sobre os abusos e seus efeitos nos permite reorientá-las. Isaías 5.20 coloca desta forma: "Ai dos que ao mal chamam bem e ao bem, mal; que fazem da escuridade luz e da luz, escuridade; põem o amargo por doce e o doce, por amargo!"

Precisamos ajudar a vítima a identificar o que é verdadeiramente bom e verdadeiramente mau. Se ela não conseguir identificar esses conceitos básicos, é provável que a maneira como ela entende Deus e as Escrituras também seja invertida. Por exemplo, se ela for instruída a se submeter ao marido e experimentar a submissão como algo que seu marido extrai dela coercitivamente, subjugando-a, isso pode levá-la a questionar Deus e sua Palavra. Tais distorções também podem levá-la a duvidar de si mesma. Por exemplo, se disserem que ela está mentindo quando está falando a verdade, ela pode começar a duvidar de sua própria memória. As distorções causam danos consideráveis e, quando a vítima fala a respeito delas, isso nos permite ajudá-la a saber o que é certo e verdadeiro.

Falar incentiva a conexão com o Senhor

É muito difícil orar por algo se você não consegue encontrar palavras que expressem sua experiência. É difícil encontrar textos bíblicos que se conectem à sua situação e ao seu coração se você é incapaz de identificar palavras que transmitam o que você está enfrentando. Quando uma vítima nos conta sua história, ela está encontrando palavras; e quando respondemos dando-lhe uma moldura bíblica para seu sofrimento, estamos ajudando-a a se conectar com a Palavra de Deus e com o coração dele a seu favor.

Falar traz cura

Contar a história é uma parte essencial do processo de cura. Todos nós podemos nos identificar com isso em algum nível. Pense na última coisa que amedrontou você, uma perda que você enfrentou, ou uma dor que você sofreu. Em seguida, pense em como foi útil falar sobre isso e compartilhar com amigos o que aconteceu com você. Cada vez que você compartilhava a história e recebia uma resposta apropriada e terna, com simpatia e compreensão, você obtinha um entendimento mais firme do que havia acontecido e como aquilo lhe estava afetando. Falar com alguém ajuda a curar.

Histórias de violência doméstica não são fáceis de contar. A vergonha e o medo que as acompanham nos tentam a mantê-las escondidas. Judith Herman nos dá um alerta essencial sobre histórias que são difíceis de contar:

> A resposta habitual às atrocidades é bani-las da consciência. Certas violações do pacto social são terríveis demais para serem ditas em voz alta: esse é o significado da palavra indizível.
>
> Atrocidades, no entanto, se recusam a ser enterradas [...]
>
> O conflito entre a vontade de negar eventos horríveis e a vontade de proclamá-los em voz alta é a dialética central do trauma psicológico. Pessoas que sobreviveram a atrocidades muitas vezes contam suas histórias de maneira altamente emocional, contraditória e fragmentada, o que prejudica sua credibilidade

e, assim, serve ao duplo imperativo de contar a verdade e manter o sigilo. Quando a verdade é finalmente reconhecida, os sobreviventes podem começar a sua recuperação. Mas, muitas vezes, o sigilo prevalece, e a história do evento traumático ressurge não como uma narrativa verbal, mas como um sintoma.[3]

Histórias não contadas e horrores reprimidos surgirão na forma de sintomas físicos e psicológicos, tais como enxaquecas, insônia, ansiedade ou incapacidade de concentração. Falar em comunidade sobre o nosso sofrimento é essencial, porque o nosso corpo expressará a dor sobre a qual não falamos.

Mais cedo ou mais tarde, desejaremos ajudar a pessoa oprimida, lenta e cuidadosamente, a inserir sua história no enredo mais amplo da redenção. Deus se lembra do mal e o chama pelo nome. Sua Palavra está cheia de detalhes brutais, palavras que expressam angústia e tensões não resolvidas. O sofrimento capturado nas Escrituras raramente é retratado como exigindo apenas cura rápida ou soluções fáceis. Ainda assim, o tema abrangente da Escritura descreve nosso resgate e redenção. Deus age em favor de seu povo. Ele não nos deixa; ele vem ao nosso encontro. Com o tempo, à medida que uma esposa oprimida contar sua história, ela se tornará uma história sobre o que Deus tem feito por ela.

REFLITA

1. Você já lutou com algo que era difícil de colocar em palavras ou algo tão complexo que era difícil explicar aos outros? Como isso impediu sua capacidade de pedir ajuda, orar a respeito ou ajudar seus amigos a entender sua experiência?

---

[3] Judith Herman, *Trauma and Recovery: The Afermath of Violence — from Domestic Abuse to Political Terror* (New York: BasicBooks, 1997), p. 1.

2. Você fica desconfortável quando alguém está falando sobre o pecado de outra pessoa? Como você pode usar a sabedoria para discernir quando é bom, sábio e útil que alguém fale sobre como foi vítima do pecado de outrem?
3. Você já ouviu pessoas compartilharem repetidamente as mesmas histórias traumáticas de partos, dificuldades, casos médicos, tragédias ou traições? Você consegue pensar sobre como recontar histórias de sofrimento pode ser uma forma de aquela pessoa tentar entender o sofrimento pelo qual passou?

DIRETRIZES BÁSICAS PARA ENCORAJÁ-LA A FALAR

Cada casamento abusivo que encontramos será diferente, cada vítima será única e os níveis de intensidade e perigo envolvidos variarão significativamente. Por isso, é impossível fornecer um guia passo-a-passo sobre o que fazer. Cada situação exigirá uma resposta diferente orientada pelas Escrituras, que considere sabiamente o coração de cada vítima em particular e os cuidados de que ela precisa. Não há "solução" para a opressão. A Escritura nos chama a ver a opressão e a guiar e proteger os oprimidos. O cuidado que oferecemos deve ser centrado no evangelho, bem como em cada vítima.

Quando comecei a lidar com esposas vítimas de abuso e ouvi suas histórias, cometi muitos erros. Fiquei impressionada com o que estava ouvindo e não pensei nas respostas que estava dando ou nas maneiras como essas respostas poderiam afetar as vítimas. Agora entendo a importância de garantir que nossas respostas às histórias de abuso não causem mais danos à vítima, nem tirem sua capacidade de agir ou a levem a acreditar que o abuso que ela está sofrendo não é tão ruim quanto parece.

A lista de diretrizes a seguir orientará você antes de se envolver com as vítimas. O que você ouvirá delas será difícil. Você reconhecerá a malignidade de tudo aquilo; o abuso causa muitos danos. Às vezes, você será tentado a tomar as rédeas do processo, seja para carregar a vítima nos braços ou deixá-la para trás. Cada uma dessas diretrizes o ajudará a mantê-la no centro de sua própria história.

Expresse preocupação com gentileza

Aproxime-se de uma pessoa oprimida com sensibilidade, fazendo-a notar a preocupação que você tem por ela. Você pode dizer: "Estou preocupado com você porque você parece realmente estressada". Tudo bem se ela não estiver pronta para falar sobre seu abuso. Ela pode ficar na defensiva, com medo de confiar em você ou sentindo-se envergonhada. Ao aproximar-se gentilmente, você lhe dá espaço para ela compartilhar quando estiver pronta. Se você forçar muito, ela pode não ser capaz de ver você como alguém acessível quando estiver disposta a compartilhar.

Reconheça que o opressor não é unidimensional

Quando uma vítima começa a compartilhar os duros detalhes de seu casamento e do sofrimento pelo qual passa, ela talvez se sinta culpada. Talvez ela fique preocupada com a possibilidade de deixá-lo enviesado contra o marido dela, pelo fato de ela lhe dizer apenas as coisas ruins a respeito dele. Talvez ela tenha dificuldade em aceitar seu conselho se você não reconhecer os bons elementos do relacionamento dela.

É útil tomar a iniciativa de perguntar à vítima o que seu marido faz de bom. Extraia dela seus pontos fortes e fracos. Lembre-se de que ela o amou e deseja que ele seja curado. Podemos facilmente esquecer isso, pois muitas vezes estamos focados no mal que uma pessoa está causando. Busque conhecer os elementos bons e ruins do relacionamento dela com seu cônjuge.

Siga o ritmo dela

Normalmente, as vítimas demoram para ver a extensão da opressão que está ocorrendo em seu casamento e, mais ainda, para saber o que fazer a respeito. Como pessoas de fora, é comum vermos a situação de uma vítima com mais clareza e urgência do que ela mesma. Vá ao encontro dela e ajude-a a ligar os pontos. Ela terá de viver com as decisões que precisar tomar no caminho, e poucas de suas escolhas terão consequências fáceis. É essencial que ela estabeleça o ritmo com base na sua *própria* clareza e urgência, não na nossa. Isso pode ser difícil para nós, quando vemos por quanta dor e sofrimento as vítimas estão passando, mas fazê-lo é vital para elas. Deus tem para conosco uma paciência sem fim e nunca se cansa de nos comunicar verdades vivificantes. Você deve imitá-lo.

Incentive-a a agir

Não se intrometa e tome para si o controle, na tentativa de resgatá-la. Ser oprimida significa ser controlada e ter suas escolhas tiradas de si. É vital que a vítima faça suas próprias escolhas. Ao restaurar-lhe a capacidade de agir, você está fornecendo uma parte necessária de sua cura e demonstrando acreditar que ela é capaz, com a ajuda de Deus, de fazer escolhas sábias. Ajude-a a pensar sobre o que ela pode fazer, e então veja como pode ajudá-la a realizar suas escolhas.

Encoraje-a em seus pequenos passos de fé

Quando você vir que ela está crescendo em sua capacidade de defender a si mesma, mudando a sua forma de orar, falando mais livremente sobre seu abuso ou dando pequenos passos, você deve chamar-lhe a atenção ao que Deus está fazendo nela. São as pequenas mudanças que lhe darão a coragem de dar saltos mais significativos e difíceis no futuro.

Ajude-a a construir uma equipe de cuidado

A opressão é um grande problema. A vítima precisará de muito apoio. É bom ter pessoas com quem ela possa orar e que possam lhe ajudar em suas muitas necessidades práticas. Uma equipe também pode ajudar a vencer o isolamento de que ela sofre. Ajude-a a encontrar pessoas que entendam de abuso e estejam dispostas a cuidar dela. Com o tempo, essa equipe de cuidado pode se estender para incluir pessoas treinadas para ajudar o marido a se arrepender do abuso. Veja o apêndice F para sugestões de especialistas em abuso, os quais podem ter funções especializadas na equipe.

Acredite no que ela diz

Expor o abuso é um considerável ato de coragem. As vítimas são mais propensas a encobrir ou minimizar o abuso do que inventar ou exagerar. Pode ser difícil imaginar que as alegações dela possam ser verdade — especialmente se você for enganado pela maneira como o opressor se apresenta publicamente. Com o tempo, você será capaz de verificar os detalhes da história dela; mas quando ela lhe contar pela primeira vez, não é hora de fazer perguntas que se concentrem em sua descrença ou dúvida. Lembre-se de que as vítimas tendem a contar histórias repetitivas, às vezes incoerentes e circulares. Esse é um efeito do trauma, portanto, tenha cuidado para não desmerecer o que elas estão dizendo por causa da maneira como elas estão dizendo. Nem sempre as vítimas conseguem encarar seu trauma enquanto vivem nele; por isso, muitas vezes, só depois de estarem seguras elas começam a revelar mais detalhes. Muitas pessoas ficam desapontadas quando isso acontece e pensam: "Se isso fosse verdade, ela teria me contado antes!". Mas essa é uma suposição errada; considere que, se mais detalhes estão surgindo, é porque ela finalmente está segura para enfrentar seu abuso e falar sobre ele.

Leve o abuso dela a sério

O abuso é física e emocionalmente prejudicial. Entenda como uma vítima está sendo afetada pelo que lhe está acontecendo. Não subestime o perigo em que ela pode estar. Pequenas revelações podem sinalizar que há coisas mais sinistras ocorrendo. Trabalhe para continuar descobrindo sua história, permaneça alerta para a gravidade das feridas que ela está carregando e verifique sua situação em busca de possíveis sinais de perigo elevado (você aprenderá sobre isso no capítulo 6).

Considere que ela pode estar sendo vigiada e monitorada

As comunicações e a localização de muitas vítimas são monitoradas eletronicamente. Tenha cuidado em como, quando e onde você se comunica com ela para não a expor a mais perigo. Proteja a vítima, os pensamentos do coração dela e o relacionamento entre vocês.

Trate as informações dela com confidencialidade

Certifique-se de que as informações que ela compartilha com você não cheguem de volta ao seu marido até que você avalie a segurança dela e lhe estabeleça proteção. Caso aconselhe uma pessoa oprimida sem priorizar sua proteção, você pode colocá-la em mais perigo. A falha dos membros de uma equipe de cuidado em lidar sabiamente com informações entre si pode torná-la mais vulnerável a ataques. Se seu opressor for alertado sobre o que ela está pensando e planejando antes que ela esteja pronta, isso provavelmente causará abusos mais intensos. Em um ambiente de igreja, as pessoas são frequentemente tentadas a confrontar os opressores e chamá-los ao arrependimento. Não faça isso a menos que o cônjuge oprimido esteja confortável, protegido e preparado.

Informe-a sobre os limites de sua confidencialidade

Se você for um profissional sob o dever de notificação compulsória[4] e uma esposa revelar um caso de abuso infantil, você terá de comunicá-lo à autoridade competente.[5] *Na verdade, se estiver ocorrendo abuso infantil, você deveria comunicá-lo à autoridade policial, seja você quem for.* Porém, certifique-se de que a vítima não seja pega de surpresa e que ela entenda os limites de sua confidencialidade e o fato de que você vai fazer uma notificação. O ideal é que você possa envolvê-la no ato de notificar a polícia. Se alguma autoridade pública investigar a notificação, isso levará a um confronto com o opressor dela. Considere que ela precisará de segurança quando tal notificação for feita.

Ajude-a a fazer um plano de segurança

Isso é essencial quando ocorre abuso físico; mas mesmo que isso ainda não tenha acontecido, planeje a segurança da vítima. O pecado se intensifica ao longo do tempo, e pessoas controladoras podem mudar suas táticas, se necessário, para manter sua dominação. Não sabemos quando um abusador se tornará perigoso; portanto, um plano de segurança é sempre necessário. No entanto, precisa ser um plano que ela se sinta capaz de executar e seguir. Consulte o apêndice A.

Verifique periodicamente se o abuso está se agravando

Não devemos presumir que a intensidade do abuso de uma vítima permanecerá a mesma. Às vezes, quando uma vítima vê o que está na raiz de seu relacionamento matrimonial, ela começa a

---

4 N.E.: Nos Estados Unidos e diversos outros países, pessoas que trabalham regularmente com pessoas vulneráveis (como crianças) recebem treinamento e são legalmente obrigadas a notificar casos de abuso. No Brasil, o Estatuto da Criança e do Adolescente (art. 245) obriga profissionais de saúde e da educação a comunicarem suspeita ou confirmação de maus tratos contra menores, e a Lei 10.778/2003 (art. 1.º) impõe aos profissionais de saúde da rede pública ou privada o dever de notificação compulsória de indícios ou confirmação de violência contra a mulher.

5 Falaremos mais sobre crianças que vivem em lares opressivos no capítulo 11.

interagir de forma diferente com seu opressor (recusando sexo, deixando de se envolver em discussões ou resistindo ao isolamento), e o opressor pode sentir que está perdendo o controle — o que o leva a intensificar suas táticas de dominação. Isso é especialmente verdade se outras pessoas começam a pressionar o opressor. Ele pode tentar agravar suas táticas para fazer sua esposa recuar no processo de confronto. Portanto, certifique-se de monitorar quaisquer mudanças na intensidade de seu abuso.

Apoie-a enquanto ela compartilhar sua história com outros

Uma vítima pode ter que ir ao tribunal, à polícia, a um advogado ou à liderança de sua igreja. Ela não deve passar por isso sozinha. Ofereça-se para ir com ela ou ajude-a a encontrar outra mulher que possa apoiá-la. Ajude aqueles que estão envolvidos em reuniões da igreja com ela a ver que sua autoridade ou gênero podem intimidá-la. Certifique-se de que ela tenha alguém na sala que possa defendê-la e processar a experiência com ela depois.

Tenha paciência enquanto ela decide o que fazer

Quando você apresentar diferentes opções para uma vítima, não se esqueça do que ela está enfrentando enquanto resolve o que deve fazer. Pesquisas mostram que as vítimas têm dificuldade em revelar experiências de abuso — especialmente de abuso sexual. Isso faz sentido, considerando as implicações de longo alcance envolvidas na decisão de expor o assunto. Essas implicações também tornam compreensivelmente difícil que a vítima tome decisões sobre como responder ao seu abuso. Muitas vezes, as vítimas demoram a agir porque percebem o conflito que resultará da sua iniciativa ou o perigo em que isso as colocará. Continue mostrando à vítima as opções que ela tem (como contar a outra amiga, pedir ajuda à igreja ou fugir do abuso), mas tenha em mente que pode levar meses até que ela decida o que fazer. Discutiremos isso mais a fundo no capítulo 12.

Não a pressione a sair antes de ela estar pronta

Quando vemos alguém sofrendo abuso, somos tentados a intervir e resgatá-la. O que aquela pessoa está suportando é mau e errado. Às vezes é até assustador para nós. Já temi pela vida de muitas mulheres com quem trabalhei e tudo o que eu queria era que elas saíssem de casa imediatamente. Teria sido bom e sábio que algumas delas fugissem de seu crescente abuso. No entanto, elas não estavam prontas para fazê-lo; e continuavam voltando para casa, semana após semana, apenas para retornarem a mim mais e mais feridas. Era de partir o coração — e assustador também. Eu as lembrava do perigo que estava vendo e reafirmava seu plano de segurança. Mas não as pressionava a dar nenhum passo. Elas não estavam prontas para seguir adiante.

É ainda mais perigoso para uma mulher sair do abuso e depois voltar a ele. O abuso sempre se intensifica após uma separação fracassada. Ela deve se separar quando estiver pronta para aplicar medidas que possam mantê-la segura, tais como evitar contato físico e ter pouca ou nenhuma comunicação com seu abusador.

Concentre sua crítica no comportamento, não na pessoa do opressor

Tenha cuidado para que sua crítica ao marido da vítima não seja um ataque global à sua pessoa, mas esteja focada em seu comportamento abusivo. Diga coisas como: "Foi errado ele atirar aquele objeto em você"; ou "É cruel da parte dele assustá-la". Podemos ser tentados a dizer: "Ele é um mimado egoísta!"; ou "Como você pode viver com esse monstro?" Mas se você criticar o caráter do cônjuge dela como um todo, isso provavelmente a fará querer defendê-lo. Seja preciso e condene ações e motivações específicas.

Não justifique o comportamento abusivo

Faça todo o esforço para não justificar o comportamento abusivo que as esposas oprimidas estão experimentando. Embora elas possam atribuir o comportamento de seus maridos a embriaguez, uso de drogas, estresse no trabalho ou sentimentos feridos, você deve ser preciso na maneira de afirmar a responsabilidade desses opressores por seus próprios pecados. Nunca ofereça justificativas para o abuso; ele é sempre errado e sempre injustificável.

Lembre-se de que você não é um especialista

Não exagere seu nível de conhecimento. Ajude a vítima a procurar profissionais treinados em como lidar com o abuso. Se você nunca fez um plano de segurança ou ajudou alguém a fugir da violência, recrute profissionais para ajudá-lo. As vítimas não devem sofrer por nossa ignorância. Faça uso de recursos comunitários e profissionais.

Com essas diretrizes em mente, é hora de voltarmos nosso foco para um estudo de caso específico.

ESTUDO DE CASO: SÍLVIA E JORGE

Até aqui, aprendemos sobre muitos aspectos do abuso: o coração do opressor, a dinâmica aprisionante do abuso, os impactos que devastam a personalidade de uma vítima, e as maneiras como podemos começar a ajudar. Vamos desacelerar por um momento e processar o que já aprendemos através de um estudo de caso.

A DINÂMICA DO ABUSO

Sílvia se esforçava para manter seu marido feliz. Quando se chateava com algo, ele se enfurecia contra ela e lhe dava sermões por horas. Às vezes, ele até colocava uma cadeira ao lado dela na cama e a repreendia a noite toda. Jorge esperava que Sílvia mantivesse a casa perfeita por dentro e por fora. Ele insistia que ela seguisse uma rotina rígida de exercícios físicos e fizesse jantares sofisticados para seus amigos todo fim de semana. Jorge queria ser admirado por seus colegas, e era o trabalho de Sílvia fazer aquilo acontecer. Sílvia frequentemente gastava dez horas por dia atendendo às necessidades diretas dele. Ela não tinha tempo de cultivar suas próprias amizades ou perseguir seus próprios interesses. Jorge não permitia que ela saísse e encontrasse amigas sem ele.

Ele também culpava Sílvia por qualquer coisa que desse errado. Mesmo quando bateu o carro deles após dirigir colado no carro da frente, cheio de fúria na estrada, a culpa era dela. Se ela não houvesse se atrasado naquela noite, ele não precisaria ter dirigido em alta velocidade. Se ela não estivesse com aquele vestido feio, ele não teria ficado tão bravo e distraído.

Estudo de caso: Sílvia e Jorge

Jorge raramente fazia reparos ou manutenção em casa. Ele esperava que Sílvia cortasse a grama e limpasse as calhas — mas não nos fins de semana, senão seus vizinhos a veriam trabalhando enquanto ele ficava sentado à beira da piscina. Isso poderia pegar mal para ele. Se algo na igreja precisava ser consertado, no entanto, ele era o primeiro a aparecer ou doar recursos.

Mesmo que raramente ajudasse Sílvia, ele a culpava por sempre haver muito a ser feito. Foi ela quem quis aquela casa velha com um quintal grande demais. Era culpa dela que sempre houvesse algo a ser feito na casa — não obstante fossem melhorias que *ele* queria que fossem feitas em uma casa que ele insistiu em ter. Jorge nunca estava satisfeito.

Ele regularmente expressava seu descontentamento com a aparência de Sílvia. Embora ela continuasse com uma cintura tamanho 36 — o que conseguia pulando refeições e levantando-se às cinco da manhã para se exercitar, antes de tomar café da manhã e se aprontar para o culto familiar às 6h30 —, aquilo nunca era o bastante. Ele dizia que *ela* prejudicava a imagem dele. Frequentemente dizia que ela havia se tornado desleixada e que não sabia se voltaria a achá-la atraente. Jorge dizia: "Eu trabalho duro, todos os dias, tentando fazer você feliz e prover tudo aquilo de que precisa, e você simplesmente não me valoriza, não se dedicando às coisas simples que eu peço". Seus discursos eram uma máscara de justiça própria que ele usava para se defender e condenar Sílvia. Embora ela às vezes reconhecesse que ele estava sendo irrazoável, seus constantes comentários sobre as falhas dela a deixavam confusa e se sentindo culpada pela ira e sofrimento dele.

REFLITA

1. O abuso é alimentado por um coração presunçoso. Que exemplos deste estudo de caso ilustram os seguintes desdobramentos do pensamento presunçoso?

- Tudo tem a ver comigo.
- Só a minha voz precisa ser ouvida.
- Regras não existem para eu segui-las, mas para me manterem feliz.
- Minha ira é legítima.
- Outras pessoas me atacam.
- Eu não tenho de apreciar o que você faz, mas exijo que você aprecie o que eu faço.

2. Que comportamentos punitivos vemos ocorrer?

O IMPACTO DO ABUSO

Sílvia estava aprisionada. Não importava o que ela fizesse ou o quanto se esforçasse, seus esforços levavam à dor ou punição. Quando não atendia às exigências de Jorge, ele ficava furioso com ela. E mesmo quando ela se esforçava até a exaustão, tentando seguir suas regras, aquilo parecia apenas alimentar a ira dele. Ele encontrava outro motivo para ficar descontente, e o processo começava mais uma vez.

Conselheiros disseram a Sílvia para administrar melhor seu tempo e usar a última hora antes da chegada de Jorge para fazer a casa brilhar para ele. Isso levou Sílvia a crer que era razoável que ele esperasse a perfeição. Ela se esgotava tentando manter uma casa perfeita — muitas vezes acordava antes do amanhecer para completar sua lista de tarefas. E o pior: como Jorge também escutara aquele conselho, aquilo atiçara sua ira. Nos dias em que ela era incapaz de arrumar a casa conforme os padrões dele, ele atirava contra ela os objetos que ainda estavam fora de lugar, enquanto citava os mesmos versículos bíblicos que seu pastor usara para encorajá-la nas tarefas de casa.

Como Sílvia passava a maior parte do tempo cuidando do trabalho doméstico e de sua aparência, em vez de se envolver com a comunidade de sua igreja, as pessoas da igreja a viam como se ela

Estudo de caso: Sílvia e Jorge

estivesse idolatrando o seu lar. Ela também parecia muito insegura e triste por sua aparência. Elas acreditavam que Sílvia havia caído na pompa das pessoas ricas. À medida que o tempo passava e os conflitos entre Jorge e Sílvia aumentavam, Jorge tornou-se eficiente em chamar a atenção de todos para o "pecado" de Sílvia. Enquanto ele continuava a colocar toda a culpa nela, a percepção das pessoas sobre ela a deixava ainda mais vulnerável a seus abusos.

REFLITA

1. O que a comunidade de Sílvia observava nela?
2. Como as palavras de Jorge e as percepções de outras pessoas reforçavam a crença de Sílvia de que ela era culpada pelo abuso que sofria?
3. De quais das sete feridas (angústia física, vergonha, dificuldades na fé, excesso de vigilância, intrusões, fugas e sobrecarga de emoções) você suspeita que ela pudesse estar sofrendo?

A RESISTÊNCIA AO ABUSO

Jorge exerce controle sobre a capacidade de Sílvia de visitar sua família. Seus familiares eram importantes para ela — e ela estava menos disposta a seguir as regras de Jorge no que lhes dizia respeito. Ela acabou por tentar diferentes estratégias para resistir ao controle de Jorge nessa área. Cada vez que Sílvia lhe resistia e se conectava com sua família, ele ficava mais irado e potencializava suas tentativas de controlá-la. Como resultado, as reações dela a ele também se intensificaram. Eis o que ocorreu.

Jorge disse a Sílvia: "Você não pode visitar sua família. Os fins de semana são para nós dois enquanto casal".

Sílvia começou a planejar as celebrações de aniversário da família no meio da semana, para não as perder. Mas Jorge ia às festas e ficava de mau humor, geralmente provocando uma discussão com ela no caminho para casa. Ele reclamava que os familiares dela eram rudes com ele e a provocavam a ter uma atitude ruim para com ele. Ele então a proibiu completamente de vê-los outra vez.

Inicialmente, Sílvia discutia com Jorge e chorava toda vez que tinha de recusar um convite. Ela ficava arrasada, mas Jorge não se sensibilizava com a dor dela. Na igreja, ele zombava dela por ser uma filhinha mimada, e os amigos deles começaram a confrontá-la. Eles perguntavam se ela realmente havia deixado sua família de origem e estava realmente comprometida com Jorge. Em casa, Jorge lhe dava sermões, dizendo que ela estava disposta a destruir seu casamento por causa de um jantar de aniversário.

Após essa situação perdurar alguns meses, Sílvia quis muito ver o bebê recém-nascido de sua irmã. Ela não disse a Jorge que iria visitar sua família. Mas Jorge viu mensagens no telefone dela, depois da visita, e descobriu que ela estava vendo sua família às escondidas. Ele ficou furioso e lhe disse que ela não era digna de confiança. Ele começou a monitorar a quilometragem em seu carro, insistindo que ele fosse o único a abastecê-lo, e a proibiu de dirigir mais de oito quilômetros por dia.

Sílvia reagiu fortemente a ser monitorada. Ela começou a discutir com Jorge diariamente e, certa vez, recusou-se a lhe dar as chaves do carro.

Jorge revirou o quarto deles à procura das chaves. Ele começou a jogar coisas e quebrá-las. Em sua mente, ele não tinha escolha; ela o estava enganando.

Sílvia ficou apavorada e ameaçou deixar Jorge se ele não parasse de quebrar as coisas. Ele, porém, a seguia pela casa, dando-lhe um sermão, e ameaçou socar o rosto dela várias vezes, dizendo: "Não me faça machucar você. Eu poderia arrancar os dentes da sua boca".

Estudo de caso: Sílvia e Jorge

> **REFLITA**
> 1. O que Sílvia fez para resistir às tentativas de Jorge de isolá-la?
> 2. Por que seria tentador rotular a resistência dela como pecado?
> 3. De que forma entender os efeitos aprisionantes do abuso nos ajuda a conceituar o comportamento de Sílvia com mais precisão?

"AJUDANDO" OS OPRIMIDOS

No dia seguinte ao incidente com as chaves, Jorge ligou para o pastor e disse que Sílvia estava mentindo sobre visitar a irmã e que, ao desafiar a lealdade dela ao seu casamento, ela havia respondido com ameaças de o deixar.

Naturalmente, o pastor ficou muito preocupado e chamou ambos para aconselhamento. Com Jorge na sala, Sílvia não foi capaz de contar as muitas formas pelas quais ele havia sido cruel e controlador. Quando ela começou a mencionar o fato de que sua irmã havia tido um bebê, Jorge cerrou o punho no bolso e ela se fechou. Ela estava apavorada com Jorge. Ela admitiu que estava mentindo, e o pastor lhe pediu para prometer a Jorge que seria honesta com ele dali por diante. Por sugestão de Jorge, o pastor disse que considerava uma boa ideia Jorge checar o telefone dela todas as noites, para que ela pudesse restaurar a confiança que havia quebrado. Afinal, não é bom guardar segredos.

O pastor não tinha como saber que as ações de Sílvia eram passos que ela havia tomado para resistir ao controle que Jorge lhe estava impondo — não sem lhe fazer mais perguntas em particular. Como ele não havia criado um ambiente seguro no qual Sílvia pudesse compartilhar sua história, o pastor não percebeu que Jorge o usava para controlar Sílvia ainda mais.

À medida que a situação piorava com o passar do tempo, a resistência de Sílvia parecia cada vez mais ímpia para os de fora, e era fácil

Estudo de caso: Sílvia e Jorge

para Jorge argumentar que ele era a vítima. Jorge falava de sua angústia na igreja e angariava muitos aliados que sentiam pena dele. Enquanto Sílvia estava apenas procurando maneiras de neutralizar a dominação que estava sofrendo, ela passou a ser vista como o problema.

REFLITA

1. Como o pastor poderia ter coletado mais informações de modo seguro?
2. Há perguntas que ele poderia ter feito a Jorge para descobrir mais detalhes? Como ele poderia ter descoberto a atitude presunçosa de Jorge?
3. Que princípios estavam guiando o conselho do pastor? Como esses princípios são perigosos em casos de opressão?
4. A quais princípios você mais recorre quando está moderando uma desavença conjugal?
5. De que maneiras você pode desacelerar antes de falar ao deparar-se com um conflito conjugal? Para que tipo de coisas você quer estar alerta agora?
6. Se você fosse amigo de Sílvia, como poderia tê-la ajudado a interagir com a liderança da igreja?

SÍLVIA FALA

Sílvia finalmente encontrou as palavras para compartilhar com seu pastor o que estava acontecendo em sua casa. Ela levou cerca de um ano de aconselhamento para obter a clareza de que precisava e, então, ela decidiu que queria pedir ajuda à igreja. Então, por alguns meses, trabalhamos juntas para organizar sua história de opressão. Sílvia orou por muito tempo antes de arriscar pedir ajuda.

O Senhor foi fiel. Ele deu a Sílvia as palavras certas, e ela foi capaz de descrever como Jorge a controlava, bem como explicar a narrativa

Estudo de caso: Sílvia e Jorge

em que a igreja havia acreditado. O fato de eu estar sentada ao lado dela, pronta para auxiliá-la durante o processo, também ajudou. Agradeço ao Senhor não só por Sílvia ter sido capaz de contar sua história, mas por ela ter sido acolhida. O pastor chorou com ela naquele dia; ele estava visivelmente abalado pelo que tinha sido incapaz de enxergar, e aquilo foi um bálsamo para Sílvia.

Esse resultado foi totalmente milagroso — eu já vi vítimas procurarem suas igrejas várias vezes antes de conseguirem fazê-las entender completamente a opressão ou a gravidade do seu sofrimento. Essa história é especialmente encorajadora porque o pastor, percebendo como Jorge o manipulara, rapidamente procurou envolver especialistas em abuso que pudessem ajudá-lo a elaborar um plano de ministério para Sílvia e Jorge — um plano que priorizasse a proteção dela.

PARTE 2
DESMASCARANDO A OPRESSÃO

Das trevas manifesta coisas profundas
e traz à luz a densa escuridade.
Jó 12.22

CAPÍTULO 6
DESMASCARANDO O ABUSO FÍSICO

O Senhor é a minha rocha,
a minha cidadela, o meu libertador;
o meu Deus, o meu rochedo em que me refugio;
o meu escudo, a força da minha salvação,
o meu baluarte e o meu refúgio.
Ó Deus, da violência tu me salvas.
(2Sm 22.2–3)

Fazia dois meses que eu vira Amélia pela última vez. Hoje ela se sentou tremendo no meu gabinete de aconselhamento. Seus braços estavam machucados e suas lágrimas não cessavam. Obviamente, o que quer que lhe acontecera no fim de semana fora horrível. Era evidente que ela sentia muita dor ao se mexer, e ainda mais dor ao se lembrar.

Choramos juntas por um tempo. Enquanto Amélia chorava, sua maquiagem se desfez, revelando dois olhos roxos. Então um novo detalhe surgiu quando sua maquiagem continuou a desaparecer: pequenas manchas vermelhas ao redor de seus olhos e de suas bochechas. No mesmo instante, a ficha caiu — e precisei me controlar muito para não ofegar. Aqueles pequenos pontos vermelhos — *petéquias* — me diziam que Amélia havia sido estrangulada. Ela tinha sorte de estar viva.

Seis meses antes, Amélia revelara que as discussões com seu marido duravam horas e que ele não a deixava sair de casa. Os rompantes de ira dele estavam ficando cada vez mais intensos; ele agora explodia por questões triviais, como a escolha de um restaurante onde jantar ou o modo como sua cama era feita. O medo que Amélia tinha dele crescia. Ela sentia que qualquer mudança que tentasse fazer na situação deles — como pedir que seu marido procurasse aconselhamento, chamar o pastor para conversar com ele ou separar-se temporariamente dele — o enfureceria ainda mais. Eu perguntei se ele já tinha sido fisicamente violento para com ela, e ela disse que ele havia batido nela uma única vez, anos atrás. À medida que lhe fazia mais perguntas, descobri que era comum ele a seguir pela casa ou chutar coisas quando estava com raiva.

Um mês depois, Amélia me disse que Alex a levara para jantar em um restaurante no aniversário dela. Quando ela abriu seu presente, ele ficou chateado. Ele achou que a reação dela e a gratidão que ela mostrara eram insuficientes. Alex saiu do restaurante abruptamente, deixando-a sozinha para que cancelasse o pedido. Seu modo de dirigir de volta para casa foi tão errático que a deixou assustada. Amélia lhe pediu para desacelerar, e ele então freou com tanta força que ela bateu a cabeça na janela. Quando ela tentou sair do carro, ele travou as portas, dirigindo como um maníaco enquanto gritava com ela.

Depois de me contar sobre aquela noite, Amélia passou a ter dificuldade em vir ao aconselhamento. Eu expressava gentilmente minha preocupação com sua segurança e lhe perguntava se podíamos considerar algumas medidas de segurança para ela. Seu coração estava dividido. Em um intervalo de cinco minutos, ela oscilava entre dizer que estava com muito medo de fazer qualquer coisa que aborrecesse Alex e, logo em seguida, afirmar que eu estava sendo exagerada. Em um momento, ela estava tão paralisada de medo que não conseguia falar sobre um plano de segurança; no momento seguinte, era até mesmo ridículo pensar que um plano era necessário.

Com frequência, Amélia tentava me convencer de que Alex não era *tão* ruim assim. Embora aquilo fosse doloroso e preocupante, também era familiar, porque muitas vítimas reagem da mesma forma. Não fiquei surpresa quando ela parou de vir. Sentar-se comigo significava encarar (ou pelo menos falar sobre) o pesadelo em que ela vivia — não era fácil.

A história de Amélia ficou na minha mente — e não apenas por causa da intensidade de seu clímax: ela escapou do estrangulamento apenas porque um vizinho, enquanto passeava com o cachorro, ouviu seus gritos por socorro e chamou a polícia. O que realmente me chamou a atenção foi a rapidez com que Alex recorrera à violência letal. No período de dez semanas, ele passara de um comportamento agressivo para o uso de força mortal.

Isso é algo que todos nós — tanto conselheiros quanto vítimas — temos de reconhecer: a violência é imprevisível e pode aumentar rapidamente. Temos de levar a sério todas as suas ocorrências.

O QUE É ABUSO FÍSICO?

O abuso físico envolve o uso intencional ou imprudente da força física de uma forma que *possa* resultar em lesões corporais ou dor física. Também inclui ações que levem a sofrimentos físicos, como impedir alguém de dormir ou de receber cuidados médicos.

O abuso físico não precisa causar dor ou deixar um hematoma. Um cônjuge que faz qualquer coisa desde jogar objetos contra a vítima até sufocá-la ou bater nela está sendo fisicamente abusivo. O abuso físico pode ser dirigido contra o cônjuge, os filhos ou animais de estimação. A história de Amélia é um caso que envolveu um perigo de intensidade particularmente alarmante, mas *todas* as ocorrências de abuso físico são significativas e requerem atenção e cuidados imediatos.

Nenhuma quantidade de violência é aceitável em um casamento. Ser casado não obriga ninguém a suportar violência ou qualquer outra forma de controle coercitivo. Ser casada não significa que uma esposa deva ignorar o abuso de seu marido. Deus não quer que valorizemos o casamento mais do que valorizamos a vida e a segurança de uma esposa ou o arrependimento de um marido. Portanto, uma vítima não deve ser levada a achar que precisa esperar a violência de seu opressor se intensificar antes de reagir a ela ou pedir ajuda. Quando um marido abusa de sua esposa, ele profana a imagem de Deus nela. Este é um padrão severo de pecado, e precisamos responder claramente a tal pecado.

A DINÂMICA DO ABUSO FÍSICO

Muitas pessoas com quem falo — até mesmo vítimas — são rápidas demais em descartar ou minimizar a violência quando esta ocorre em um casamento. Algumas veem o abuso físico como ocasional e ficam enganosamente aliviadas quando o episódio violento termina. Mas a violência física não é apenas um evento ou uma série de eventos; ela ocorre em casamentos nos quais as esposas também estão sendo submetidas a outras formas de abuso. É apenas uma forma de controle coercitivo.

O que está acontecendo no coração de um marido que usa de violência contra sua própria esposa? O equívoco mais comum que ouço é que um marido violento fica tão irado que perde o controle. No entanto, é exatamente o oposto: um opressor usa de violência para *manter* o controle.

Pense em como nós mesmos muitas vezes experimentamos a ira. *Parece* uma resposta automática, geralmente uma que somos rápidos em justificar. Algo irritante, inconveniente ou assustador acontece conosco, então reagimos. Talvez eu me surpreenda com minha ira e me pergunte: "De onde veio isso?". Ela não parece conectada a mim; é algo feio demais para ser meu.

Jeremias 17.9 nos lembra de que somos maus intérpretes de nosso próprio coração. "Enganoso é o coração, mais do que todas as coisas, e desesperadamente corrupto; quem o conhecerá?" Portanto, devemos olhar para as Escrituras para entender nosso coração.

Nossa ira não é automática. Na verdade, mais do que provocada, ela é exposta. A ira é uma expressão do que está dentro do coração de uma pessoa (cf. Lc 6.43–45). Já falamos longamente sobre as atitudes de presunção que residem no coração de um opressor e sobre como o opressor pune os outros para manter o poder e o controle (cf. capítulo 3). Mas tantas pessoas têm dificuldade de entendê-lo que é preciso repetir: o autor da violência não está "fora de controle". É justamente o oposto: um opressor usa a violência para manter o controle.

Dois exemplos de líderes opressivos na Bíblia mostram como a violência pode ser usada para manter o controle. O primeiro é Herodes. "Vendo-se iludido pelos magos, enfureceu-se Herodes grandemente e mandou matar todos os meninos de Belém e de todos os seus arredores, de dois anos para baixo, conforme o tempo do qual com precisão se informara dos magos." (Mt 2.16). Seu desejo de manter seu poder e trono o levou a ordenar o assassinato em massa de bebês e crianças pequenas. Além dele, houve Hamã. "Vendo, pois, Hamã que Mordecai não se inclinava, nem se prostrava diante dele, encheu-se de furor. Porém teve como pouco, nos seus propósitos, o atentar apenas contra Mordecai, porque lhe haviam declarado de que povo era Mordecai; por isso, procurou Hamã destruir todos os judeus, povo de Mordecai, que havia em todo o reino de Assuero" (Et 3.5-6). Hamã também ordenou assassinato para manter sua honra e poder. Esses dois homens estavam dispostos a matar grupos inteiros de pessoas, a fim de preservar seu poder — assim como Abimeleque fez na parábola dos espinheiros. Maridos fisicamente abusivos utilizam a violência para o mesmo fim: manter seu poder e controle.

Aqui estão três maneiras pelas quais Alex usava o abuso físico para controlar Amélia e conseguir impor a sua vontade:

- No carro, se Amélia falasse de assuntos difíceis, como finanças, Alex dirigia agressivamente e a assustava. Ela aprendeu a não "estressá-lo" enquanto dirigissem (ou em momento nenhum, na verdade).
- Se Alex chegasse em casa e o jantar não estivesse pronto, esperando-lhe, ele saía pela casa chutando coisas, quebrando-as e bagunçando tudo. Ele condicionou Amélia a deixar o jantar pronto a tempo.
- Depois de Amélia voltar de um passeio com amigas, Alex a seguia pela casa e exigia saber cada detalhe. Se ele não gostasse de quanto dinheiro ela havia gastado ou das companhias que ela tivera, ele obstruía a passagem e a atormentava até que ela pedisse desculpas. Amélia parou de se encontrar com as amigas; não valia a pena o estresse.

Algumas mulheres sofrem violência raramente; outras, mais rotineiramente; mas algumas poucas dentre elas sofrem abuso físico diário. Cada caso será muito diferente. Permaneça alerta para padrões que se desenvolvem ao longo do tempo. Não presuma que o fato de uma vítima não ter sofrido um incidente violento no passado recente signifique que outros abusos também não lhe estejam acontecendo. Outras formas de controle coercitivo estão provavelmente presentes em seu casamento. O abuso ocorre de muitas formas: emocional, financeira, espiritual e sexual. Como foi o caso com Amélia, o abuso físico é apenas uma maneira pela qual os opressores controlam suas vítimas. Um opressor cercará uma vítima com uma variedade de táticas diferentes.

REFLITA

1. Por que você acha que tendemos a acreditar que pessoas que usam de violência estão fora de controle?
2. Você se lembra de alguma ocasião na qual demonstrar sua própria ira fez com que você conquistasse algo? Pode ter sido uma expressão menor de ira, como reclamar. (Pense em um exemplo relacionado aos filhos ou ao trabalho.)
3. Os maridos de muitas mulheres que aconselho dirigem perigosamente com a intenção de assustá-las. Muito embora, nessas situações, o opressor não esteja fazendo contato físico com sua vítima, ele está ameaçando sua segurança física ao dirigir de uma forma que a coloque em perigo. Quando pergunto detalhes sobre isso, as vítimas me dizem que seus maridos dirigem de forma assustadora: aproximam-se demais do carro da frente, pisam fundo no acelerador, freiam bruscamente para que o cinto de segurança as machuque, ou fazem curvas em alta velocidade para que a cabeça delas bata na janela da porta do carro. No entanto, é raro que as vítimas tomem a iniciativa de expor incidentes de abuso que ocorrem no carro. Por que você acha que elas talvez tenham dificuldade em rotular ações assim como violência física? Como você pode ajudar uma vítima a ver que o comportamento assustador de seu marido ao dirigir traz algum proveito a ele?

O IMPACTO DO ABUSO FÍSICO

Quando seu marido a ataca fisicamente, isso muda toda a dinâmica do seu relacionamento. Por menor que seja a agressão, ainda é uma violação que causa danos imensuráveis. Em poucos instantes, a confiança se dissolve e o medo invade todas as suas interações. Seu casamento e seu lar deveriam ser lugares onde a intimidade floresce, onde você é conhecida e acha descanso. Nada disso pode acontecer quando você não se sente mais segura. Em vez disso, você agora vive em alerta em sua própria casa — até mesmo em sua própria cama. A expectativa de rompantes de ira sobrecarrega seu ser. Medos se multiplicam. Seu corpo sofre.

Os impactos do abuso físico geralmente se enquadram nas sete categorias que discutimos no capítulo 4, mas você precisará prestar especial atenção à angústia física em um cônjuge que sofre de abuso físico.[1]

Sinais de lesão corporal	Sinais de sobrecarga corporal
Hematomas e contusões	Tensão muscular
Ossos quebrados e fraturados	Tremores involuntários
Torções e deslocamentos	Fadiga e dores de cabeça
Arranhões	Mudanças nos padrões de sono e alimentação
Queimaduras	Problemas menstruais e de fertilidade
Lesões faciais e na cabeça	Flashbacks

Enxergando os efeitos

Mesmo que muitos efeitos do abuso físico sejam visíveis, você nem sempre os enxerga. Quando as vítimas não estão prontas para se abrir, elas ocultam lesões corporais com roupas, óculos escuros,

---

[1] Para uma lista completa dos impactos físicos do abuso, consulte National Prevention Toolkit on Domestic Violence for Medical Professionals, *Conditions and Injuries Related to Domestic Violence* (Tallahassee: Florida State University, 2014). Disponível em: https://dvmedtraining.csw.fsu.edu/wp-content/uploads/2014/01/Conditions-and-Injuries-2014.pdf. Acessado em: 19 mar. 2022.

maquiagem e chapéus. Os opressores geralmente causam lesões em partes do corpo de suas vítimas que podem ser cobertas: na parte superior dos braços, no meio das costas e nas canelas. Esse é outro indicador de que os opressores estão no controle, embora pareçam estar assustadoramente fora de controle. As vítimas podem até oferecer explicações falsas para seus ferimentos. Lembre-se de que elas provavelmente têm medo de que seus maridos fiquem com raiva se alguém descobrir e, por isso, escondem os horrores que enfrentam.

Mesmo depois de começarem a revelar o abuso físico, as vítimas muitas vezes esquecem eventos e detalhes entre uma semana e outra. Vejo duas razões principais para isso. Primeiro, no momento em que geralmente encontramos a vítima, ou ela está engolindo as manipulações do marido (minimização, negação, falsa contrição ou desvio de culpa), que reinterpreta os eventos para ela, ou ela acredita que é culpada pelo abuso (e sente culpa e vergonha). Consequentemente, ela não sente a indignação adequada quando seu marido a fere. Você achará isso confuso, já que estará comovido e perturbado pela violência que aconteceu com ela. A segunda razão é que o abuso a sobrecarrega e, assim, a mente e o coração dela ficam atordoados. Quando pergunto como foi a semana ou se houve alguma ocorrência de abuso físico, as vítimas muitas vezes não recordam o que aconteceu. Para ajudá-las a se lembrar dos abusos, peço que as mulheres anotem ou me enviem um e-mail após a ocorrência de um evento para que possamos revisar o incidente juntas.

O impacto duradouro da violência

Outra coisa a considerar é que é comum que um episódio violento no passado tenha condicionado uma esposa a evitar eventos mais violentos. Foi o que aconteceu com Taís, uma das minhas aconselhadas. Seu marido a espancou severamente no início do casamento.

Desde então, ele só precisava sinalizar-lhe com um punho cerrado para exercer controle sobre ela. Já o marido de Júlia ameaçou atirar nela durante uma discussão em seu primeiro ano de casamento, e depois alegou que estava apenas brincando; mas, quando as coisas ficavam tensas entre eles, ele andava pela casa com a arma presa na cintura e se recusava a falar com ela. Uma ocorrência de abuso físico pode estabelecer um sentimento permanente de medo que permite a dominação. Chamo isso de *violência condicionante*.

A violência condicionante também acontece em níveis de intensidade mais baixos. Se Patrícia falasse durante longas viagens de carro, Pedro dirigia agressivamente e a assustava. O marido de Cíntia a empurrou apenas uma vez durante os cinco anos de casamento, mas, se ficasse chateado, ele muitas vezes dizia: "Não me faça dar-lhe uma!" Portanto, é crucial descobrirmos abusos violentos do passado e considerar como eles atualmente exercem controle em um relacionamento.

REFLITA

1. Imagine, por um momento, viver com alguém o qual você tema que possa machucá-lo fisicamente. Como viver em um estado de alerta intenso afetaria seu corpo e mente?
2. Violência condicionante, mesmo que tenha ocorrido apenas uma vez, tem um efeito poderoso e duradouro. Por que você acha que a maioria das pessoas não consegue ver o controle que ela estabelece?

AJUDANDO MULHERES FISICAMENTE OPRIMIDAS

Ao encontrar uma vítima de abuso físico, você precisará manter duas coisas em mente: o coração e a segurança dela. Em muitos momentos, você sentirá tensão entre os dois. A presença de abuso físico em um relacionamento introduz um risco de ferimentos graves e letalidade, mas você ainda precisará honrar o coração da vítima e se mover no ritmo dela à medida que a ajuda.

Se você não tem experiência nesta área, será bom consultar especialistas ou ajudar uma vítima a se conectar com um conselheiro treinado.[2] Honre seu próprio nível de conforto ao cuidar das vítimas. Procure pessoas para ajudá-lo quando precisar de suporte ou tiver dúvidas.[3]

Faça perguntas que desmascarem o abuso físico

Ao começar a falar com alguém que você suspeite talvez estar sofrendo abuso, é essencial fazer uma avaliação diagnóstica de abuso físico. Você precisa descobrir não apenas os abusos atuais, mas também qualquer histórico de violência no casamento. As perguntas específicas que você faz são importantes. Se você perguntar: "Você já foi fisicamente abusada por seu cônjuge?", muitas mulheres dirão que não, pois não consideram que o tratamento que suportam chegue ao nível de abuso físico ou violência. É importante fazer perguntas com as quais as vítimas possam se identificar. Elas devem ser detalhadas e concretas. No final deste capítulo, apresento um levantamento de abuso físico que o ajudará. Ao usar o questionário, pergunte sobre exemplos detalhados de ocorrências.

Faça o levantamento duas vezes. Na primeira, procure respostas simples — sim ou não. Dessa forma, você pode avaliar rapidamente o cenário geral sem sobrecarregar a vítima. Ninguém quer falar sobre vários dos piores momentos de sua vida de uma só vez. Isso também

---

[2] É uma boa ideia encontrar essas pessoas em sua comunidade antes que sua necessidade se torne urgente.

[3] N.E.: No contexto norte-americano, há diversas atividades profissionais especializadas no atendimento e auxílio a vítimas de abuso, tais como especialistas em intervenção de agressões, terapeutas com expertise em abuso e agentes de proteção de vítimas de violência doméstica. No Brasil, além do trabalho de terapeutas e conselheiros bíblicos, as iniciativas de apoio a vítimas de abuso doméstico se concentram no poder público: além da Central de Atendimento à Mulher – Ligue 180, de âmbito nacional, diversos estados e municípios proveem assistência em delegacias da mulher, centros especializados de atendimento à mulher e casas-abrigo.

permitirá que as vítimas criem uma relação de confiança com você antes que você lhes pergunte sobre detalhes dolorosos. O mais importante, porém, é que ao obter esse panorama, você pode descobrir alguma violência perigosa em tempo hábil, o que lhe permitirá ver onde precisa se concentrar.

Em outro momento, você desejará percorrer esse questionário novamente. Ao revisitar quaisquer perguntas que tenham provocado a vítima a revelar abuso, proceda muito mais devagar. Reúna detalhes sobre as ocorrências e, ao mesmo tempo, descubra como a vítima as interpretou. Seu objetivo é extrair histórias individuais. Fazê-lo serve a vários propósitos: você ajudará a vítima a fazer conexões importantes, a entender que ela não tem culpa pelo que está suportando e a ser capaz de avaliar sua situação mais precisamente. Essa repetição do questionário pode acontecer depois de algumas semanas, mas o seu ritmo dependerá, em última análise, da urgência da situação da vítima.

Interprete o que está ouvindo

Concentre-se no conteúdo, não na apresentação. Muitas esposas com quem trabalho estão tão traumatizadas que não se lembram de eventos individuais — muito menos de como esses eventos afetaram o relacionamento ao longo do tempo. Isso é verdade para a maioria das vítimas de trauma. Pense em uma pessoa abalada por um acidente de carro: inicialmente, ela não se lembra de todos os detalhes do que aconteceu nem compartilha o ocorrido de uma perspectiva lógica ou de forma ordenada. Suas histórias são muitas vezes confusas, e ela leva tempo para dar sentido ao que aconteceu. Isso não significa que a vítima não seja confiável, e sim que ela está traumatizada. Procure manter o foco no que ela está dizendo e ajude-a a dar sentido a tudo aquilo.

Com o tempo, as vítimas começarão a se lembrar de mais abusos. Ao interagir com elas, as vítimas começarão a fazer novas conexões.

Como agora estão em um relacionamento seguro, elas podem refletir e lembrar-se de seu passado. Não pense que o relato daquela mulher está mudando, e sim que está sendo preenchido. Você primeiro ouvirá a versão condensada; então, posteriormente, novas camadas de detalhes e tramas paralelas vão expandi-la.

Faça anotações minuciosas. Muitas das minhas aconselhadas eventualmente minimizam algumas coisas que haviam compartilhado comigo inicialmente. Há muitas razões para isso: todos nós esquecemos a intensidade de nossa dor; um opressor pode estar se comportando bem recentemente; reconhecer o abuso pode ser uma experiência esmagadora e demandar providências; além disso, memórias simplesmente desaparecem. Quando tomamos nota, ajudamos as vítimas a não perderem a clareza sobre o que lhes aconteceu. Registrar esses eventos também ajudará as vítimas a reconhecer os padrões de comportamento abusivo de seus opressores.

Você também pode ajudar igrejas ao documentar abusos. Isso pode ser especialmente útil se algum processo disciplinar for necessário (e a documentação também pode ser necessária para algum processo judicial). Mesmo que você esteja num papel informal de suporte, considere fazer anotações com data ou encorajar a vítima a manter um registro de episódios de violência e compartilhá-los com você.

Evite fazer suposições erradas. As vítimas não são, de modo algum, responsáveis pela violência que sofrem. A violência que sai de um homem vem de dentro dele (cf. Pv 13.2). Porém, algumas vítimas empregam estratégias para limitar os efeitos da violência que experimentam ou para manobrar o momento em que ela ocorre, quando possível. Pense na exigência de Faraó de que as parteiras hebreias matassem todos os meninos recém-nascidos (cf. Ex 1.17–21). Quando confrontadas sobre seu fracasso em seguir a ordem dele e matar os recém-nascidos, as parteiras alegaram que as mulheres hebreias entravam em trabalho de parto muito rapidamente e davam à luz antes que elas pudessem chegar ao local. Aqui vemos as parteiras resistindo à sua ordem violenta. Elas usaram uma estratégia — fornecer uma informação falsa[4] — para proteger os vulneráveis.

Quando trabalhamos com vítimas, precisamos lembrar que elas são como as parteiras — elas também vivem sob um governante opressor. Às vezes, podemos ficar desorientados diante das táticas que elas usam para resistir a essa opressão. Podemos nos confundir, achando que a resistência delas é a causa do abuso. É fácil nos concentrarmos erradamente na reação delas e esquecermos que as vítimas estão tentando resistir a um controle coercitivo.

Aqui está um exemplo: Vítor, o marido de Cristina, tem sido mais crítico ultimamente — constantemente explode contra ela, bate portas e grita com o cachorro. Ela sabe que é uma questão de tempo até Vítor dar-lhe um soco nas costas à noite, enquanto ela está dormindo. Semana que vem é o aniversário do filho deles. Durante o jantar naquela noite, quando Vítor critica sua comida, Cristina responde calmamente e diz: "Se eu cozinho tão mal assim, talvez da próxima vez seja melhor você cozinhar seu próprio jantar". Naquela noite, ela acorda com um forte soco nas costas. Cristina não está aliviada — ela

---

4 N.E.: Alguns comentaristas e teólogos contestam a interpretação de que as parteiras tenham de fato fornecido uma informação falsa; é possível que elas tenham dito uma verdade a respeito das mulheres hebreias, embora omitindo informações que o tirano Faraó não tinha o direito de exigi-las. Mais importante, muitos estudiosos entendem que o texto bíblico narra a conduta das parteiras sem fazer um juízo de valor sobre a (possível) mentira que elas contaram — afinal, elas são expressamente louvadas por temerem a Deus e por desobedecerem ao decreto tirânico do Faraó, mas não por mentir. Para uma defesa desta última posição, cf. John Murray, *Princípios de conduta: aspectos da ética bíblica* (Brasília: Monergismo, 2020), 113 e ss. Em todo caso, a discussão não afeta o argumento da autora de que precisamos considerar a importante diferença entre uma *reação* ao abuso e a *causa* desse abuso.

está machucada e com dor — mas, quando chegar a hora da festa de aniversário de seu filho, Vítor já não estará mais fervendo de raiva.

Nesse exemplo, Cristina não fez nada que legitimasse o pecado de seu marido contra ela. Mesmo que tenha sido rude, a violência de Vítor não tinha justificativa. Cristina não "provocou" o ataque cruel dele contra si. A violência doméstica não tem a ver com causa e efeito; tem a ver com controle. Entenda que, embora as ações de Cristina tenham sido propositais, ela agiu para *resistir* à violência, não para provocá-la.

Ajude as vítimas a enxergarem que a violência é proposital

Faça perguntas. Muitas esposas precisam de ajuda para enxergar que a violência de seus maridos é estrategicamente planejada quanto ao momento e local em que ocorrem. Elas confundem o uso da força de seus maridos com um mero arroubo e dizem coisas como: "Meu marido atira objetos em mim ou os quebra; ele fica tão frustrado comigo!" Porém, quando pergunto: "Seu marido grita com o caixa quando a fila está demorando, ou em um pequeno grupo, ao ser interrompido?", elas começam a perceber que, embora ele fique frustrado em outros lugares fora de sua casa, ele não exibe sua raiva publicamente. Quando um homem é seletivo sobre quando, onde e com quem ele é fisicamente abusivo, seu problema não é que ele perde o controle, mas que ele usa a ira para controlar.

Outra maneira de ajudar uma esposa a ver como essa ira violenta é proposital consiste em perguntar: "Que objetos são quebrados durante uma discussão?". A esposa quase sempre relata que seu marido quebra os pertences *dela*. Para uma de minhas aconselhadas, Teresa, essa foi uma revelação devastadora. Teresa começou a enumerar tudo que seu marido havia quebrado ao longo dos anos. A lista incluía muitas de suas relíquias de família e lembranças de seus filhos. Essa simples indagação lhe permitiu começar a ver que a ira de seu marido era proposital e direcionada a puni-la.

Para combater os equívocos de uma esposa quanto à violência, ajude-a a ver a qual propósito essa violência serve. Faça perguntas para ajudá-la a entender o que o seu marido conquista para si mesmo por meio do abuso.

- O que seu marido conseguiu (ou evitou) ao irar-se?
- O que você fez de diferente depois do incidente?
- O que você provavelmente fará (ou deixará de fazer) como resultado da explosão dele?
- O que seu marido ganhou ao deixá-la com medo?

Quando ela conseguir fazer conexões, convide-a a pensar sobre as outras maneiras não violentas pelas quais seu cônjuge exerce controle coercitivo. Fazê-la elaborar a partir de suas novas percepções a ajudará a compreender melhor as dinâmicas funcionais que operam em seu casamento e, quem sabe, a impedi-las.

Desvende falsas justificativas. Muitas mulheres inventam justificativas para a ira de seus maridos. Esteja alerta para como elas interpretam o comportamento deles. Preste atenção nas maneiras como elas se culpam. Para que as vítimas saibam como reagir com sabedoria, elas precisarão entender que o abuso físico é propositalmente dominador. Ouça como elas frequentemente explicam o que está na raiz desse abuso:

- "A culpa é minha. Eu o pressionei demais";
- "Era tarde, e ele tinha bebido demais";
- "Ele é tão inseguro. Estava com medo de que eu estivesse tendo um caso";
- "Ele está passando por um período estressante no trabalho";

- "Eu mereci";
- "Ele parece tão triste e arrependido. Não acho que ele queria que isso acontecesse";
- "Não é tão ruim assim; poderia ser pior";
- "Ele nem sempre foi assim. Eu sei que posso me esforçar mais para ajudá-lo a melhorar";
- "Ele foi abusado quando criança — essa é a única realidade que ele conhece";
- "Acho que ele pode ser bipolar; ele não consegue evitar";
- "Eu sou sensível demais — estou exagerando".

Tenha o cuidado de apontar com gentileza o propósito da violência. Pode ser tentador contrapor as interpretações da vítima com afirmações fortes que vilipendiam o opressor — afinal, o que ele está fazendo é mau. Mas seu objetivo é ajudá-la a enxergar o que você enxerga, e isso leva tempo, pois ela ama e se importa com seu opressor. É mais natural que as esposas vejam seus maridos como sofredores; por isso, levará tempo até que a percepção delas mude.

Esteja alerta após incidentes de violência física

Após episódios de violência física, pode haver um período em que a violência deixe de ocorrer. Não pense que o abuso parou; ele está sempre acontecendo. Provavelmente, ele apenas assumiu outra forma de controle coercitivo. Às vezes, o abuso aparece até na forma de uma autopiedade que confundimos com tristeza. Os opressores podem demonstrar e até sentir remorso. Porém, com frequência, lamentam apenas o modo como suas ações os afetarão. Seu orgulho percebe que os fizeram de tolos ou que os outros acham que eles fizeram algo de repreensível.

Cuidado com o falso arrependimento

Ajude as vítimas a avaliar a contrição de seus abusadores. Quando o controle se disfarça de contrição, as vítimas precisam de nossa ajuda para discernir a diferença entre arrependimento piedoso ou mundano. Depois de um marido bater em sua esposa, ele pode oferecer um pedido de desculpas bem articulado, dar-lhe presentes ou tentar fazê-la sentir pena dele, a fim de desviar a atenção do que ele fez. Muitas mulheres relatam como ficaram comovidas por pedidos de desculpa banhados em lágrimas. É uma triste realidade quando até mesmo "pedidos de desculpas" são manipuladores.

Devemos discernir se os perpetradores da violência estão sentindo arrependimento mundano, tristeza por si mesmos ou arrependimento piedoso. O arrependimento piedoso está sempre focado em como o pecado ofende a Deus e prejudica os outros.

> Porque a tristeza segundo Deus produz arrependimento para a salvação, que a ninguém traz pesar; mas a tristeza do mundo produz morte. Porque quanto cuidado não produziu isto mesmo em vós que, segundo Deus, fostes contristados! Que defesa, que indignação, que temor, que saudades, que zelo, que vindita! Em tudo destes prova de estardes inocentes neste assunto. (2Co 7.10–11)

O teste da contrição piedosa é um arrependimento que trabalha pela restauração. O opressor mostra-se diligente em eliminar seu pecado e disposto a fazer tudo o que for preciso para lutar contra ele? Ou seu "arrependimento" se resume a autocomiseração?

A menos que um marido esteja verdadeiramente arrependido, ele normalmente demonstra uma tristeza egocêntrica que atrai a vítima de volta aos seus braços, fazendo-a ter pena dele ou sentir-se responsável por seu comportamento. Tais demonstrações têm por objetivo devolver o seu mundo à forma que ele deseja. Com frequência, os opressores usam pedidos de desculpas para evitar as consequências de seu comportamento. Alguns opressores se comportarão muito bem como uma maneira de pressionar a reconciliação com seus cônjuges — por isso, é preciso ter muito cuidado para determinar se um opressor está realmente mudando ou apenas dissimulando. Parece duro dizer isso, mas é preciso dizê-lo: as lágrimas e pedidos de desculpas de um marido opressor são geralmente destinadas a expandir o seu controle.

Resista você mesmo à tentação de se iludir diante de um falso arrependimento. Infelizmente, já ouvi muitas histórias como esta: um pastor testemunha um marido chorando e parecendo genuinamente arrependido por machucar sua esposa. O pastor então diz: "Seu marido parecia sinceramente triste e prometeu que não faria isso novamente. Eu não acho que você deva chamar a polícia; isso pode custar muito caro para ele". O pastor não notou a manipulação e falhou em ver que o propósito do pedido de desculpas era evitar a polícia e outras consequências.

Todos fazemos isso. Queremos acreditar que as pessoas estão exibindo verdadeira tristeza e somos comovidos por demonstrações de emoção. Portanto, precisamos procurar por arrependimento que vá mais fundo do que uma expressão emocional ou promessas futuras e, em vez disso, seja sustentado por evidências. Quando um opressor se arrepende genuinamente, ele fica alarmado com seu comportamento. Ele o confessa publicamente e se compromete a procurar ajuda especializada em vez de tentar escapar das consequências. Ele terá medo de sua própria capacidade para o mal e chorará pelo dano que fez, não pelo que pode perder (cf. Mt 18.8–9). Ele fará o que for preciso para deixar sua esposa confortável. Ele estará ávido por fazer reparações e se absterá de pressionar sua esposa para perdoá-lo.

Tanto os conselheiros quanto as vítimas precisam ter cuidado para não se iludirem diante de falsos arrependimentos. Em vez disso, ambos precisam buscar que o opressor se disponha a renunciar ao controle e aprender comportamentos novos e saudáveis por um período prolongado. Veja o capítulo 12 para uma discussão mais longa sobre evidências de arrependimento.

REFLITA

1. Tanto as vítimas como os conselheiros são propensos a acreditar que confissões de pecado são sinceras. Aceitamos as palavras de um abusador como verdadeiras. Por que você acha que isso acontece? Por que você acha que temos dificuldade com isso mesmo depois de vermos claramente um opressor usando suas palavras para manipular as pessoas?
2. Mateus 3.8 afirma que devemos produzir "frutos dignos de arrependimento". Quando você está avaliando pessoas violentas, quais são alguns dos frutos de arrependimento que espera ver?

Avalie a gravidade do abuso

Quando estamos ajudando pessoas, precisamos ser sábios despenseiros. Ao avaliar a severidade do abuso de uma vítima, esteja aberto a envolver especialistas que possam ajudá-lo a oferecer cuidados adequados. Ao lidar com as perguntas ao final deste capítulo, você talvez descubra a necessidade de um plano de segurança. Você encontrará um no apêndice A.

Monitore o nível de violência. Uma vez que tenha descoberto violência física, você precisará monitorá-la. À medida que nossos corações endurecem, ficamos insensíveis à destruição que nosso pecado causa e sentimos cada vez mais que nossa participação nele se justifica.

Quando alguém comete violência sem que haja arrependimento, é seguro presumir que ela aumentará. Se uma vítima optar por ficar com o marido, você deve verificar periodicamente para ver em que nível da escala a seguir se encontra a violência dele. Porém, lembre-se de que o telefone e os e-mails dela provavelmente são monitorados; por isso, convide-a a entrar em contato com você de um modo seguro caso a situação esteja piorando.

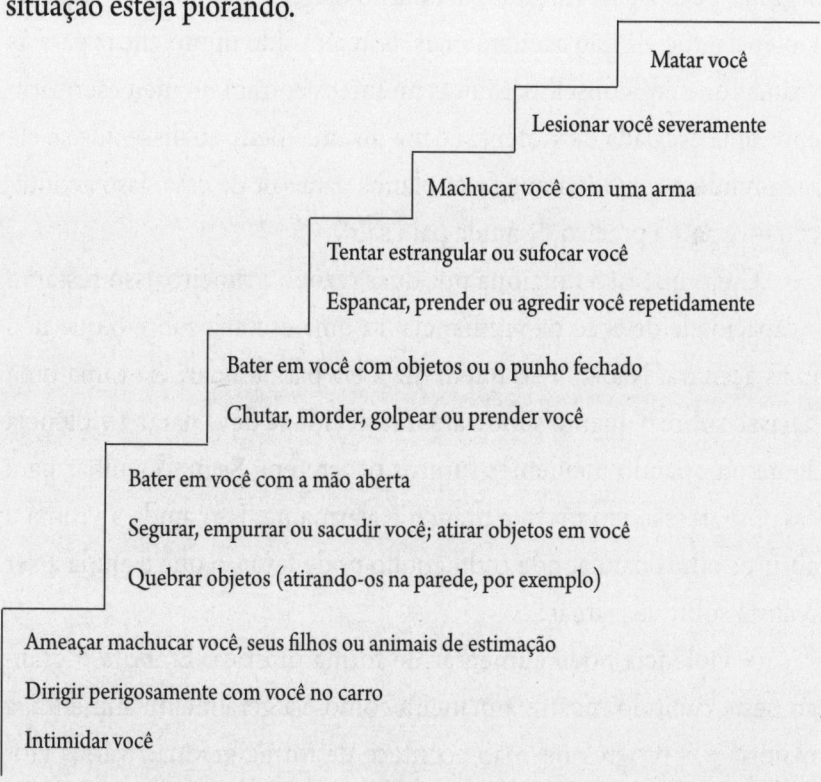

Matar você
Lesionar você severamente
Machucar você com uma arma
Tentar estrangular ou sufocar você
Espancar, prender ou agredir você repetidamente
Bater em você com objetos ou o punho fechado
Chutar, morder, golpear ou prender você
Bater em você com a mão aberta
Segurar, empurrar ou sacudir você; atirar objetos em você
Quebrar objetos (atirando-os na parede, por exemplo)
Ameaçar machucar você, seus filhos ou animais de estimação
Dirigir perigosamente com você no carro
Intimidar você

Quando um opressor avança para um nível mais alto de intensidade, no episódio seguinte a violência dele geralmente continuará do mesmo lugar onde ele parou da última vez. Por exemplo, se ele passar de empurrar uma vítima para chutá-la, provavelmente em cada incidente de violência seguinte a vítima será chutada de novo — ou pior.

Esse fato é uma realidade assustadora, mas também pode nos ajudar a orientar uma vítima que está relutante em sair de casa por segurança. Comece explicando a progressão da violência e peça-a para localizar o nível de intensidade que ela enfrenta atualmente. Usando o diagrama, peça-a para voltar no tempo e recontar diferentes períodos de seu relacionamento, a fim de rastrear a escalada da violência. Em seguida, peça-a para traçar uma linha no diagrama que marca o tipo de violência que ela não aceitará mais. Isso tem sido muito eficaz para as vítimas que eu aconselho. Muitas mulheres entram no meu escritório após uma escalada de violência e me dizem: "Bem, eu disse que se ele me prendesse, eu teria que fazer planos para sair de casa. Isso aconteceu — e agora preciso de ajuda para sair".

Creio que isso funciona por duas razões. Primeiro, isso restaura a capacidade de ação da vítima; ela faz uma escolha sobre o que não mais aceitará. Não sou eu quem diz a ela para mudar; ela toma uma decisão sobre o quanto suportará. Ela decide se deve parar a violência agora ou quando incidentes futuros ocorrerem. Segundo, olhar para essa progressão em preto e branco é alarmante. Isso ajuda a vítima a abrir os olhos para aonde tudo aquilo pode levar, o que a ajuda a ser realista sobre sua situação.

A violência pode aumentar de forma drástica. Embora o gráfico neste capítulo mostre a maneira como ela geralmente aumenta, a maioria das progressões não acontece de forma gradual. Várias vítimas com quem trabalhei nunca apanharam nem foram espancadas, mas seu abuso físico já começou no nível de asfixia. Uma aconselhada minha nunca havia sofrido um incidente físico até que o marido apontou uma arma para ela. Em outras palavras, não fique confortável com o que *não* está acontecendo; permaneça vigilante e aborde questões essenciais de segurança sempre que um controle coercitivo estiver presente.

Esteja atento a indicadores de violência letal. A violência nem sempre progride passo a passo ou apresenta um padrão previsível, mas há indicadores que antecipam a violência letal. Após uma extensa pesquisa na Johns Hopkins University, a Dra. Jacquelyn Campbell descobriu que mulheres são vinte vezes mais propensas a serem assassinadas por seus parceiros se estes já houverem ameaçado usar uma arma ou atingido-as com uma arma; quase quinze vezes mais propensas a serem assassinadas se seus parceiros houverem ameaçado assassiná-las; e quase dez vezes mais propensas a serem assassinadas se seus parceiros já houverem tentado sufocá-las.[5] A partir de sua pesquisa, Campbell desenvolveu o Danger Assessment Instrument [Instrumento de Avaliação de Perigo], que determina o quão letal uma situação de violência doméstica tem o potencial de ser. Uma versão modificada desse instrumento está incluída no levantamento ao final deste capítulo.

Ao trabalhar com vítimas, há muito para você avaliar e considerar. Lembre-se do que o Senhor lhe promete ao dizer: "Porque eu, o Senhor, teu Deus, te tomo pela tua mão direita e te digo: Não temas, que eu te ajudo" (Is 41.13). Lembre-se de que aquele que segura sua mão e o guia também guia a vítima com quem você se importa. Você não está sozinho neste trabalho. Podemos recorrer a Deus em busca de sabedoria e auxílio.

---

5 Cf. Jacquelyn C. Campbell et al., *Research Results From a National Study of Intimate Partner Homicide: The Danger Assessment Instrument* (Rockville: National Criminal Justice Reference Service, 2004), disponível em: https://www.ncjrs.gov/pdffiles1/nij/199710.pdf (acessado em 21/3/2022), p. 4–5.

LEVANTAMENTO DE ABUSO FÍSICO

Quando suspeitamos que qualquer tipo de opressão esteja presente em um casamento, é sábio fazermos uma sondagem de abuso físico. Muitas vítimas com quem trabalho não reconhecem sinais de abuso físico, então não basta perguntar: "Seu cônjuge a abusa fisicamente?" Você precisa sondar comportamentos específicos. Evite fazer suposições. É melhor perguntar sobre os detalhes.

Pode parecer estranho perguntar a uma pessoa sobre abuso extremo, especialmente se aquilo ainda não foi exposto. Use este questionário para ajudá-lo. Em vez de fazê-lo sentir como se você estivesse inventando as perguntas, o levantamento conduzirá o processo e dará a você e à vítima a sensação de que estão usando um recurso juntos. Isso deve eliminar a tendência da vítima de se perguntar: "Por que você me perguntaria isso?", assim como a sua própria incerteza: "Eu realmente preciso perguntar sobre isso?"

Quando as vítimas responderem afirmativamente a essas perguntas, expresse gentilmente como os comportamentos descritos são tristes e errados. Às vezes, eu apenas digo: "Isso não está certo," ou: "Ouvir isso entristece meu coração por você". Dê a elas espaço para compartilhar e valorize a coragem delas em expor tais coisas. No entanto, mesmo que você esteja mostrando preocupação, pode ser que elas não correspondam ao seu nível de incômodo. Lembre-se de que pode levar tempo até elas sentirem a gravidade de sua opressão. Se for esse o caso, concentre-se em reunir os fatos. Não se aventure a atribuir motivos aos seus opressores ou a tentar convencê-las de que elas são oprimidas.

- Seu marido já empurrou, sacudiu ou agarrou você alguma vez?

Levantamento de abuso físico

- Seu marido já cuspiu em você alguma vez?
- Seu marido já bateu em você? Com a mão aberta ou fechada?
- Seu marido já arranhou você?
- Seu marido já dirigiu de uma forma que a assusta?
- Seu marido já espancou você? A disciplina doméstica é algo que sua igreja ensina?
- Seu marido já torceu ou dobrou seu braço?
- Seu marido já puxou seu cabelo?
- Seu marido já deu um soco em você?
- Seu marido já jogou objetos em você?
- Seu marido já machucou seus animais de estimação?
- Seu marido já machucou você com um objeto? Qual?
- Seu marido já mordeu você?
- Seu marido já chutou você?
- Você já apanhou?
- Seu marido alguma vez já impediu você de satisfazer necessidades básicas, como sono, remédio ou comida?
- Seu marido já cortou ou queimou você? Já tentou afogá-la?
- Você já precisou consultar um médico por algum machucado?
- Seu marido já empurrou você ou a jogou contra a parede, o carro, a cama ou no chão?
- Seu marido já arrastou você ou a empurrou na escada alguma vez?
- Seu marido já bloqueou sua passagem alguma vez?
- Seu marido já trancou você em um quarto ou no carro alguma vez?
- Seu marido já expulsou você de um carro?
- Seu marido já ameaçou usar uma arma contra você? De que tipo?
- Seu marido já imobilizou você?
- Seu marido já estrangulou ou sufocou você?
- Seu marido já usou uma arma para machucar você?

Levantamento de abuso físico

AVALIANDO O POTENCIAL DE VIOLÊNCIA LETAL

Se uma vítima responder sim a qualquer uma das perguntas desta próxima lista, ela corre o risco de sofrer violência letal.[6] Esse é o ponto em que precisamos nos tornar mais diretivos em nosso aconselhamento. Isso não significa que as vítimas vão seguir a nossa direção; ainda temos de nos mover no ritmo delas. Porém, nessas situações, eu digo coisas como: "Estou temendo por você"; "Acho importante buscarmos um planejamento para a sua segurança imediatamente"; "Mesmo que você não se sinta pronta a executar um plano, acho que precisamos começar a trabalhar em um; o que estou ouvindo é muito preocupante"; ou: "Vamos fazer juntos uma avaliação online de perigo ou ligar para uma central de atendimento especializada. Quero ter certeza de que você entende o nível de perigo em que está". Lembre-se: as vítimas precisam ser instruídas e apresentadas às opções, mas cabe a elas escolher como vão reagir. Não é incomum que eu tenha essa conversa uma dúzia de vezes antes que a vítima esteja pronta a agir.

Neste ponto, de preferência junto com a vítima, seria aconselhável você entrar em contato com algum abrigo local ou com um agente de proteção de vítimas de violência doméstica[7] para obter imediato auxílio no planejamento de segurança. Uma vítima está no maior grau de perigo quando está fugindo de abusos, e ela não deve fazê-lo sem um plano de segurança estabelecido. A necessidade de planejamento é essencial porque "75% dos homicídios relacionados à violência doméstica ocorrem após a separação e há um aumento de 75% na

---

6 Essas perguntas são adaptadas do levantamento de Jacquelyn C. Campbell em "Danger Assessment", Danger Assessment, Johns Hopkins School of Nursing, atualizado em 2019, disponível em: https://www.dangerassessment.org/DA.aspx. Lá você encontrará a lista completa de perguntas (em inglês).
7 N. E.: No Brasil, esse serviço é prestado pela Delegacia de Defesa da Mulher (DDM) dos municípios. A Lei Maria da Penha, criada em agosto de 2006, trouxe mais rapidez na solicitação de providências de proteção à mulher, uma vez que dá, ao próprio delegado, a liberdade de fazer solicitações diretamente ao juiz, como o afastamento imediato do agressor, sem a necessidade de um advogado.

Levantamento de abuso físico

violência pelo menos nos dois anos seguintes à separação".[8] Consulte o apêndice A para obter recursos que o ajudarão a elaborar um plano.

- Seu marido já usou uma arma contra você ou a ameaçou com uma arma alguma vez?
- Ele já ameaçou matar você ou seus filhos alguma vez?
- Você acha que ele pode tentar matá-la? Se sim, ele tem uma arma ou pode conseguir uma com facilidade?
- Ele já tentou sufocar você?
- Seu marido é violento quando tem ciúmes? Ele é constantemente ciumento?
- Ele controla a maioria das suas atividades diárias?
- A violência dele aumentou em frequência ou intensidade no último ano?
- Seu marido já ameaçou ou tentou suicídio?
- Seu marido já a *forçou* a fazer sexo quando você não queria?
- Seu marido segue, espia você ou envia mensagens ameaçadoras?

---

8 "Barriers to Leaving an Abusive Relationship", The Center for Relationship Abuse Awareness, disponível em: http://stoprelationshipabuse.org/educated/barriers-to-leaving-an-abusive-relationship/ (acessado em 21/3/2022).

CONECTANDO O CLAMOR ÀS ESCRITURAS

Muitas mulheres que sofrem nas mãos de seus cônjuges têm dificuldade de colocar o clamor de seus corações em palavras. Sem palavras, todos nós temos dificuldades para falar com Deus. Sem oração, sentimentos de isolamento e abandono se instalam. Deus nos deu os Salmos como um meio para nos ajudar a falar com ele e nos conectarmos a ele e suas promessas. David Powlison me ensinou que, quando tornamos um salmo uma oração pessoal, conseguimos aprofundar nossos corações nas Escrituras e nos aproximar mais do Senhor.[9]

Contudo, a maioria das vítimas com quem trabalho têm dificuldade em saber por onde começar. Elas fraquejam ao tentar encontrar palavras que capturem sua experiência. Elas se perguntam: "Tudo bem se eu expressar pensamentos imperfeitos e cheios de dúvidas?". Aqui está minha tentativa de ajudar você a conseguir que elas comecem a fazê-lo. Eu reformulei o Salmo 27 como uma oração do oprimido. Você vai encontrá-lo logo abaixo. Leia o Salmo 27 em sua Bíblia primeiro, depois leia minha reinterpretação. Seria um excelente exercício fazer com que cada mulher com quem você está andando escolhesse um salmo que reflita o coração dela e o reescrevesse em suas próprias palavras. Incentive-a a retrabalhar o salmo repetidamente até que ele expresse os clamores de seu próprio coração. (Os Salmos 31, 34, 52, 140, 141 e 142 são outros grandes salmos que suplicam por proteção.)

> [1] O Senhor é a minha luz e a minha salvação;
> eu sei a quem temo — temo o homem que chamo de meu.

---

9 Cf. David Powlison, *Recovering from Child Abuse: Healing and Hope for Victims* (Greensboro: New Growth Press, 2008), p. 13–15.

O Senhor é a fortaleza da minha vida;
   por que, então, estou inundada de medo?
² Quando ele, carne da minha carne, me ataca,
   suas palavras devastam meu coração.
Será ele meu opressor e inimigo?
      Ainda estou atônita. Como pode ser? Aquele que me devora...
            é um comigo?
Ajuda-me a lembrar que tu, meu Deus, me prometes
   que os maus caminhos dele não prevalecerão.
³ Quando seu controle me cerca e ameaça me sufocar,
   Senhor, ajuda meu coração a não temer.
Quando ele despedaça-me a alma,
   assolando-me com desprezo e ódio,
ajuda-me a confiar no teu amor por mim.

⁴ Senhor, somente esta única coisa te peço —
     embora, daqui de onde estou, pareça quase impossível a qualquer um,
           mesmo a ti, a conceder-me —
   quero encontrar descanso e paz.
Traz meu coração para junto do teu!
   Quero passar meus dias habitando ante a tua beleza e majestade.
   Quero conhecer como é ser protegida por ti.
⁵ Meu lar está repleto de tribulação e perigo;
   sê meu abrigo quando a tempestade assolar dentro em seus muros.
Cobre-me sob as asas da tua justiça,
   pois não consigo suportar as acusações dele.
Os fundamentos do meu lar tremem e ameaçam ruir;
   por favor, firma-me sobre tua rocha.
      Guarda-me.
      Esconde-me; protege-me.
      Ajuda-me a escapar.
⁶ Meu inimigo me cerca noite e dia; não há saída.
     Ergue meus olhos para ver além dele, além do lugar do meu cativeiro,
         para ver somente a ti.

Conectando o clamor às Escrituras

Desvia meu olhar para que eu possa ver teu agir.
> Meu coração exulta ao saber que estás cuidando de mim,
>> trabalhando para me pôr em liberdade.

⁷ Ouve-me, Senhor! Meu rosto está enxarcado de lágrimas
> e minhas palavras, afogadas em prantos.

Mostra-me tua maravilhosa graça e responde-me.
> Em minha miséria, não posso suportar teu silêncio!

⁸ Tenho buscado ser fiel a ti — tenho buscado te buscar.
> Senhor, é a ti que desejo conhecer;
> aquieta meus medos e me dá mais certeza de ti.

É somente para ti que olho. Mostra-me o que fazer.

⁹ Por favor, Senhor, dá-me conhecer a ti mesmo e a teus caminhos.
> Estou desesperada;
> preciso que olhes para mim.

Temo que me tenhas virado as costas,
> abandonando-me para habitar em um lugar de constante terror.

Mas sei que prometeste ser meu amparo e guia.
> Não te esqueças de mim!

Sei que só tu podes salvar-me.

¹⁰ Não tenho ninguém, nem um sequer, a quem recorrer;
> mas tu, Senhor, me acolherás.

Tua Palavra está cheia de promessas que me lembram de que *tu és meu refúgio*.

¹¹ Ajuda-me a discernir o que fazer, ó Senhor.
> Todos os caminhos diante de mim parecem traiçoeiros e assustadores;
> não há nem uma escolha diante de mim que não me traga angústia ao coração.

¹² Protege meu coração de todas as mentiras — especialmente as mentiras dele,
> quando me diz que sou desprezível e indigna de teu socorro e resgate.

Ajuda-me a resistir às suas formas de controle e domínio.
> As palavras dele são tão poderosas que me esmagam e destroem.

¹³ Eu creio que tu, Senhor, és bom e fiel;
> ajuda-me a fixar meus olhos em tua bondade e fidelidade.

Meu lar me parece um lugar de morte,
> mas tu, ó Senhor, teu reino é de vida e liberdade.
> É lá onde quero habitar

[14] Oro dia e noite para que me libertes.
Enquanto espero por ti,
> firma meu coração; enche-o de coragem.

Vem, Senhor, te peço!
> Espero por ti e por tua sabedoria.

CAPÍTULO 7
DESMASCARANDO O ABUSO SEXUAL

Quando passares pelas águas, eu serei contigo;
quando, pelos rios, eles não te submergirão;
quando passares pelo fogo, não te queimarás,
nem a chama arderá em ti.
Porque eu sou o Senhor, teu Deus,
o Santo de Israel, o teu Salvador.
(Is 43.2–3)

Eu já vinha aconselhando Roberta por cerca de dois anos sem que até então ela houvesse mencionado seu ódio por sexo. Inicialmente, ela viera a mim por causa de ataques de pânico, os quais eram intensos e ocorriam quase todas as noites. No fim das contas, nós relacionamos aquela ansiedade com a indiferença do marido por ela e pelos filhos. Ele ia e vinha quando queria, interagindo pouco com sua família. Ela tinha muito pelo que lamentar — e isso já era verdade antes de ela começar a falar da crueldade dele.

Um dia, ela encontrou pornografia no telefone dele e ficou horrorizada com o que viu — não apenas porque a pornografia estava exposta no ambiente da casa onde seus filhos estavam reunidos, mas por ela perceber que as imagens no telefone dele exibiam muitas coisas que ele havia pedido dela. Ela ficou enojada e passou dias sem conseguir parar de tremer e chorar.

Mesmo depois de experimentar tal choque, ela não conseguiu compartilhar sua história comigo toda de uma vez. Ela foi se abrindo devagar e com dificuldade. Primeiro, ela me fez perguntas teóricas sobre homens e pornografia, seguidas de perguntas sobre o que era normal os homens desejarem. Ela tinha muitas e muitas perguntas. Semanas se passaram antes que ela me contasse o que vira e, finalmente, ela foi corajosa o bastante para me dizer como tudo aquilo se desenrolava no quarto deles. Ela se sentia desumanizada — como um objeto em um palco. A única parte dela pela qual o marido parecia se interessar estava indelevelmente infectada pelo pecado dele.

Passamos horas e horas conversando sobre o que ela havia experimentado. Foi extenuante. Mas ela precisava saber o que era normal e o que era pecado. Ela precisava saber o que Deus pensa sobre sexo e o que ele pensa quando o sexo é corrompido. Ela precisava saber o que fazer, a quem contar (se devia contar) e o que dizer ao marido. Ela precisava saber que aquelas violações não eram culpa dela. Ela precisava saber se Deus poderia curá-la das violações.

O QUE É ABUSO SEXUAL?

Deus projetou o relacionamento físico entre marido e mulher para expressar a intimidade emocional e espiritual deles. E mais profundamente, o amor mútuo de um casal foi planejado para ser uma imagem de como Jesus nos ama — sua igreja. O amor de Jesus é paciente, bondoso, fiel, abnegado, acolhedor, honroso, honesto e cuidadoso. Pelo desígnio de Deus, esse tipo de amor deve caracterizar um relacionamento conjugal — incluindo a intimidade sexual do casal.

Infelizmente, quando olhamos para casamentos que envolvem abuso sexual, encontramos algo muito diferente. Vemos o sexo sendo corrompido por aqueles que cobiçam realizar seus próprios desejos a qualquer custo. Em muitíssimos casamentos, o sexo não é uma imagem de mutualidade e intimidade amorosa, mas está manchado pela dominação e manipulação.

Abuso sexual conjugal é um termo amplo que pode abranger muitos atos hediondos e exploradores. As piores violações ocorrem quando o sexo é exigido, obrigado ou tomado à força, como em casos de estupro ou atos sexuais forçados. Outros atos abusivos incluem: a intrusão indesejada, no sexo, de pornografia ou apetrechos, atividades sexuais indesejadas, espiar ou filmar a nudez do cônjuge contra a vontade dele. O abuso sexual pode ser manipulador e coercitivo. Nesses casos, um opressor usa pressão incessante ou ameaças para conseguir um encontro sexual, mesmo depois que uma vítima expressa desconforto ou recusa.

É essencial também esclarecer o que não é abuso sexual conjugal. Muitos casais lutam com diferenças em seus apetites sexuais e nos limites do que se sentem confortáveis em fazer. Em um relacionamento saudável, os casais podem discutir, e até mesmo debater, seus diferentes desejos físicos sem pressão, medo ou rejeição. Os cônjuges devem poder expressar preferências diferentes sem que nenhum deles imponha os seus desejos ao outro sob forma de exigência. Essas conversas são boas e saudáveis.

Outra coisa que quero esclarecer é que nem todo uso de pornografia é abusivo. Tanto o uso quanto a criação de pornografia são sempre pecaminosos, mas não são abusivos a menos que sejam involuntários. Comportamentos malignos mutuamente acordados são simplesmente errados, mas não abusivos. Lembre-se de que abuso requer coerção.

A DINÂMICA DO ABUSO SEXUAL

No capítulo 3, vimos que o abuso é alimentado pela presunção. A presunção diz: "Minhas necessidades e desejos são prioridade; seu trabalho é me fazer feliz". A presunção *abusiva* diz: "Se você falhar em cumprir meus desejos, vou machucar você". Os opressores sexualmente abusivos presumem que têm direito ao sexo. Eles amam a si mesmos e ao seu próprio prazer a tal ponto que estão dispostos a prejudicar outra pessoa a fim de se satisfazerem.

É difícil aceitar o nível de depravação que o abuso sexual conjugal envolve. Anos atrás, deparei-me com um estudo que me ajudou a entender melhor o que se passa dentro do coração de um opressor. O estudo perguntava a estupradores — tanto de parceiros quanto de estranhos — por que eles haviam estuprado. Constatou-se que, quer um homem estupre uma estranha, sua esposa ou sua parceira, ele o faz sempre pelas mesmas razões: poder, raiva, retaliação, prazer sexual em causar dor e medo, preferência por sexo coercitivo em vez de consensual e um profundo senso de presunção.[1] Isso foi esclarecedor para mim, por expor o fato de que o abuso sexual no casamento é impulsionado por um desejo de dominar — por prazer na dor de outra pessoa. A única diferença observada pelo estudo entre estupro de um parceiro ou de um estranho é que o primeiro gera efeitos mais duradouros e mais graves na vítima.

Outro estudo constatou que o ato de estupro causa o maior grau de lesão corporal quando é perpetrado por um parceiro íntimo, e que as vítimas de estupro por um parceiro têm maior probabilidade de serem estupradas várias vezes.[2] Embora esses estudos se concentras-

---

1 Cf. Patricia Easteal e Louise McOrmond-Plummer, *Real Rape, Real Pain: Help for Women Sexually Assaulted by Male Partners* (Melbourne: Hybrid Publishers, 2006), p. 66.
2 Cf. "Quick Guide: Domestic Violence and Sexual Abuse", National Coalition Against Domestic Violence. Disponível em: https://ncadv.org/blog/posts/quick-guide-domestic-violence-and-sexual-abuse (acessado em 21/3/2022).

sem no extremo do espectro do abuso sexual — o estupro —, eles me ajudaram a ver que maridos sexualmente abusivos operam da mesma forma que criminosos sexuais. Eles são pecadores intencionais. O objetivo deles é ter sexo do jeito que querem e quando querem.

Embora tais pesquisas nos apontem a profundidade da depravação que está envolvida no abuso sexual, talvez até nos causando náuseas, não deveríamos precisar de um estudo de pesquisa para nos dizer o que a Bíblia já diz. O texto de 2 Timóteo 3.2–5 captura não apenas a amplitude e profundidade do pecado, mas também sua natureza grotesca e enganosa.

> Pois os homens serão egoístas, avarentos, jactanciosos, arrogantes, blasfemadores, desobedientes aos pais, ingratos, irreverentes, desafeiçoados, implacáveis, caluniadores, sem domínio de si, cruéis, inimigos do bem, traidores, atrevidos, enfatuados, mais amigos dos prazeres que amigos de Deus, tendo forma de piedade, negando-lhe, entretanto, o poder. Foge também destes.

Embora esta passagem não esteja falando sobre abuso sexual, a maneira como ela descreve o coração ativamente pecaminoso e egoísta nos é profundamente útil, ao identificar por que uma pessoa peca contra outra movida por um desejo de autogratificação. Maridos não abusam sexualmente de suas esposas porque o sexo é uma necessidade biológica que suas esposas estão falhando em suprir. Eles não fazem isso, ao contrário do que muitos afirmam, para evitar pecar — para não se desviar do leito conjugal. Eles fazem isso porque amam a si mesmos e ao seu próprio prazer a tal ponto que não têm domínio próprio. Estão dispostos a ser atrevidos, traidores, cruéis e desafeiçoados. Seu amor-próprio não conhece limites. Precisamos estar cientes disso e não ser enganados por justificativas ou aparências. Se quisermos ajudar com sabedoria, precisamos reconhecer plenamente a raiz destrutiva do pecado sexual.

Como ocorre com qualquer comportamento pecaminoso, certos padrões dentro do abuso sexual tendem a ser observáveis ao longo do tempo. Familiarizar-se com as características comuns do abuso sexual nos ajudará a entender as informações que ouvimos. Isso é especialmente importante porque as mulheres normalmente revelam o abuso sexual conjugal aos poucos, e, portanto, precisamos estar alertas para o que pode estar por baixo das informações que elas nos dão. A familiaridade com as características a seguir ajudará você a identificar abusos. As histórias que acompanham as diferentes características são uma pequena amostra do mundo sombrio do abuso sexual dentro de casamentos cristãos. São histórias de mulheres cristãs que são casadas com homens que se professam cristãos.

Pressão incessante

A maioria dos casais precisa lidar com diferenças em seus desejos e preferências sexuais. Isso é normal e é saudável que os cônjuges se comuniquem. Mas é prejudicial e nocivo quando um marido pleiteia ou exige sexo com pressão incessante. As mulheres me contam histórias de como seus maridos lhes dão sermões (que às vezes duram horas); dizem-lhe que elas não receberão nenhuma demonstração de afeto a menos que aquilo culmine em sexo; ou fazem-nas sentir-se culpadas por eles usarem pornografia. O sexo sob demanda tornou-se uma expectativa ou um "direito" do marido.

> Meu marido nunca parece satisfeito. Ele sempre quer sexo. Sinto-me culpada o tempo todo. Ele me diz que a culpa é minha se ele vê pornografia nos poucos dias em que não fazemos sexo; então, às vezes, eu cedo apenas para impedi-lo de pecar. Outras

noites, ele me acorda no meio da noite e implora por sexo. Eu faço, mas estou tão cansada que é difícil desfrutar; então, ele fica chateado comigo por não desfrutar o suficiente. Amanhece o dia, e ele insiste que tentemos de novo. É importante para ele que eu mostre muita empolgação. Só que eu estou exausta. Não tenho certeza se há algo de errado comigo. — Cristina

Desrespeito cruel

Há muitas ocasiões em que não é desejável nem razoável fazer sexo: após uma doença, o nascimento de um bebê, um dia particularmente difícil, ou uma discussão abusiva; quando há uma casa cheia de hóspedes, ou durante um ciclo menstrual doloroso. Porém, em vez de renunciar a seus próprios desejos e cuidar de sua esposa em uma situação dessas, um marido opressivo geralmente espera ou exige que o sexo prossiga como de costume.

Certa vez, após minha cirurgia na vesícula biliar, ficamos duas semanas sem fazer sexo. Quando fui pagar as compras no supermercado, não havia saldo no nosso cartão bancário. Mais tarde, ele me disse que eu estava negligenciando-o e que eu precisava sentir na pele como era não ter aquilo de que eu precisava. — Júlia

Atos indesejados

Quando uma esposa deixa claro que está desconfortável com um ato ou apetrecho sexual em particular, um marido abusivo insiste naquilo e não se importa com o fato de ela não estar à vontade. Outros exemplos dessa característica são quando um marido não para depois de sua esposa dizer que algo está doendo, ou quando ele a filma sem o seu consentimento enquanto eles estão em atividade sexual. Em alguns casamentos, uma esposa pode estar temerosa demais para sequer mencionar suas preferências.

> Algumas semanas atrás, ele começou a me mostrar vídeos pornográficos e me pediu para encenar com ele alguns daqueles atos. Eu tento fazê-lo, mas isso me faz sentir suja — e alguns deles são dolorosos. Tento dizer-lhe que aquilo não honra a Deus, mas ele diz: "Você é uma santarrona. Deus me deu a esposa mais frígida e sem amor do planeta. Se você não tiver cuidado, vou trocá-la por alguém que saiba como me amar e cumprir seu dever com alegria". — Kátia

Coerção

Embora a maioria dos abusadores use táticas coercitivas, a coerção também é um tipo particular de abuso. A coerção sexual acontece quando uma vítima é pressionada, enganada, ameaçada ou forçada, conquanto *não de forma física*, a se envolver em qualquer atividade sexual indesejada. Um abusador usa ameaças implícitas ou reais de punição futura para obter sujeição às suas demandas sexuais. Por exemplo, um marido pode insinuar ou declarar que vai usar de violência, sair de casa, encontrar outra mulher, expor a esposa de alguma forma, ou punir os filhos deles. As ameaças não precisam ser ditas; muitas vezes as esposas experimentam punições sem explicação. Por exemplo, alguns maridos dão "gelo" nas esposas depois de elas recusarem o sexo. Na maioria dos casos, seus maridos não dizem: "Não estou falando com você porque você não fez sexo comigo". Eles simplesmente param de falar com elas.

O abuso sexual coercivo pode ser muito desconcertante, pois, após ser intimidada por seu marido, uma esposa pode consentir com o sexo. A esposa vitimizada pode então ficar se perguntando: "Será que fui abusada sexualmente, ou concordei com aquilo?".

> Roberto quer muito sexo. Se alguma vez eu me recusar a ter intimidade com ele, ele fica terrível com as crianças no dia seguinte. Ele se torna tão irritado e barulhento que até nosso cachorro se assusta. Eu tento intervir e dizer-lhe para não ser tão áspero e punitivo. Ele apenas rosna para mim: "Se você quer que eu esteja de bom humor, é seu trabalho me deixar de bom humor". Muitas noites eu faço sexo só para poupar as crianças de serem machucadas. — Anne

Degradação

Muitas mulheres relatam que seus corpos ou seu desempenho sexual são objeto de críticas constantes e brutais. Essas críticas podem acontecer em particular ou em público, e geralmente são propositais. Elas podem ser usadas para justificar o uso de pornografia. Ou um marido pode degradar sua esposa na tentativa de obter algo que ele deseja. Por exemplo: "Se você quer que eu permaneça fiel, faça uma lipoaspiração; essa sua barriga pós-gravidez não é atraente".

> Meu marido me diz que eu preciso relaxar e que sexo comigo é chato. Ele diz que, desde que dei à luz, ele não se excita mais comigo — que, se o amasse, eu me esforçaria mais para apimentar as coisas e permanecer sexy. Comprei lingerie e tentei coisas novas; até fiz uma dieta rigorosa, mas ele nunca está feliz. Ele acha que eu deveria fazer uma plástica nos seios para deixá-los mais bonitos para ele. Devo me obrigar a fazer essas coisas para mantê-lo feliz? Eu não sei o que eu faria com nossos quatro filhos se ele nos deixasse. — Sônia

Acusação de traições

Outra forma de abuso é quando os maridos acusam suas esposas, consistentemente e injustamente, de terem um caso ou flertarem com outros homens. Uma mulher relatou que, após uma consulta de duas horas no dentista, suas bochechas estavam vermelhas por ela ficar com a mandíbula aberta por tanto tempo. Seu marido estava convencido de que ela estava corada e a acusou de flertar com o dentista. Outras mulheres têm cônjuges que vão atrás delas no trabalho, rastreiam e monitoram seus telefones ou demonstram paranoia quando elas têm algum contato com alguém do sexo masculino. Essas acusações também podem ser usadas como uma alavanca no relacionamento sexual — por exemplo: "Você deve fazer *tal coisa* para provar que realmente ama a mim, e não a fulano [o dentista, seu colega de trabalho ou outra pessoa]".

> Quando eu saía com minhas amigas da igreja, Pedro me ligava a cada vinte minutos. Às vezes, ele inventava razões para eu colocar uma delas ao telefone para ter certeza de que eu estava onde eu disse que estava. Ele estava convencido de que eu tinha um amante. Quando eu chegava em casa, ele insistia em sexo oral, dizendo que eu precisava provar minha devoção a ele e ajudá-lo a lidar com o "estresse da dúvida" que eu estava lhe fazendo passar. — Cíntia

Usar sexo como moeda de barganha

Alguns maridos recusam dinheiro, recursos, afeto ou visitas a outros familiares a menos que suas esposas forneçam sexo (ou um certo tipo de sexo). Tanto as necessidades básicas quanto os desejos relacionais da esposa não são satisfeitos até que ela aceite alguma demanda sexual ou concorde com um cronograma sexual específico.

> Meu marido não demonstra nenhum afeto a menos que saiba que aquilo culminará em sexo. Se eu estender a mão para segurar a dele, ele diz: "Você sabe o que isso significa". Ele me diz que não consegue evitar ficar excitado por qualquer toque físico, e que é minha função terminar o que eu comecei. Mas muitas vezes eu gostaria de apenas poder ficar perto dele sem que isso tenha de me levar ao sexo. Eu realmente não sei o que fazer. Ele se recusa a me ouvir quando tento falar com ele sobre isso. — Rose

Abusos tecnológicos

A tecnologia possibilitou novas formas de abuso. Os mais comuns são tirar fotos ou gravar vídeos sem consentimento. Alguns homens até compartilham essas imagens íntimas de suas esposas online, em sites que incentivam a troca de imagens entre os membros. Outros abusos tecnológicos incluem o envio de mensagens eróticas e a exposição a pornografia ou imagens pornográficas, mesmo depois de a esposa deixar claro que não deseja ver aquilo. Muitas mulheres já me disseram que seus maridos lhes mostram pornografia ou deixam material pornográfico à vista para comunicar uma demanda: "Isso é o que eu gostaria que você fizesse por mim".

> Eu estava amamentando quando, de repente, Cristiano inundava meu telefone com mensagens eróticas. Eu lhe disse que elas me incomodavam. Ele disse que só queria me ajudar a entrar no clima, já que, depois do bebê, eu não estava tão interessada em sexo. Uma vez ele me convenceu a enviar algumas fotos — e agora ele me ameaça com elas, dizendo que vai mostrar à minha irmã como eu sou uma vadia, se eu não for capaz de mantê-lo feliz. — Deise

Violações físicas diretas

A pior violação física é o estupro, mediante o uso de força de contenção ou violência física, mas existem muitos tipos de violações sexuais físicas. Entre elas estão atos sexuais realizados enquanto alguém está dormindo ou intoxicado; toques sexuais indesejados; forçar alguém a se envolver em um ato indesejado a fim de evitar outro tipo de abuso; ou a continuação do sexo enquanto o marido ignora lágrimas ou outras expressões de desconforto. Infelizmente, ouvi muitas histórias de mulheres cristãs que foram estupradas na lua-de-mel. Desde o início de seu casamento, elas foram condicionadas a ser complacentes — ou então a serem aterrorizadas.[3]

> Mais de uma vez, acordei no meio da noite com meu marido em cima de mim. Quando isso acontece, eu não me lembro de ter tomado a iniciativa do sexo, mas ele me diz que eu o fiz. Você acha possível que eu não me lembre disso? — Susana

> Um dia, durante a nossa lua-de-mel, eu queria apenas sair, ter um bom jantar e relaxar. Quando voltamos, eu queria conversar e ficar abraçada. Meu novo marido continuava avançando fisicamente, e eu continuava a afastá-lo de uma forma brincalhona. Não entendo o que aconteceu em seguida. De repente, ele ficou com um olhar esquisito e disse: "Você não pode me desrespeitar

---

3 Em sua pesquisa, Diana Russell descobriu que, das mulheres que sofrem estupro por seus cônjuges, cerca de um terço são estupradas apenas uma vez. Outro terço é estuprado entre duas e vinte e nove vezes, e o terço restante é estuprado trinta ou mais vezes. No entanto, esses números podem não contar toda a história. É possível que um primeiro estupro condicione uma vítima a cumprir as exigências sexuais de seu agressor para que futuros encontros sexuais com ele não se transformem em estupro. Tecnicamente, embora seja uma forma de abuso sexual coercitivo usar o medo de uma vítima de ser estuprada como motivação para ela fornecer sexo, essa pesquisa não classificaria tal ato como estupro. Na minha opinião, no entanto, usar o *medo* do estupro como uma violação condicionante é igualmente horrível. Cf. Diana E. H. Russell, *Rape in Marriage* (Nova Iorque: Macmillan, 1982), p. 110.

e me rejeitar. Não suporto que nosso casamento comece assim". Quando dei por mim, ele tinha me imobilizado e estava me forçando fisicamente. Dava para ver que ele estava irado. Eu estava aterrorizada, então não resisti. Nunca o tinha visto assim antes. Até hoje, não consigo entender como ele pôde fazer aquilo comigo enquanto eu chorava. Será que ele não se importava de estar me assustando e me machucando? — Janete

Esses tipos de abuso são perturbadores e não têm lugar em um casamento piedoso. Eles destroem toda a segurança, confiança e mutualidade no relacionamento conjugal. Esposas que sofrem abuso sexual dentro de suas casas são submetidas a uma enorme carga de estresse, o que muitas vezes causa estragos em seu corpo e em seu coração. Esse estresse é muitas vezes o que as leva ao aconselhamento.

REFLITA

1. Você concorda que a atividade sexual em um casamento deve envolver o consentimento genuíno de ambas as partes? Quais condições devem ser satisfeitas para se dizer que alguém se envolveu *livremente* em uma atividade sexual?
2. As vítimas de abuso muitas vezes têm medo de discordar de seus cônjuges ou de afirmar suas preferências em relação às coisas comuns do dia-a-dia. Como você acha que isso pode afetar a relação sexual de um casal?
3. Depois de considerar como a pornografia molda os desejos sexuais e separa o sexo do contexto de um relacionamento, você consegue pensar em como ela pode alimentar uma mentalidade abusiva?
4. Agora que você considerou os vários tipos de abuso sexual, por que você acha que é difícil para as vítimas de opressão sexual conjugal se verem como vítimas?

O IMPACTO DO ABUSO SEXUAL

O abuso sexual tem impactos devastadores sobre uma pessoa, e esses impactos são agravados quando o abuso ocorre no casamento. Quase todas as vítimas carregam todas as sete feridas discutidas no capítulo 4. Mas aqui quero me concentrar em duas delas — dificuldades na fé e vergonha — e em como elas se combinam para deixar a vítima confusa e, muitas vezes, em silêncio.

As estatísticas revelam que a agressão sexual ou o sexo forçado ocorrem em aproximadamente 40 a 45% dos relacionamentos matrimoniais que envolvem violência verbal ou física.[4] O estupro conjugal ocorre em 10 a 14% de todos os casamentos.[5] Esses números devem nos alarmar. Também devem nos fazer perguntar por que, se o abuso sexual conjugal é tão recorrente, não ouvimos mais a respeito.

Não ouvimos mais a respeito porque muitas de suas vítimas permanecem em silêncio. As mulheres muitas vezes não revelam abuso sexual, nem mesmo durante aconselhamento ou terapia. A vergonha é um fator que contribui para isso, mas as vítimas muitas vezes também experimentam confusão a respeito do que lhes está acontecendo. Ao longo dos anos, tive centenas de conversas com mulheres que estão sendo abusadas sexualmente por seus maridos, mas não o percebem. Elas sabem que algo está errado, mas não sabem o que é.

Na minha experiência, existem duas fontes primárias de confusão relacionadas a essa área; juntas, elas criam uma dinâmica poderosa a qual pode dificultar que as mulheres entendam o que lhes está acontecendo. Essa falta de clareza impede que os fatos sejam expostos.

---

4 Cf. Jacquelyn C. Campbell e Karen L. Soeken, "Forced Sex and Intimate Partner Violence: Efects on Women's Risk and Women's Health", *Violence Against Women 5*, nº 9 (set/1999): p. 1017–1035.
5 Cf. Patricia Mahoney e Linda M. Williams, "Sexual Assault in Marriage: Prevalence, Consequences, and Treatment of Wife Rape", em Jana L. Jasinski e Linda M. Williams (eds.), *Partner Violence: A Comprehensive Review of 20 Years of Research* (Thousand Oaks: SAGE Publications, 1998), p. 115.

Ensinamento antibíblico

A primeira fonte dessa confusão é a difusão de ensino antibíblico sobre sexo no casamento. Tal ensino atribui à esposa, e sua capacidade de fornecer sexo ilimitado, a responsabilidade pela pureza de um homem. Porém, não é papel da esposa manter seu marido longe do pecado; cada homem ou mulher é responsável por seu próprio pecado (cf. Lc 6.45). No entanto, líderes de igreja promovem falsas crenças sobre isso, como as seguintes:

- Os homens *precisam* de sexo.
- Negar sexo é *sempre* um pecado.
- Seu cônjuge tem direitos sobre seu corpo, a *qualquer* momento e de *qualquer* forma.

Imagine como esses ensinamentos atuam na mente de uma esposa que é abusada sexualmente por seu marido. O chamado de Deus para uma mutualidade saudável e voluntária é ignorado, e o sexo sob demanda passa a soar como a vontade de Deus. Esses ensinamentos erroneamente retratam um Deus que não apenas é indiferente ao sofrimento de uma vítima, mas também o autoriza. Isso cria um distanciamento no relacionamento da esposa com Deus, logo quando ela mais precisa dele. Nós cristãos precisamos ser claros sobre o desígnio de Deus para o sexo, para não aumentarmos o caos que já está ocorrendo no coração e na mente de uma vítima.

Táticas manipulativas

O segundo fator que contribui para a confusão de uma esposa são as táticas manipulativas que seu marido emprega. Homens abusivos querem que suas esposas fiquem desequilibradas e desorientadas.

Se as esposas acreditam que são responsáveis pela angústia em seus casamentos, a vergonha delas as torna mais fáceis de dominar.

Já vimos que os abusadores muitas vezes usam a coerção para obter consentimento para suas demandas. Embora a coerção já seja, em si mesma, obviamente abusiva, ela ainda contribui para a confusão em relação ao abuso. Por exemplo, se um marido pede por sexo repetidamente e a esposa sabe que ele vai castigá-la e aos filhos de alguma forma, caso ela não lhe atenda, ela pode ceder à sua exigência para evitar um resultado pior. O que é confuso sobre a coerção é que, se ela cede, passa a acreditar que concordou em fazer sexo. Então, é difícil para ela ter clareza sobre o que lhe aconteceu. Ela pode se sentir profanada, mas acha que não é razoável se sentir assim.

Abusadores também são hábeis em encontrar desculpas para evitar assumir a responsabilidade por suas exigências. Eles culpam o álcool, um trabalho estressante, a tentação da pornografia, seus ciúmes — e especialmente seus cônjuges. Quando uma esposa começa a sentir pena de seu marido, isso aumenta sua confusão. Ao alegar ser um sofredor torturado que precisa de alívio, um marido sexualmente abusivo ataca o coração bondoso de sua esposa, esperando que ela sinta pena dele e depois faça o que ele quer. Se isso não funcionar, ele pode progredir para o uso de ameaças — sem jamais deixar de culpá-la.

Ameaças como as seguintes são comuns:

- "Se você não fizer sexo, vou recorrer à pornografia para atender às minhas necessidades".
- "Eu não posso continuar assim! Tantas outras mulheres me querem. Você não me deixa escolha a não ser satisfazer minhas necessidades em outro lugar".
- "Sua constante rejeição a mim é torturante. Prefiro me matar a viver neste casamento sem amor".

Por fim, um marido pode até usar o próprio abuso para fazer sua esposa se sentir culpada por ele a violentar sexualmente, ao fazer comentários como:

- "Eu fiz aquilo porque sei que você gosta dessas coisas indecentes".
- "É que eu tenho ciúmes de todos os outros caras com quem você já esteve. Eu quero ter o que eles tiveram".
- "Estou ajudando você a não ser tão frígida".
- "Você age como uma prostituta na cama. Não consigo me segurar".

Essas duas táticas — coagir e transferir a culpa — tornam esses homens muito convincentes. Eles deixam as vítimas paralisadas de vergonha. É de admirar, portanto, que suas esposas sejam propensas à confusão sobre sua situação e, assim, a mantenham em segredo?

Para ajudar essas mulheres a removerem sua confusão, devemos cuidadosamente dissipar e desmantelar os mitos que as aprisionam. Podemos ajudá-las a identificar táticas coercitivas e a dar sentido às emoções que estão sentindo. Precisamos refutar o ensino errado, expor a manipulação, atribuir corretamente a culpa e reconectá-las a um Deus resgatador que sofre com elas e deseja protegê-las.

REFLITA

1. Que ensinamento você já ouviu em círculos cristãos que pode, involuntariamente, alimentar a presunção de alguns homens de que eles têm direito ao sexo? Há passagens bíblicas sobre as quais você mesmo se vê confuso? Como você pode encontrar ensinamentos claros sobre elas?
2. Como os opressores culpam suas esposas por seu próprio pecado sexual? Essas coisas são fáceis e claras de serem refutadas pela vítima?

3. Como o ensino bíblico sobre domínio próprio pode ajudar a desfazer a confusão das vítimas?

> Pois esta é a vontade de Deus: a vossa santificação, que vos abstenhais da prostituição; que cada um de vós saiba possuir o próprio corpo em santificação e honra. (1Ts 4.3–4)

AJUDANDO MULHERES SEXUALMENTE OPRIMIDAS

Quando comecei a aconselhar, não sabia que precisava estar alerta para o abuso sexual conjugal. Agora que vejo sua recorrência, preocupa-me profundamente que muitos na igreja permaneçam inconscientes de que o abuso sexual de fato ocorre em casamentos cristãos.

Esposas frequentemente procuram aconselhamento para a ansiedade, depressão ou, às vezes, até mesmo para a culpa que sentem por sua falta de desejo sexual pelo marido. Essas mulheres muitas vezes desconhecem o que está na raiz de seu sofrimento porque, como vimos, elas estão confusas e não conseguem ver que o que acontece com elas está errado.

Por esse motivo, você deve usar uma linguagem com a qual as supostas vítimas possam se identificar. Tente capturar a experiência delas sem usar palavras as quais exijam que elas categoricamente afirmem que o que lhes está acontecendo é errado. *Não* comece perguntando: "Seu marido violou, estuprou ou abusou de você sexualmente?". Muitas vezes, é difícil para as vítimas se identificarem com palavras como *estupro*, *coerção* e *abuso*. Elas normalmente não se dão conta de que o que estão experimentando é grave o bastante para ser identificado por tais rótulos.

Observe especialmente as escolhas de palavras nas perguntas listadas no questionário ao final deste capítulo. Eu as projetei para ajudar a vítima a identificar e falar sobre o que lhe está acontecendo sem ter de estabelecer ou afirmar categoricamente que está experimentando atos violadores ou abusivos. Não estou sugerindo que você faça todas aquelas perguntas em uma única conversa; isso seria esmagador para qualquer um! Estou dando opções. Preste atenção às reações de uma mulher a perguntas específicas, e prossiga em um ritmo que seja confortável para ela.

À medida que as perguntas desvendarem o abuso sexual, esteja alerta às muitas maneiras pelas quais o abuso afeta uma mulher. Você terá reunido muitos detalhes sobre o que está acontecendo com ela, mas é igualmente importante que você lhe pergunte como essas violações a estão afetando. Faça perguntas adicionais que apascentem o coração, sentimentos e necessidades dela.

- Como tem sido para você?
- O que você teme?
- Como você lida com isso?
- Como posso ajudá-la?

O estresse contínuo de conviver com uma dinâmica relacional tão destrutiva pode resultar em depressão, ansiedade, transtorno de estresse pós-traumático (TEPT), distúrbios alimentares, imagem corporal distorcida, medo de contato sexual, problemas de sono, dificuldades de confiança e tendências suicidas. Esse tipo de abuso também pode causar lesões físicas. Certifique-se de perguntar a uma vítima se houve algum dano físico e veja se há necessidade de envolver profissionais médicos.

À medida que as vítimas compartilham suas histórias, elas começarão a vasculhar a confusão que sentem. Precisamos ajudá-las a remover sua vergonha e oferecer-lhes ensinamentos restauradores sobre Deus e sua Palavra. Para fazê-lo, devemos aprender o quanto cada uma se sente confortável em compartilhar e esperar até que ela esteja pronta. Às vezes, as vítimas estão prontas apenas para responder sim ou não a uma pergunta, mas não se sentem confortáveis em discutir o que aconteceu em mais detalhes. Não as pressione. Algumas mulheres a quem aconselhei levaram meses ou até anos para me contar sobre suas piores violações. Tenha em mente que pode levar muito tempo até elas estarem prontas para compartilhar certas partes de suas histórias. É recomendável revisitar as suas histórias e voltar a conversar com elas sobre o assunto mais adiante. Um aspecto muito importante da cura é a vítima ser capaz de contar sua história; portanto, procure-a periodicamente e pergunte se ela está pronta para conversar ou se ela tem perguntas a fazer.

À medida que a história dela vem à tona, observe de que maneiras ela erroneamente se sente responsável. Anteriormente, vimos que sentir um falso senso de responsabilidade é particularmente prejudicial; então, seja consistente em lembrá-la de que ela *nunca* é responsável pelo pecado do marido. Será doloroso para ela reconhecer o fato de que seu marido é capaz de machucá-la tão profundamente para seu próprio ganho egoísta. Ela pode preferir minimizar a verdade, mantê-la escondida ou se culpar em vez de enfrentar a realidade brutal do que seu marido está fazendo. Ela pode não estar pronta para ver que o comportamento do marido é abusivo; então, seja gentil na maneira de lembrar-lhe quem é o culpado. Pode ser demais para ela ver toda a gravidade da situação de uma só vez. Ganhar clareza sobre o que lhe aconteceu levantará questões sobre o que ela deve fazer a respeito, o que criará um terrível conflito interno.

Muitas vezes, maus ensinamentos fazem as esposas acreditarem nas mentiras dos maridos de que o abuso é culpa delas. Esteja alerta a como o uso indevido de passagens como 1 Coríntios 7.2–5 (que as pessoas interpretam como se dissesse que o sexo é o "dever da esposa") tem agravado a culpa e o sofrimento dessas esposas.[6] Ajude as vítimas a verem que o casamento não exige que elas consintam com sexo ilimitado ou tipos ilimitados de atos sexuais. Faça as vítimas saberem, repetidamente, que a Escritura não compactua com o abuso delas. Nunca se canse de compartilhar passagem bíblicas que falem dos males da violação que elas sofrem. Eu incluí alguns exemplos de tais passagens no decorrer dos próximos tópicos.

Reaja à história dela

Mostre como você é afetado pela história da vítima. O abuso sexual isola e pode fazer a vítima se sentir como se ninguém — nem mesmo Deus — visse ou se importasse com o que está acontecendo. Coisas horríveis lhe aconteceram, e precisamos reagir a elas de uma maneira que mostre o coração de Deus a seu favor. Deus odeia o que está ocorrendo em seu casamento e se entristece com isso. Compartilhe com ela o que Deus diz sobre sua violação. Por exemplo, Deuteronômio 22.25–29 aborda a violação sexual e a preocupação de Deus com o bem-estar das mulheres abusadas. Outras passagens retratam o peso emocional que essa violação carrega (por exemplo, Gn 34; Jz 19; 2Sm 13 e Sl 55).

---

6 Essa passagem é mal utilizada ou mal compreendida com tanta frequência que é crucial entendermos o que ela realmente diz. Apelo ao versículo 4 para combater a ideia de que, uma vez que o corpo de uma esposa é do marido, ele tem direito ao sexo como e quando quiser: "A mulher não tem poder sobre o seu próprio corpo, e sim o marido; e também, semelhantemente, o marido não tem poder sobre o seu próprio corpo, e sim a mulher". Se lermos esse versículo até o fim, aprendemos que não apenas a esposa não tem poder sobre seu próprio corpo, mas que o marido também não tem poder sobre seu próprio corpo; antes, o poder é de sua esposa. Isso significa que ela pode dizer ao corpo dele para não fazer coisas com o corpo dela. Paulo está dizendo aqui que cada cônjuge tem autoridade igual e recíproca sobre o corpo do outro. Então, nenhum dos cônjuges pode forçar o outro a fazer algo que ele não queira fazer.

O sexo deve envolver ambos os cônjuges amando e dando prazer um ao outro. Se uma parte não se sente confortável com algo, então esse algo não deve ser feito. Sexo nunca é sobre forçar a vontade de uma pessoa sobre outra ou fazê-la sentir-se desconfortável. É sobre os cônjuges voluntariamente oferecerem seu corpo um ao outro e comprometerem-se a usar seu corpo apenas de maneiras que estejam de acordo com o desígnio de Deus (cf. 1Co 6.16–20).

Fale belas verdades

Ser abusada sexualmente traz à vítima uma sensação peculiar de vergonha. Essa vergonha pode penetrar tão profundamente que a vítima começa a acreditar em mentiras horríveis. Ela pode vir a acreditar que é repulsiva, detestável, imunda, permanentemente desgraçada ou, pior ainda, que a história dela contaminará você. Lembre-a de que ela é propriedade preciosa de Deus (cf. Dt 7.6). Ela é eleita, santa e amada por Cristo (cf. Cl 3.12); é filha de Deus (cf. 1Jo 3.1) e amiga de Jesus (cf. Jo 15.15).

Lamente com ela

Quando coisas indizíveis acontecem a uma pessoa, é difícil para ela encontrar palavras para descrevê-las. Para que essas mulheres orem, elas precisam de palavras — palavras que as ajudem a conectar seus corações a Deus e aos outros. Ajude essas mulheres a encontrarem as palavras. Ajude-as a falar sobre seu sofrimento com Deus e com outros conselheiros sábios. Lembre-se do exercício de lamentação que fizemos com o Salmo 27, no capítulo anterior. Os Salmos 22, 55, 109 e 140 também darão palavras às experiências de abuso sexual conjugal sofridas pelas vítimas. Ore com elas. Ore por elas. Dê-lhes palavras que elas possam levar a Deus — palavras que tragam luz para expor as trevas (cf. Ef 5.13). Levar essas preocupações a Deus é particularmente difícil. Falamos com Deus sobre muitas coisas, mas sexo geralmente não é uma delas. É difícil falar sobre violação sexual. Porém, o que está acontecendo com essas vítimas vai contra o desígnio de Deus — e isso provoca a ira divina. Ele ouve os clamores delas à medida que as ajudamos a encontrarem maneiras de trazer esses clamores a Deus.

Conecte Deus à história dela

As Escrituras contam histórias de muitas vítimas de estupro, incesto, prostituição e opressão, bem como de mulheres que foram desprezadas, maltratadas, rejeitadas e violadas (cf. Gn 16.1-16; 29.17-35; Js 2.1-21; 6.25; 2Sm 11.1-12.24; Lc 7.36-50; Jo 4.1-45; 8.1-11). Por meio dessas histórias, ajude as mulheres a enxergarem temas semelhantes em suas próprias histórias. E então mostre a elas o que Deus faz com essas histórias. Todo o nosso pecado e sofrimento é capturado na história de Jesus. Ele não apenas enxerga nossas histórias de sofrimento; ele sabe como é passar por elas: "Era desprezado e o mais rejeitado entre os homens; homem de dores e que sabe o que é padecer; [...] Ele foi oprimido e humilhado" (Is 53.3, 7). Na cruz, ele foi despido, exposto, zombado e assassinado. Porém, ao fim, o Pai o ressuscitou dos mortos em triunfo e glória. Ao se chegar às vítimas e sofrer como elas sofrem, ele mudou para sempre suas histórias — e essas histórias também terminarão em triunfo e glória, por causa da conexão das vítimas com Cristo.

Encontrar conforto nisso exigirá das esposas oprimidas gentileza e tempo. Porém, ao falar com elas, ajude-as a verem que suas histórias não são apenas sobre o que lhes aconteceu. Elas também são sobre o que Deus está fazendo pelo mundo inteiro ao nos reconciliar consigo mesmo.

Considere seu relacionamento e responsabilidade

Você é um conselheiro bíblico, um amigo, um presbítero ou um pastor? Cada um desses papéis terá implicações específicas quanto ao nível de cuidado que você pode oferecer, quem você pode envolver e quão íntimos são os detalhes pelos quais você pode perguntar. As vítimas precisam de muitos ajudadores — alguns profissionalmente treinados e outros que possam oferecer apoio espiritual, emocional e prático. Procure entender como você pode servir melhor à vítima em sua conexão com ela, no presente e nos próximos anos.

Esteja consciente do seu papel

Como será para uma vítima se você souber detalhes sobre a situação dela? Quais desses detalhes são importantes que você saiba? O que ela está confortável em lhe dizer? Perguntas como essas são especialmente importantes se você é um pastor ou presbítero. Dependendo da personalidade e das experiências de uma mulher, ela pode se sentir exposta diante de você, o que pode tornar as interações futuras com você mais desconfortáveis para ela. Algumas mulheres me dizem que, após compartilharem certos assuntos com seus pastores, elas se sentem incomodadas em tomar a ceia do Senhor ou participar de eventos sociais da igreja. É importante que você pense à frente — geralmente, não é sábio para uma vítima compartilhar detalhes com um homem, a menos que ele seja um conselheiro profissional. Porém, o fato de você ser um ajudador do sexo masculino não significa que não deva entrar nesta área do abuso. As vítimas precisam ouvir de homens, e especialmente de homens que estão em posições de autoridade, que o que aconteceu com elas está errado. As vítimas terão dúvidas ao lutarem com certas passagens das Escrituras. Para se recuperarem, elas precisarão de mestres firmes para ajudarem a corrigir o que foi distorcido.

Às vezes, você precisará compartilhar informações sobre uma vítima com os presbíteros, o pastor, o agente de proteção ou outros membros da equipe de cuidado dela. Quando esse for o caso, obtenha a permissão dela para fazê-lo e seja claro sobre com quem você vai falar e o que vai dizer. Na medida do possível, não exponha os detalhes sensíveis da história de uma vítima. Pergunte-lhe com quem ela ficaria mais confortável que você compartilhasse a situação dela. Cuide da vulnerabilidade dela, pedindo àqueles com quem compartilhar a situação que se esforcem por se conectar com ela. Mesmo que seja por meio de uma breve carta, eles devem reconhecer o sofrimento daquela mulher. Já ouvi de muitas vítimas que o silêncio dos líderes da igreja que conhecem suas histórias é insuportável — soa como rejeição e repulsa.

Envolva as autoridades necessárias

Estupro dentro do casamento é crime, mas poucas mulheres desejam noticiá-lo e, em última análise, essa escolha é delas. Embora possamos nos sentir temerosos por elas, devemos nos lembrar de que são elas que terão de suportar as consequências e tomar medidas de autoproteção, caso comuniquem o fato às autoridades. A polícia sabe disso, portanto, nos Estados Unidos geralmente se exige que a vítima seja a autora da denúncia, e não o conselheiro — a menos que haja violência com risco de vida. Na maioria dos estados, os conselheiros não têm a obrigação legal de notificar casos de violência doméstica, mas devemos comunicar às vítimas a proteção valiosa que o envolvimento da polícia pode proporcionar.[7] Quando a vítima estiver pronta para comunicar o crime à polícia, ajude-a no processo. Será uma experiência extremamente difícil para ela. Vá com a vítima e permaneça presente com ela durante o processo.

Uma exceção notável a esta diretriz de permitir que as mulheres tomem suas próprias decisões é quando o abuso diz respeito a crianças ou adolescentes. Sempre que crianças ou adolescentes testemunhem abuso sexual (ou se elas mesmas são abusadas física ou sexualmente), isso é considerado abuso infantil, e precisamos comunicar o fato

---

7 É importante estar familiarizado com as leis locais a respeito do assunto. [N.E.: No Brasil, desde 2018 (com a vigência da Lei 13.718/2018), o estupro e demais crimes contra a dignidade sexual não mais dependem da iniciativa da vítima para serem investigados e denunciados. Quanto ao dever profissional de notificação compulsória, a Lei 10.778/2003 (art. 1.º) impõe aos profissionais de saúde da rede pública ou privada o dever de notificarem indícios ou confirmação de violência contra a mulher.]

à autoridade policial.[8] Tenha em mente que isso criará uma situação perigosa tanto para a mãe quanto para a criança. A mulher precisa saber que você vai comunicar o abuso, e um plano de segurança[9] deve ser implementado imediatamente em favor dela.

Conecte-a aos recursos

As mulheres precisam saber que não estão sozinhas. Você provavelmente é limitado no que pode fazer para apoiar uma vítima. Ajude-a a construir uma equipe de cuidadores e outros apoiadores — uma que inclua, por exemplo, um pastor, um conselheiro profissional, acompanhamento médico, apoio jurídico, uma outra vítima e um amigo de confiança. O abuso sexual cria danos em muitas áreas. Uma mulher pode precisar consultar um médico para averiguar se resultaram lesões físicas do abuso. E se o comportamento de seu marido levantar a mínima *suspeita* de infidelidade, ela precisará ser testada para doenças sexualmente transmissíveis.

Ela pode precisar de ajuda para construir uma comunidade de apoio. Conecte-a com pessoas que entendam o que ela vivenciou e possam cuidar dela com sabedoria. Se seu opressor usou as Escrituras para controlá-la sexualmente, seja sábio e vá devagar ao pedir que ela se envolva nas atividades da igreja.

Casamentos são particularmente difíceis de restaurar após a ocorrência de violação sexual. A revelação do ocorrido causa um grande efeito cascata. A esposa tem que enfrentar não apenas o abuso em si, mas também a perda potencial de muitas coisas — por exemplo, a

---

8 N.E.: No Brasil, a legislação penal proíbe o abuso infantil sob diferentes crimes, desde o "estupro de vulnerável" à "satisfação de lascívia mediante presença de criança ou adolescente" (arts. 217-A a 218-C, Código Penal). Quanto ao dever de notificação, o Estatuto da Criança e do Adolescente (art. 245) obriga profissionais de saúde e da educação a comunicarem suspeita ou confirmação de maus tratos contra menores.

9 Veja o apêndice A para ajuda com a elaboração de um plano de segurança abrangente.

privacidade, à medida que os líderes da igreja se envolvem; e os amigos, que se mostram incapazes de entender. Caso se separe do marido, ela pode sofrer uma diminuição de renda, perder a sua casa ou o tempo com seus filhos. Ela precisará de ajuda para lidar com as implicações de contar sua história.

Finalmente, lembre-se de que o abuso sexual no casamento é um indicador de mais violência no futuro. Para proteger as esposas e seus filhos, prepare-se para a violência em potencial, elaborando e seguindo um plano de segurança.

REFLITA

1. Considerando o tipo de relacionamento que você tem com a vítima, que nível de detalhe você acha que deve buscar à medida que ela conta sua história? Como você poderia compartilhar ternamente com a vítima a sua avaliação da situação dela, de uma forma que ela se sinta amada e protegida?
2. Falar sobre sexo pode ser desconfortável para nós. Considere como você pode comunicar seu cuidado através do que você diz (ou não diz) e como você pode acompanhar uma vítima. Como você pode superar seu próprio mal-estar diante do assunto? Envolvendo outros que possam ajudá-lo? Comunicando aberta e ternamente esse mal-estar, para que a vítima não interprete mal seu constrangimento? Como você pode orar para que Deus o auxilie?
3. Eu sempre faço meus alunos treinarem como conversar sobre este assunto. Existe alguém com quem você possa compartilhar partes deste capítulo para que você desenvolva sua capacidade de falar de coisas más e constrangedoras?
4. Você ainda tem dúvidas remanescentes que possam impedir sua capacidade de falar claramente com as vítimas? Quem pode ajudá-lo a sanar essas dúvidas?

A MAIS VERDADEIRA EXPRESSÃO DE AMOR

As vítimas precisam que você as ajude a superarem sua confusão e lhes fale verdades cruciais. Considere esta descrição clara e direta da Escritura sobre o modo como Jesus ama:

> O amor é paciente, é benigno; o amor não arde em ciúmes, não se ufana, não se ensoberbece, não se conduz inconvenientemente, não procura os seus interesses, não se exaspera, não se ressente do mal; não se alegra com a injustiça, mas regozija-se com a verdade; tudo sofre, tudo crê, tudo espera, tudo suporta. O amor jamais acaba. (1Co 13.4–8)

Esta passagem não se refere explicitamente ao amor físico, mas expressa como o amor deve se manifestar em todas as situações. O sexo deveria ser uma expressão de amor — sempre. Porém, maridos que abusam expressam ódio, não amor. Eles são impacientes e rudes. São intolerantes, cruéis, ciumentos, cheios de si mesmos, orgulhosos e desonrosos. Eles buscam o prazer próprio, são facilmente irritados, repetidamente relembram os erros do cônjuge e obtêm prazer com o mal. Eles violam suas esposas, rejeitam-nas, odeiam-nas e as colocam em perigo. As vítimas precisam que você seja claro sobre as violações que elas têm suportado; e qual o melhor lugar para onde você pode apontá-las, senão para o seu Salvador?

QUESTIONÁRIO PARA SONDAGEM DE ABUSO SEXUAL

Algumas perguntas a seguir são gerais e dão a oportunidade de ouvir como a mulher com quem você está falando vivencia o sexo ou pensa sobre ele. Outras lidam com comportamentos específicos. *O objetivo dessas perguntas é ajudar a mulher a contar sua história.* Nem todas se sentem confortáveis falando sobre esses assuntos, e isso deve ser considerado.

Lembre-se de que, no capítulo 1, falamos sobre como identificar abusos nem sempre se resume a descobrir eventos ou incidentes. Às vezes, precisamos de mais contexto para determinar se um incidente é abusivo. Por exemplo, uma esposa pode dizer que ela tem dificuldades com a intimidade física, mas, quando cavamos mais fundo, descobrimos que a raiz de sua angústia é o abuso sexual que ela sofreu quando criança. Ou talvez uma vítima diga que fez sexo quando não queria, mas, ao falar mais com ela, você percebe que ela não foi coagida ou forçada, mas preferiu superar sua própria falta de desejo. Essas perguntas exigem que sejamos sensíveis ao fazê-las e, muitas vezes, precisaremos aprender mais sobre os eventos que elas revelam para fazer avaliações precisas. Adentrar alguns desses assuntos pode ser algo delicado e talvez nos sintamos desconfortáveis ao pedir detalhes que nos ajudem a esclarecê-los, mas é importante perguntar a respeito.

Desejo que as mulheres com quem eu interajo saibam que elas não são as únicas que sofrem dessa maneira e que eu estou pronta para ouvir o que elas estiverem dispostas a compartilhar. Para deixá-las à vontade, muitas vezes introduzo essas perguntas dizendo: "Muitas

Questionário para sondagem de abuso sexual

mulheres que aconselho passam por experiências difíceis e duras em seus relacionamentos sexuais".

- Você já teve relações íntimas com seu marido quando não queria tê-las?
- Você tem algum tipo de dificuldade com a intimidade física?
- Seu cônjuge por vezes força você a ter intimidade? Com que frequência isso acontece? Quando isso aconteceu pela última vez?
- Você já teve relações íntimas com seu cônjuge por estar com medo dele?
- Há ocasiões em que o sexo é desagradável? O que faz com que ele seja desagradável?
- Você e seu cônjuge já tiveram desentendimentos sobre sexo — por exemplo, sobre quando e com que frequência fazer sexo? Como vocês resolvem esses desentendimentos?
- Você acha que você e seu cônjuge apreciam o relacionamento sexual de vocês em igual medida?
- Seu cônjuge já fez sexo com você quando você não era capaz de consentir — por exemplo, após você ter ingerido muito álcool ou consumido drogas (sejam drogas ilícitas ou pílulas para dormir ou para dor)?
- Seu cônjuge já disse ou fez coisas sexualmente degradantes com você?
- Seu marido consome pornografia? Como isso tem afetado sua intimidade com ele?
- Seu cônjuge já tocou em você de uma forma sexual que fez você se sentir desconfortável?
- Seu cônjuge já pressionou você a fazer coisas que a deixavam desconfortável? Que tipo de coisas?

Questionário para sondagem de abuso sexual

- Seu cônjuge já forçou você a ter uma experiência sexual usando uma arma, prendendo ou machucando você fisicamente?
- Você já teve relações sexuais com seu cônjuge porque ele ameaçou, pressionou, forçou ou machucou você? O que houve?
- Seu cônjuge já fez sexo com você quando você estava dormindo?
- Você já cedeu a uma relação sexual com seu cônjuge para evitar brigar com ele ou se machucar?
- Você já teve uma relação sexual porque se sentiu oprimida por reclamações e/ou pressões contínuas de seu cônjuge?

Se você descobrir que já houve abuso sexual no casamento dessa pessoa, aqui estão algumas perguntas para lhe fazer em sequência:

- Há quanto tempo esse comportamento está ocorrendo em seu relacionamento?
- Com que frequência isso ocorre?
- Essas coisas já aconteceram antes ou depois de abuso físico?
- Você notou alguma mudança na frequência ou gravidade dessas ações ao longo do tempo?
- Você consegue pensar em outras ocasiões em que força ou pressão estiveram envolvidas em seu relacionamento sexual?
- Seu marido já usou as Escrituras para justificar seu comportamento? Que passagens?
- Você já contou a alguém sobre essas coisas? A quem você contou e que tipo de resposta recebeu?
- Você notou alguma alteração física em seu corpo? Você precisou procurar atendimento médico?

INTERVINDO QUANDO O MAL ESTÁ PRESENTE

O abuso sexual é corriqueiro em casamentos, e desmascará-lo é de partir o coração. As belas intenções de Deus para esses casamentos foram pervertidas de maneiras terríveis e devastadoras. Mas Deus enxerga o que está acontecendo e, em contrapartida, ele nos chama a enxergar o ocorrido também. Devemos proclamar a verdade sobre o propósito divino para o sexo e romper a devastação desoladora que é causada quando esse propósito é abusivamente corrompido. Em suma, devemos ser como Jesus.

Seu ministério era íntimo. Ele não se protegia dos detalhes do sofrimento das pessoas. Ele não temia ser contaminado pelo sofrimento e pecado dos outros (cf. Mc 1.40–41; Lc 13.12–13; Jo 9.6–7).

Em nome de Jesus e por sua causa, nós também escolhemos nos aproximar do pecado e do sofrimento dos outros. Contudo, temos de ser despenseiros de nossos próprios corações. Esteja atento ao modo como você está sendo afetado por aquilo que ouve. Você está tendo dificuldades com algum dos seguintes problemas?

- Insônia
- Pesadelos
- Imagens intrusivas
- Ansiedade
- Vontade de ficar indiferente
- Excesso de vigilância
- Irritabilidade
- Dúvidas na fé
- Tornar-se cínico ou pessimista

- Minimizar seu próprio pecado
- Sentir-se vulnerável
- Sentir-se sobrecarregado
- Desesperança
- Preocupação com uma história específica

Se esses sintomas aparecerem, podem ser um sinal de que a gravidade do que você está ouvindo está afetando você. Histórias de sofrimento profundo são fardos pesados de carregar. Se as informações que você está ouvindo têm impactado você dessas formas perceptíveis, você pode começar a ficar com medo de se aproximar demais, de saber demais ou de constantemente ter de carregar consigo essas histórias devastadoras. Porém, Jesus se aproximou, tocou os aflitos e convidou pessoas que sofriam a falar. Deus nos chama a fazer o mesmo — mas com sabedoria e o auxílio dele.

Considere como você pode compartilhar seus próprios fardos:

1. Você está em comunhão ativa com o Verdadeiro Ajudador? Como você está orando e falando com o Senhor sobre o mal que você encontra?
2. Ver o mal está desafiando sua fé? A quem você pode confiar seu coração e suas dúvidas?
3. Deus nos criou como seres que necessitam de comunidade, e isso pode nos ajudar a carregar os nossos fardos, enxergar os nossos pontos cegos, obter sabedoria e nos lembrar de sua fidelidade. Você consegue trabalhar em conjunto com a igreja? Como outros cristãos podem cuidar de você? Lembre-se de que a igreja é a comunidade que o Senhor sabiamente deu a você — e aos seus aconselhados. Convide a igreja a ajudá-lo.

4. Você está ciente de suas próprias forças e fraquezas? Suas limitações físicas e emocionais? De que maneiras deliberadas você pode ser um despenseiro fiel de sua saúde física, emocional e espiritual?
5. Como você pode fortalecer suas próprias disciplinas espirituais? Esse é um campo de batalha; esteja pronto para lutar!

CAPÍTULO 8
DESMASCARANDO O ABUSO EMOCIONAL

Novo mandamento vos dou: que vos ameis uns aos outros;
assim como eu vos amei, que também vos ameis uns aos outros.
Nisto conhecerão todos que sois meus discípulos:
se tiverdes amor uns aos outros.
(Jo 13.34–35)

Eu encontrei Érica pela primeira vez porque ela estava sofrendo com ansiedade intensa. Ela era uma jovem mãe de quatro filhos pequenos com menos de sete anos, e há cerca de um ano vinha tendo ataques de pânico de grau leve. Ela se sentia tensa a maior parte do tempo e estava preocupada com seus filhos, pois estava explodindo contra eles. Todas as semanas, durante o aconselhamento, ela confessava sua ira e as muitas maneiras como havia falhado enquanto mãe e esposa.

Nada em nossas conversas iniciais sugeria que ela estivesse sendo oprimida — exceto a quantidade anormal de culpa que ela carregava. Ela não relatou que Filipe, seu marido, a atacava verbalmente, que com frequência a ignorava por dias, ou que gritava com seus filhos pequenos quando estes precisavam ter as fraldas trocadas. Ela deixou de mencionar que, se lhe pedisse ajuda com reparos domésticos, Filipe reclamava por horas a fio sobre a inaptidão e as insistências incômodas dela. Em vez disso, ela falava sobre sua ira e sua crença de que estava desonrando o Senhor por se sentir tão ansiosa.

Já vi isso várias vezes em meu trabalho. Muitas vezes, as mulheres oprimidas não compartilham comigo as informações que acredito serem mais relevantes. Embora a vergonha possa contribuir para que elas não falem sobre a forma horrível como são tratadas, acho que há algo mais que as impede de falar sobre aquilo que estão enfrentando. Elas muitas vezes acreditam que a maneira como estão sendo tratadas é razoável.

Érica não me contou sobre as maneiras cruéis e manipuladoras como Filipe a punia e controlava porque sentia que ele estava certo em ficar frustrado com ela. Obviamente, às vezes ela achava que ele ficava dominado por sua ira — mas quem não ficaria, se tivesse que aturar alguém como ela o tempo todo?

As palavras que Filipe usava para zombar de Érica determinaram a forma como ela compreendia a si mesma: *inútil, estúpida, incompetente, fraca, desesperada, mãe desleixada, ímpia, crítica, hipócrita, chorona*. Depois de dez anos de casamento, as percepções de Érica sobre si mesma haviam sido moldadas por essas palavras. E era difícil questionar tais percepções. Ela não se via mais como digna do amor e cuidado de Filipe; ela era uma decepção e um fracasso em todos os níveis. E era isso que ela me comunicava: sua crença de que era incompetente e descomprometida.

Como ajudamos esposas como Érica, que não conseguem ver que a opressão é a causa subjacente da maior parte de sua angústia? É preciso terna paciência para desarraigar as falsas narrativas em que essas mulheres acreditam. Há muitas mulheres como Érica que precisam de nós para ajudá-las a identificar, pouco a pouco, as mentiras que estão moldando sua realidade.

O QUE É ABUSO EMOCIONAL?

O abuso emocional, que também pode ser categorizado como abuso mental, verbal ou psicológico,[1] é um padrão de comportamento que promove uma sensação destrutiva de medo, obrigação, vergonha ou culpa em uma vítima. Pessoas emocionalmente opressivas procuram dominar seus cônjuges e o fazem mediante o emprego de uma variedade de táticas. Eles podem negligenciar, assustar, isolar, menosprezar, explorar, fazer jogos mentais, mentir, culpar, envergonhar ou ameaçar seus cônjuges. Seu comportamento é impulsionado pela mesma raiz que impulsiona outras formas de abuso, o culto de si mesmo e a presunção. Opressores procuram controlar os outros para seu próprio benefício e conforto; o comportamento emocionalmente abusivo diz: "Você não importa para mim — você é algo para eu usar". Ele exige; ele zomba; ele não ama.

Como acontece com todos os abusos, o abuso emocional não é um problema relacional; não é um sintoma de um casamento doente (embora cause um casamento doente). É um problema do coração, um que decorre do desejo anticristão da pessoa abusiva de obter e manter o domínio.

O abuso emocional é uma categoria ampla que abrange muitas formas de controle não físico. Porém, não queremos ampliar indevidamente este rótulo ou exagerar sua abrangência. Há muitos bons casamentos em que palavras cruéis às vezes são ditas, e muitos casamentos ruins, mas não abusivos, em que os casais brigam de maneiras prejudiciais.

Quando procuramos determinar se está acontecendo abuso emocional, não podemos confiar apenas na presença de comportamentos

---

1 Embora os abusos mental, verbal e psicológico sejam categorias diferentes, vou incorporá-los todos ao abuso emocional, porque muitas de suas táticas se sobrepõem às do abuso emocional, e as dinâmicas e os impactos das diferentes categorias são iguais.

como xingamento, culpabilização e crueldade. Deveríamos ficar aliviados pelo fato de essas ocorrências não significarem, automaticamente, que o abuso está acontecendo — afinal, todos nós já agimos assim. Todos pecamos contra nossos cônjuges; mas a maioria de nós se quebranta por nosso pecado. Somos movidos pela dor que causamos ao outro e, mais cedo ou mais tarde, somos convencidos de nossa culpa. Nós nos arrependemos, procuramos mudar nosso comportamento e desejamos amar melhor nossos cônjuges. Nem todos os padrões de pecado são caracterizados por controle coercitivo impenitente. Lembre-se de que o controle é a chave para a presença do abuso; estamos procurando diagnosticar as maneiras pelas quais alguém trata mal sua esposa com vista à dominação. Precisamos relacionar padrões pecaminosos de comportamentos punitivos àquilo que eles conquistam para o opressor.

REFLITA

1. Você já encontrou vítimas como Érica, que não conseguem perceber seu abuso? O que o impressionou na forma como elas têm dificuldade para entender adequadamente sua dinâmica conjugal?
2. Por que é essencial usarmos o rótulo de *abuso emocional* devidamente? Por que as vítimas precisam de nós para entendê-lo corretamente?
3. Vamos explorar algumas maneiras de avaliar a presença de controle coercitivo em um casamento. Porém, após ler a definição de abuso emocional acima, o que você instintivamente procuraria?

AS DINÂMICAS DO ABUSO EMOCIONAL

O abuso emocional é uma das formas abusivas mais difíceis de reconhecer. Muitas formas de controle que ele envolve são sutis. Abaixo, examinaremos as táticas tipicamente usadas por abusadores emocionais; porém, a chave para identificar comportamentos abusivos é ver a intencionalidade por trás das ações. Como ocorre com os abusadores físicos, os abusadores emocionais não estão fora de controle, mas estão usando suas palavras para adquirir poder. Sua presunção e seu desejo por tratamento privilegiado alimentam seus comportamentos. Eles acreditam que têm um status especial — que seus direitos são os mais importantes de todos. Isso vai além do egoísmo. Eles têm uma visão tão engrandecida de si mesmos que são capazes de ver apenas suas próprias necessidades e desejos. Eles são cegos ou indiferentes a como suas demandas afetam os outros, e não tratam as necessidades e desejos de outras pessoas como se tivessem qualquer importância.

Filipe acreditava que, em seu dia de folga do trabalho, ele tinha o direito de jogar videogame o dia todo — e ficava cheio de ira quando Érica ou as crianças invadiam seu tempo livre. Ele não era capaz de enxergar como Érica batalhava sete dias por semana com seus filhos — não notava sua exaustão e necessidade de uma pausa. Ele não gostava de passar tempo com a família de Érica; então, depois que os pais dela os visitavam, ele ficava sem falar com Érica para lembrá-la de como eles o haviam deixado infeliz. Mais cedo ou mais tarde, Érica aprendeu a não pedir a ajuda de Filipe nem convidar a família dela, pois o custo de fazer aquilo lhe era muito alto.

Táticas dos abusadores emocionais

Alguns tipos de abuso emocional são mais evidentes do que outros — como aqueles que envolvem ataques verbais. Esse tipo de abusador ataca com palavras, mesmo que as diga calmamente. *Você é feia. Você é estúpida. Você é uma traidora. Você é um fardo.* Outros tipos de abuso emocional envolvem acusações que ficam abaixo da superfície — as quais não são faladas, mas sugeridas. O abuso emocional também pode ser silencioso, caracterizado por profunda indiferença e negligência.

Outras manifestações são ainda mais sinistras. Os opressores distorcem a realidade. Alguns têm ciúmes irracionais de seus cônjuges ou monitoram todos os seus movimentos. Alguns mentem sobre o que eles mesmos fizeram e disseram. Suas distorções da realidade fazem a vítima se sentir louca e duvidar de suas próprias percepções. Seja qual for a forma como o abuso se manifesta, as vítimas passam a desconfiar de suas próprias experiências e interpretações. Isso altera fundamentalmente a confiança delas, fazendo-as se sentirem desequilibradas e inseguras. Elas dizem coisas como:

- "Tenho certeza de ter ouvido ele dizer que não estaria em casa no meu aniversário, mas então ele apareceu — talvez eu tenha ouvido errado".
- "Ele tem certeza de que me disse para não usar nosso cartão de crédito, mas não me lembro de ele dizer nada disso. Devo estar esquecendo as coisas".
- "Ele disse que eu fui cruel e debochada. Eu pensei que havia sido cuidadosa ao falar".

Os opressores usam suas palavras para aprisionar as próprias esposas para seu ganho pessoal. O Senhor leva nossas palavras muito a sério, porque elas apontam para a condição de nosso coração (cf. Ef 4.29; Tg 3.1–12). Deveríamos ficar alarmados com o que os opressores buscam conquistar ao usarem palavras que:

- *rejeitam* — por exemplo, ao se recusarem a reconhecer a presença, o valor ou a dignidade de uma vítima. Um opressor também pode fazer isso com uma vítima ao comunicar que ela é inútil ou inferior, ou ao desvalorizar seus pensamentos e sentimentos.

- *degradam* — ao diminuírem a dignidade dela. Isso acontece quando um opressor a ataca enquanto portadora da imagem de Deus, insultando-a, ridicularizando-a, xingando-a ou zombando de sua pessoa.
- *aterrorizam* — ao induzir pavor extremo, mediante ameaças, ou ao coagi-la pelo uso de intimidação verbal.
- *isolam* — ao restringir o contato dela com outras pessoas ou limitar suas atividades sociais.
- *exploram* — ao escravizá-la, forçá-la ou manipulá-la para atender seus interesses.
- *acusam* — ao alegar que ela foi desleal ou teve casos, acusando-a injustamente de pecado e transgressão, ou ao injustamente atribuir-lhe motivos escusos.
- *opõem* — ao argumentar contra qualquer coisa que ela diga, desafiar suas percepções da realidade, e tratá-la como uma adversária.
- *desviam* — ao mudar de assunto, interrompê-la, recusar-se a falar sobre certas questões, ou acusá-la de fazer as mesmas coisas que ele faz.
- *depreciam* — ao minimizar os sentimentos ou pensamentos dela para que ela fique condicionada a acreditar que ela não tem importância ou que está errada.

Não há limite para o pecado que podemos cometer com nossa língua. Não deixo de me espantar com o dano que os abusadores podem causar apenas pelo uso de palavras — ou pela omissão em proferi-las. Às vezes, o opressor emprega as táticas descritas nesta seção apenas durante um conflito; em outros casos, porém, elas são uma constante no relacionamento. Esteja atento a como e quando essas táticas são usadas — e a como elas mudam ao longo do tempo. Pela minha experiência, uma vez que uma vítima aprende a resistir a um tipo de abuso, seu opressor muda de estratégia.

Uma última e importante tática dos abusadores emocionais que discutiremos é a transferência de culpa. Opressores desejam obscurecer o que estão fazendo e, portanto, trabalham para criar confusão na mente de suas vítimas. Se conseguirem criar incerteza em suas vítimas sobre o que está acontecendo e de quem é a culpa, eles serão capazes de manter o controle. Quase todas as mulheres oprimidas sofrem com confusão, pois os opressores precisam que suas vítimas estejam desequilibradas e desorientadas. Sendo assim, como ajudamos as vítimas a desfazer toda essa desordem? Temos de lembrar que ninguém causa o pecado de outra pessoa. Quando meu marido carrega a máquina de lavar louça de um jeito que eu não gosto (eu gosto que os copos sejam colocados de uma certa maneira), cabe a mim escolher como vou reagir: eu posso conversar com ele a respeito, reorganizar os copos por conta própria, ou simplesmente ignorar o fato (imagine só!). A "falha" dele em fazer o que eu quero não *causa* a minha reação de gritar com ele ou jogar um copo nele. Não posso culpá-lo pela forma como reajo. A culpa é somente minha.

Opressores são mestres em agir como vítimas e fazer suas esposas acreditarem que o fato de ele estar com raiva ou magoado é culpa delas. Eles usam ataques verbais que põem a culpa sobre suas vítimas: "Se você não fosse tão incompetente, eu não precisaria gritar!"; "Olhe o seu estado — você está se desfazendo em lágrimas!"; "Pare com esse drama sentimental!". Esses ataques são meios sofisticados de transferir a culpa que os opressores usam para justificar seu próprio pecado. No final deste capítulo, apresento perguntas que podem ajudá-lo a desvendar a transferência de culpa.

REFLITA

1. Você consegue se lembrar de uma ocasião em que alguém machucou você com suas palavras? Como isso o afetou e moldou seu relacionamento com aquela pessoa?
2. Como você ficou tentado a responder à pessoa que machucou você? Como seria viver com palavras dolorosas atingindo você todos os dias?
3. Como nós, na cultura cristã, muitas vezes minimizamos o impacto do abuso emocional conjugal? Consegue pensar em algum versículo que usamos para menosprezar a dor e o dano que as palavras causam às vítimas?

Principais formas de abuso emocional

Há duas formas peculiares de abuso emocional que preciso destacar, pois, muitas vezes, elas são as mais difíceis de descobrir.

Negligência extrema. O oposto exato do amor não é o ódio, nem mesmo a ira; é a indiferença. A indiferença diz: "Você não importa para mim". Muitos opressores são passivos e desconectados de suas esposas, mas alguns opressores conduzem todo o seu relacionamento conjugal de uma maneira que é caracterizada pela indiferença. A melhor maneira de descrever esse tipo de casamento é dizer que tal marido não reconhece sua esposa e a trata como se ela não fosse uma pessoa.

A negligência extrema é difícil de identificar, pois muitas vezes não pode ser observada por meio de comportamentos evidentes, mas por aquilo que *não* está acontecendo no casamento. Aprendi a ficar de ouvidos atentos para detectá-lo. Veja Mônica, uma mulher que eu aconselhava por causa de depressão. Ela frequentemente dizia coisas como:

- "Eu me sinto sozinha e abandonada".
- "Meu marido não é mais meu amigo".
- "Ele só me dá atenção quando quer sexo".
- "Ele nunca está ao meu lado quando eu mais preciso dele".
- "Ele vive sua vida como se não fôssemos casados. Somos como dois navios se cruzando à noite; ele segue seu caminho, e eu sigo o meu".
- "Ele não demonstra nenhum interesse em mim ou no que eu faço".

No início, atribuí muitas dessas declarações à disposição melancólica de Mônica. Foi somente ao perguntar-lhe como era uma típica noite em sua casa que entendi o grau de negligência que ela estava sofrendo. Seu marido raramente falava com ela, nem mesmo para avisar a que horas ele esperava estar em casa. Ele assistia à TV durante o jantar e, depois de comer, passava horas jogando videogame. Se houvesse um problema com as finanças deles, ele mandava um e-mail para ela.

Ele não a tratava sequer com a cortesia que você dispensaria a um colega de quarto. Depois de Mônica fazer uma cirurgia na vesícula biliar, ele se recusou a ajudá-la a entrar em casa e subir o lance de escadas até sua cama. Ele comprou comida para si, mas não pediu nada para ela. Nem mesmo a dor dela o moveu a enxergá-la ou cuidar dela. Ela estava completamente sozinha. O marido de Mônica lhe era grosseiramente indiferente; não era de admirar que ela estivesse deprimida. Todos os dias ela enfrentava rejeição e desprezo.

Qualquer marido que seja assim tão alheio à esposa está pecando contra ela. A indiferença é o extremo oposto do que o Senhor quer que demonstremos em nossos relacionamentos. Nós não pecamos apenas pelo que fazemos; também pecamos quando deixamos de fazer aquilo que Deus nos chama a fazer. São os chamados pecados de omissão: "Portanto, aquele que sabe que deve fazer o bem e não o faz nisso está pecando" (Tg 4.17). A Bíblia nos diz muitas formas como devemos amar uns aos outros, e todas elas exigem conhecer, cuidar e nos sacrificar pelos outros. Negligência extrema é o verdadeiro oposto do amor bíblico.

Gaslighting. O termo vem do filme *À meia-luz* [*Gaslight*], de 1944. Ele conta a história de Paula, interpretada por Ingrid Bergman, cujo marido Gregory a manipula a pensar que ela está ficando louca. Ele precisa controlá-la para poder ter acesso a uma fortuna na casa deles; assim, durante todo o filme, Gregory faz jogos mentais com ela, fazendo-a duvidar de sua própria percepção da realidade. Em uma cena, ele tira um quadro da parede e insinua que Paula o roubou. Ela não se lembra de ter feito aquilo, mas Gregory parece convencido de que ela o fez — então, ela começa a pensar que está ficando louca. Para selar seu controle sobre Paula, Gregory convence os empregados deles de que ela está mentalmente doente. *À meia-luz* é um filme brilhante e eu recomendo fortemente que você o veja, pois ele ilustra muitos dos aspectos do controle emocional que são discutidos neste capítulo.

Praticar *gaslighting* contra alguém significa usar técnicas insidiosas para fazer essa pessoa duvidar de suas percepções, memórias e até mesmo sua sanidade. Ocorre quando um marido tenta convencer sua esposa de que seus sentimentos, crenças, pensamentos e opiniões são inválidos, imprecisos ou falsos. Esse é geralmente um processo gradual, mas que se intensifica ao longo do tempo. Estas são as táticas mais comuns que ele envolve:

- *Dissimular* — fingir não entender o que a vítima diz ou se recusar a ouvi-la;
- *Contradizer* — questionar a memória que a vítima tem dos eventos;
- *Desviar* — confundir a linha de pensamento da vítima ou mudar repetidamente de assunto;
- *Trivializar* — minimizar as necessidades ou sentimentos da vítima;
- *Bajular* — encher a vítima de elogios, afeto e intimidade para descobrir suas inseguranças e desejos mais íntimos, para posteriormente explorá-los com vista a desestabilizá-la;
- *Negar* — fingir ter esquecido coisas que aconteceram ou se recusar a lembrar de coisas que a vítima diz.

Um abusador também pode usar técnicas de *gaslighting* contra outras pessoas para causar a percepção de que sua esposa é louca. Muitos maridos tentaram convencer a mim ou a um pastor com quem eu estivesse trabalhando — às vezes, com grande sucesso inicial — de que algo estava profundamente errado com suas esposas.

- "Minha esposa foi abusada sexualmente quando criança e tem uma personalidade fragmentada".
- "Ela é tão cruel. Deve ser bipolar".
- "Ninguém jamais consegue fazê-la dizer a verdade".
- "Ela está tão cheia de ira que não consegue raciocinar".

Devemos considerar esses relatos com calma e cuidado — pois eles podem ser verdadeiros. Temos que ter muito discernimento. Muitos maridos bem-intencionados cuidam genuinamente de suas esposas e expressam preocupação com o bem-estar delas. Uma das coisas que percebi foi que, quando os maridos estão genuinamente preocupados com suas esposas, eles ficam devastados com o sofrimento delas, são gentis e tentam ajudá-las. Quando estão tentando manipular a percepção que eu ou outras pessoas temos de suas esposas, muitas vezes eles usam o estado mental delas como um escudo para defender ou justificar suas próprias ações e atitudes.

REFLITA

1. Como seria viver com alguém que não o reconhecesse enquanto pessoa? Como isso mudaria suas crenças sobre si mesmo e sobre o cuidado de Deus por você?
2. Em sua opinião, por que um opressor adora criar confusão e desviar a culpa?
3. O Salmo 10.7–8 nos mostra que a fala enganosa é intencional e eficaz. Ele diz:

> A boca, ele a tem cheia de maldição, enganos e opressão;
> debaixo da língua, insulto e iniquidade.
> Põe-se de tocaia nas vilas,
> trucida os inocentes nos lugares ocultos;
> seus olhos espreitam o desamparado.

Em sua opinião, por que palavras enganosas ditas para ou sobre as vítimas podem ser tão convincentes? Você já acreditou nos enganos de um opressor? Por que você acha que os opressores são tão eficazes em promover sua própria visão sobre suas vítimas e em mascarar seus pecados e contribuições para seus problemas conjugais?

O IMPACTO DO ABUSO EMOCIONAL

Ataques persistentes à personalidade e desafios à percepção que uma pessoa tem da realidade causam-lhe danos tremendos. O abuso emocional pode ser mais prejudicial do que o abuso físico — e quando paramos para pensar a respeito, isso não deveria nos surpreender. O abuso emocional é mais abrangente, porque normalmente ocorre com mais frequência do que o abuso físico. Enquanto o abuso físico é marcado por incidentes violentos, o abuso emocional deixa um rastro sangrento ao longo de todo um relacionamento. Ele invade praticamente todos os conflitos conjugais e distorce a percepção que a pessoa que sofre tem de si mesma e da realidade. Porém, mais do que isso, ele molda o modo como a vítima pensa sobre si mesma. Como veremos, esse e outros aspectos do abuso emocional podem impactar as vítimas profundamente e de várias maneiras.

As vítimas não percebem que estão sofrendo abuso

Uma vez que as vítimas de abusos emocionais não veem a opressão que estão sofrendo, eles geralmente procuram ajuda para os sintomas que essa opressão lhes causa, e não percebem de que tipo de apoio realmente precisam. Pouquíssimas mulheres que aconselhei chegaram dizendo: "Meu marido é emocionalmente abusivo". Na verdade, a maioria das mulheres a quem eu aconselho vem a mim para obter ajuda com sua ansiedade, depressão ou ira. Algumas acreditam que estão cometendo erros e que seus maridos estão certos em estarem insatisfeitos com elas. Elas não conseguem ver que sua turbulência interior está ligada às maneiras duras e cruéis como têm sido continuamente maltratadas.

As vítimas atribuem ao seu próprio pecado a culpa pelo abuso

Não importa que forma esses abusos assumam, eles se infiltram em um humilde coração cristão e geram enorme dúvida. Se uma pessoa sabe que é inerentemente pecadora, seu coração interage seriamente com as avaliações de seu abusador sobre si. "Eu fui cruel?" "Será que me esqueci disso?" Ela examinará seu coração e perguntará ao Senhor se há algo de mau nele (cf. Sl 139.23-24). Exatamente como Satanás, os opressores frequentemente usam só um pouco de verdade para tornar suas acusações plausíveis. Isso começa a distorcer fundamentalmente aquilo pelo qual as vítimas pensam que são responsáveis.

As vítimas experimentam danos físicos, emocionais e mentais

A repetição de ataques pessoais e manipulações geralmente faz com que a vítima experimente crescente medo, instabilidade, depressão ou até mesmo um espectro de transtornos de ansiedade. O corpo humano sucumbe quando está sob ataque constante. Consulte o capítulo 4 para revisar a lista de possíveis danos causados pelo abuso.

As vítimas sofrem com vergonha

Uma pessoa que sofre ataques à sua personalidade pode começar a acreditar que é inútil, ou mesmo que merece ser maltratada. Ou talvez ela ache humilhante demais compartilhar com alguém as coisas vis que seu marido diz a seu respeito. Quando o abuso emocional estiver presente, esteja muito alerta para a vergonha e procure maneiras de combatê-la.

As vítimas começam a ter questionamentos de fé

Devido à enxurrada de culpa e vergonha que acumularam sobre si, as vítimas muitas vezes sentem que Deus está descontente com elas. Eles tendem a racionalizar o abuso que estão experimentando como sendo punições de Deus por seus pecados passados e presentes. Quando as vítimas já não veem Deus como alguém que perdoa os pecados — e sim como alguém que as cobra por eles —, precisamos prestar atenção em outras maneiras como seus corações distorcem o caráter de Deus. Lembre-se de que os oprimidos vivem com medo constante. Pense nos muitos apelos desesperados e declarações distorcidas sobre Deus que vemos, nas Escrituras, saindo da boca de pessoas que estão cheias de medo (cf. Mt 8.25; 26.69–75; Mc 8.38). E quando o abuso assume a forma de negligência extrema, as vítimas muitas vezes chegam a acreditar que Deus também as tem negligenciado e abandonado.

As vítimas tornam-se céticas e excessivamente vigilantes

Vítimas de abuso emocional se perguntam duas coisas: (1) "Você acredita em mim?" e (2) "Isso é tão grave mesmo?" Por isso, será difícil navegar pelo seu relacionamento com elas. Em alguns dias, Érica temia que eu menosprezasse suas histórias; em outros, que ela mesma as minimizava. Foram necessários muitos meses até que ela não só confiasse em mim e em minhas avaliações, mas também para que ela enxergasse a gravidade de sua própria situação.

As vítimas questionam o que é real

Ed Welch disse: "Não há muito a ser feito sobre nossos problemas enquanto não os identificarmos com precisão".[2] Quando as vítimas não conseguem discernir sua realidade, elas ficam tão desorientadas que nem conseguem articular o que está acontecendo em seus casamentos. E mesmo quando conseguem, os opressores inserem a dúvida novamente para distorcer a realidade e silenciar as vítimas. É por isso que o gaslighting é tão sinistro e eficaz.

Não sei dizer quantas vítimas me procuram com pedaços de papel cheios de notas com coisas escritas, dizendo coisas como: "Eu escrevi isso porque não tenho certeza se lembro das coisas

---

2 Edward Welch, "The Rhythm of Life", Ligonier Ministries. Disponível em: https://www.ligonier.org/learn/articles/rhythm/ (acessado em 23/3/2022).

direito", ou: "Meu marido diz que isso não aconteceu, mas acho que sim, e não sei no que acreditar". Muitas vezes, elas lidam com sua própria incerteza sobre o que acontece em seus relacionamentos. É de partir o coração.

As vítimas podem estar iradas

No extremo oposto do espectro de Érica estão mulheres como Cláudia, que reagem ao seu abuso de maneiras que fazem parecer que elas são o problema. Cláudia ficava furiosa com o marido por ele não conseguir pagar as contas em dia, e não se esquivava de falar sobre o problema dele com pornografia e como o filho deles havia sido exposto a dezenas de imagens repulsivas. Ela estava exausta de ter que dar satisfação de sua localização e achava ridículo que seu marido acreditasse que ela o estava traindo.

Cláudia era expressiva e vigorosa ao falar sobre as falhas do marido. Ela não estava mais disposta a ficar isolada, então visitava seus amigos e parentes sempre que queria — muitas vezes deixando o marido para trás. Uma vítima assim não tem problemas de percepção. Cláudia via claramente as injustiças que enfrentava. E embora nem sempre reagisse corretamente a todas as formas como seu marido a atacava e usava seu poder para controlá-la, ela estava certa em irar-se com as injustiças opressivas que ele praticava contra ela. Para deixar claro, não devemos ignorar a ira pecaminosa sem sequer abordá-la. Temos de lembrar que uma vítima como Cláudia é oprimida e está em uma situação de perigo. Portanto, nossa prioridade ministerial é a proteção dela. Primeiro, nós agimos e tentamos resgatá-la; então, se sua ira persistir, nós a ajudamos a moldá-la em clamores de lamento que honrem a Deus.

A esta altura, você já sabe ao que deve estar atento ao trabalhar com vítimas de abuso; porém, lembre-se de que o abuso afeta cada coração de forma diferente. Algumas vítimas são capazes de tolerar abusos ou detectar mentiras melhor do que outras. Embora eu tenha observado os tipos de impactos acima, você deve ter cuidado para não fazer suposições sobre a presença deles nas lutas de uma vítima em particular. Descubra como o coração de cada vítima processa o que acontece em sua casa. Ao avaliar o dano que uma vítima tem suportado, busque estas quatro informações:

1. O que ela pensa sobre si mesma;
2. Como seu corpo e coração estão suportando seu abuso;
3. Por que ela acha que seu marido a está maltratando;
4. A visão dela de como Deus se relaciona com ela e se envolve em seu sofrimento.

Se puder responder a essas perguntas sobre ela, você terá uma boa noção sobre a pessoa que está diante de você.

AJUDANDO AS MULHERES EMOCIONALMENTE OPRIMIDAS

As mulheres oprimidas precisam de nós para ajudá-las não apenas a discernir o que é verdade, mas também para ver as maneiras como seu abuso distorce suas percepções e, às vezes, até mesmo faz com que elas se sintam loucas. Há muito que pode ser feito para ajudá-las a superar a desorientação que estão experimentando e começar a dar passos que levem à cura.

Documente o que está ocorrendo

Auxilie as vítimas a dissiparem a confusão que enfrentam ao ajudá-las a registrar eventos. Há várias formas de fazê-lo. Você pode encorajar as vítimas a manter um diário ou pedir que elas enviem por e-mail um relato detalhando das discussões que vivenciarem. Por um tempo, talvez você precise tomar notas à medida que elas compartilharem histórias com você, pois elas podem estar sobrecarregadas demais para anotar tudo. Pode ser arriscado para elas manter anotações que seus agressores possam encontrar; por isso, discutam maneiras de contornar isso. Algumas de minhas aconselhadas criam arquivos secretos em seus telefones ou pedem a amigas para esconderem seus diários. Encontre um sistema que funcione dentro do que uma vítima é capaz de fazer e que a mantenha segura. Nem tudo precisa ser documentado; você precisa apenas do suficiente para ajudá-la a enxergar os padrões.

Identifique corretamente o problema

As oprimidas precisam que as apresentemos a novas categorias de pensamento que destaquem com precisão o que lhes está acontecendo. As vítimas geralmente não têm a linguagem para capturar suas próprias experiências. Use a lista de táticas de abusadores emocionais do início deste capítulo, uma vez que categorias podem ajudar uma vítima a organizar o que ela está relatando e podem permitir que vocês dois, juntos, vejam os padrões surgirem.

Eu uso com as vítimas a analogia de separar roupas sujas em cestos de lavar. À medida que elas compartilham histórias comigo, eu as ajudo a criar de três a cinco cestas de classificação para táticas emocionalmente abusivas, e as encorajo a primeiro classificarem as coisas nas categorias mais óbvias. Digo às vítimas que uma certa história vai para o cesto de isolamento ou da exploração. Isso as ajuda a ver padrões e intencionalidade. Mais tarde, elas estarão melhor preparadas para lidarem com essas táticas ao começarem a identificar em tempo real o que lhes está acontecendo.

Ao rotularmos certos comportamentos como errados, é proveitoso nos voltarmos para a Bíblia. Por exemplo, quando uma esposa compartilha que seu marido é duro e cruel com ela, eu a lembro de que a Palavra de Deus instrui o marido a viver com ela de maneira compreensiva (cf. 1Pe 3.7). Se ela revela que ele é indiferente à sua dor, posso compartilhar 1 Coríntios 12.26: "De maneira que, se um membro sofre, todos sofrem com ele; e, se um deles é honrado, com ele todos se regozijam", para chamar à sua atenção o fato de que Deus nos diz para mostrar ternura uns aos outros quando estamos sofrendo. Não queremos deixar as vítimas pensando que o fato de tais comportamentos serem errados é apenas a nossa opinião. Queremos que elas vejam a maneira como as Escrituras falam sobre eles.

Avalie a gravidade do abuso

Ao descobrir mais sobre a história de uma vítima, você deve avaliar a gravidade de seu abuso para que ela se torne mais esclarecida sobre sua própria história e conectada a ela. Reunir detalhes sobre o abuso tornará mais difícil que ela minimize ou justifique o que lhe está acontecendo, bem como ajudará você a entender a intensidade do que ela experimenta cotidianamente. Quanto mais você entender o mundo da vítima, mais fácil será trazer à tona as Escrituras que se apliquem à situação.

Quando procuramos determinar a severidade do abuso que uma vítima sofre, temos de levar duas coisas em consideração: a gravidade do comportamento abusivo e o impacto que ele tem sobre a vítima.

A gravidade do comportamento abusivo. Desenvolvi o seguinte espectro para ajudá-lo a conceber a intensidade do abuso emocional que uma vítima suporta. Considere fazer uma cópia dele e pedir à vítima que marque tudo o que ocorre em seu relacionamento. Isso dará a ambos um retrato da intensidade das táticas que seu opressor usa.

Críticas

Palavras duras

"Gelo" ou tratamento silencioso

Expressões faciais depreciativas

Transferência de culpa

Recusa a ajudá-la

Atitude defensiva

Menosprezo

Desonestidade

Recusar-lhe afeto

Interrompê-la

Controlar sua aparência

Desvalorizar seus sentimentos

Explosões de raiva

Humilhá-la em casa

Recusar-se a ouvi-la

Sarcasmo

Insultos

Zombaria

Recusar-se a responder-lhe

Distorcer o que você diz

Vitimização

Gritaria

Envergonhá-la

Linguagem depreciativa

Acusações falsas

Ataque a seus sentimentos

Provocar sentimento de culpa

Humilhá-la em público

Ameaçar abandoná-la

Isolá-la

Reter recursos

Coerção

Espalhar mentiras

Ciúme excessivo

Controlar aonde você vai

Discussão agressiva

Jogos mentais

Gaslighting

Monitorá-la

Ataques de fúria

Provocar medo

Ignorar prolongadamente

Intimidação verbal

Ameaçar ferir animais de estimação

Ameaçar suicídio

Palavras perversas

Ameaçar ferir fisicamente você ou seus filhos

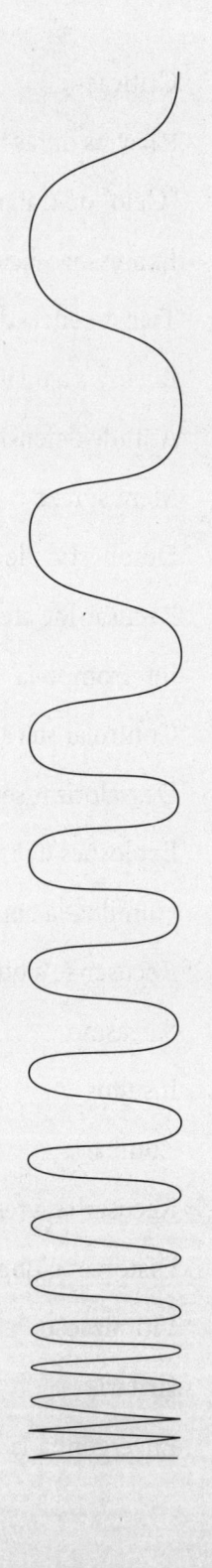

O impacto sobre a vítima. O abuso doméstico não é quantificável, previsível ou consistente. Portanto, para determinar sua gravidade, temos de avaliar como a vítima é afetada por ele. Isso é *tão importante quanto, se não mais importante* que manter um registro do que lhe aconteceu. Precisamos saber quais são os efeitos do abuso sobre uma determinada vítima. Para que você avalie isso, sugiro que revisite os sete efeitos do capítulo 4 junto com a vítima. Você desejará obter uma lista detalhada das maneiras como a vítima vem sofrendo nas seguintes áreas: angústia física, vergonha, dificuldades ne fé, excesso de vigilância, intrusões, fugas e sobrecarga de emoções.

Procure a fonte da ira da vítima

Se uma vítima expressa mágoa e ira, precisamos sondar para ver o que está na raiz desses sentimentos. Isso pode significar que precisaremos de mais tempo para ter certeza de que o abuso está ocorrendo, mas tudo bem. É melhor ir devagar e acertar no diagnóstico.

Quando Cláudia conseguiu compartilhar o que estava acontecendo em sua casa, uma história trágica ficou evidente. Seu marido a havia abusado emocionalmente por quatorze anos. Ela não estava errada em reagir às injustiças que estava enfrentando. Suas expressões de ira precisavam ser abordadas um dia — mas, primeiro, elas precisavam ser analisadas e identificadas pelo que eram: gritos profundos por socorro.

Para dissipar a confusão que você sente ao trabalhar com vítimas iradas, procure identificar desequilíbrios de poder em seu casamento e faça perguntas sobre o início do vínculo conjugal. Acompanhe o conteúdo de suas queixas e se pergunte: "Será que essas infrações também incomodariam a Deus?". As verdadeiras vítimas geralmente são capazes de ver suas próprias contribuições para seus problemas conjugais, estão cientes de sua ira e lutam contra a culpa — ao contrário da maioria dos opressores. Elas também expressam algum nível de medo ou receio de fazer seus cônjuges infelizes. Descubra se elas vivem com uma expectativa de punições. É bom tomar o tempo necessário para discernir o que está diante de você, enquanto observa indicadores como esses. Eles devem ajudá-lo a perceber melhor se uma pessoa está sendo abusada.

Deus não deixa de chamar o pecado pelo que ele é. Nós também deveríamos dar o nome correto aos abusos que estão na raiz daquilo que as vítimas sofrem. Quando somos capazes de nos juntar às vítimas para condenar aquilo que elas experimentam, ajudamos mulheres como Cláudia a contar suas histórias de tal forma que as pessoas entenderão a gravidade do pecado e da dominação que elas enfrentam.

Reoriente as vítimas para as verdades bíblicas

Érica achava que seu papel como esposa envolvia servir seu marido e que estava falhando naquilo. Porém, o que Filipe queria ia muito além de ser servido. Ele deixou claro que Érica não deveria interferir em seu conforto e felicidade; por isso, ela achava que era ímpio desejar ajuda e cuidado dele. Foi útil lembrá-la de que Deus também pede aos maridos que amem suas esposas de modo sacrificial. "Maridos, amai vossa mulher, como também Cristo amou a igreja e a si mesmo se entregou por ela" (Ef 5.25). Precisamos descobrir o que uma vítima pensa sobre seu papel como esposa para que possamos desvendar distorções, maus ensinamentos ou maneiras pelas quais ela está aplicando a Bíblia à sua situação de modo equivocado.

Ajude as vítimas a fazer as conexões certas

Pouquíssimas mulheres que eu aconselhei conseguiam perceber desde o início que o que elas estavam sofrendo era abuso. Queremos que as vítimas entendam como seus agressores agem. Mas para que isso aconteça, precisamos desacelerar suas histórias e ajudá-las a descobrir detalhes importantes. Faça perguntas como "O que esse *comportamento* conquistou para seu marido?" ou "Que benefício ele recebeu ao usar essa *tática*?". Ajude as vítimas a compreenderem a presunção e as formas como ela se manifesta em seus cônjuges.

Maridos são chamados a amar abnegadamente. Para Filipe, isso significava que amar Érica teria um custo e envolveria trocar fraldas, visitar os parentes dela e ajudar dentro de casa. Como ele não estava disposto a fazer esses sacrifícios, escolheu ferir sua esposa para que ela não ousasse lembrá-lo do que Deus o havia chamado a fazer.

Filipe exigia que a vida seguisse suas próprias regras em vez de a lei do Senhor, e punia Érica quando ela não conseguia atender às suas exigências de prazer e conforto. Demorou, mas Érica conseguiu ver que os comportamentos punitivos de Filipe eram intencionais e a impediam de lhe pedir ajuda. Quando ela fez essa conexão, conseguiu ver que não era responsável pela ira de Filipe — que essa ira vinha do próprio coração egoísta e controlador dele.

Ajude as vítimas a saber quem são em Cristo

Um dos maiores perigos do abuso emocional é que ele molda o que as pessoas oprimidas pensam sobre si mesmas e, em última instância, sobre quem elas são diante de Deus. Érica pensava que havia algo de errado com seu coração, já que ela não tinha prazer em servir Filipe. Ela acreditava que era pecaminoso estar carente, magoada ou cansada. Sim, Deus se deleita quando as esposas servem seus maridos com ternura, sacrifício e humildade — mas seu amor não está condicionado ao nosso desempenho. Quando Érica falhava em cumprir os padrões inalcançáveis que Filipe havia estabelecido, ela sentia como se tivesse falhado com Deus. Eu mostrei a ela o Salmo 40 e como ele lhe dava a liberdade de se sentir necessitada, cansada e ferida e de clamar pelo socorro do Senhor. Com o tempo, nos concentramos no quanto Jesus a ama e em como ela poderia descansar no que Cristo fez por ela. Eventualmente, João 15.13 tornou-se especial para Érica: "Ninguém tem maior amor do que este: de dar alguém a própria vida em favor dos seus amigos". Quanto mais ela entendia como o amor de Jesus o levara a estender-lhe a amizade, mais ela conseguia falar com ele, especialmente sobre seus fardos.

Lide com a culpa das vítimas

Vítimas carregam uma grande medida de culpa descabida por terem de suportar muitas acusações. Ajude a vítima a entender que seu marido opressivo nem sempre será um indicador honesto da culpa dela. Quando Deus nos convence do pecado, ele não nos acusa — é Satanás quem trabalha assim. Lembre-a de que, se Deus quiser chamar sua atenção para seus pecados e falhas, ele usará pessoas piedosas e mais sábias do que seu marido para isso. Ele a ama tanto que usará outras pessoas para alcançar seu coração. Ela obterá grande liberdade ao aprender a não supervalorizar a voz da pessoa que a está atacando.

Quando Érica parou de usar a felicidade de Filipe como um indicador de seu pecado, ela conseguiu enxergar as áreas nas quais Deus queria que ela trabalhasse e foi liberta da intensa culpa que havia criado uma brecha em seu relacionamento com o Senhor. Ela já não se sentia indigna da ajuda do Senhor, mas compreendeu que tinha acesso a ele.

Aprenda as histórias das vítimas

Uma parte vital da cura de uma vítima é sua capacidade de compartilhar sua história. Precisamos extrair essa história em sua totalidade. Aqui estão algumas ideias sobre como podemos gentilmente encorajar as vítimas a compartilharem de modo mais profundo o que é dito e feito em suas casas.

Seja paciente enquanto elas compartilham suas interpretações de eventos e comportamentos. Quando começar a coletar os detalhes das histórias das vítimas, você ouvirá as muitas maneiras pelas quais elas são rejeitadas, degradadas, isoladas, exploradas e até mesmo aterrorizadas. No entanto, não é incomum que as vítimas apresentem justificativas para seus maridos ou minimizem o que lhes está acontecendo. Isso é normal. Resista à tentação de fazê-las ver imediatamente que o que lhes está acontecendo está errado. Vá devagar.

Com frequência, há um longo processo até que as vítimas reconheçam o nível de abuso que ocorre em seus casamentos. Permaneça ao lado delas e seja paciente. Esteja preparado para oferecer conselhos repetitivos — deixe as verdades se infiltrarem ao longo do tempo. Continue retornando aos maus-tratos que elas estão revelando, mas faça-o gentilmente.

Eu frequentemente dizia a Érica: "Sei que você sente que estou fazendo muito barulho por nada, mas você se lembra do que aconteceu no mês passado, quando Filipe se irou? Lembra os nomes pelos quais ele chamou você? Eu lembro, e foram palavras poderosas e cruéis que esmagaram você. Como as palavras dele machucaram você e seu casamento?".

Muitas mulheres se sentem desconfortáveis por compartilharem apenas o lado ruim de seus maridos e vão querer compartilhar as maneiras pelas quais seus maridos são "bons". Dê espaço para elas fazerem isso. Sinta-se à vontade para perguntar o que elas admiram em seus maridos ou as maneiras como eles cuidam bem delas. Essa é a realidade da experiência delas. Os maridos não são unidimensionais. Filipe era um provedor — gerenciava bem o dinheiro e levava Érica para jantares luxuosos — e fazia muitas obras de caridade na igreja deles. Érica precisava que eu enxergasse Filipe como um todo, não apenas seus pecados e fraquezas. Para que ela pudesse confiar no meu conselho, eu não poderia parecer enviesada a olhar apenas para as falhas dele.

Ajude-as a fazer avaliações precisas ao longo do tempo. Érica demorou para entender o que estava sofrendo e como aquilo era abrangente. Embora ela agora consiga ver o abuso emocional que ocorre em seu casamento, muitas vezes ainda se pergunta: "Estou exagerando? É tão ruim assim?". As mulheres oprimidas precisam que você seja paciente e gentil enquanto elas percorrem o processo de reconhecimento. Elas precisam que você as ajude a lembrar o que aconteceu e como aquilo foi doloroso e errado. Tenha em mente que muitas mulheres que são abusadas física e sexualmente também são abusadas emocionalmente e estão lidando com as feridas que isso também lhes inflige. Há muito para elas discernirem.

Depois de eu passar meses extraindo histórias detalhadas de Érica, ela enxergou a seriedade do que Filipe estava fazendo, bem como os danos que ele estava causando a ela e às crianças. Ela começou a falar voluntariamente das maneiras como Filipe a feria. Quando uma mudança como essa acontece em suas conversas com uma pessoa oprimida, ela provavelmente começou a fazer uma mudança fundamental na maneira de pensar sobre seu casamento. Essa mudança dá às vítimas a capacidade de se dirigir a Deus e aos outros de forma diferente. Uma vez que elas enxergam o verdadeiro problema, elas agora podem pedir ajuda a Deus e aos outros.

Enxergar a realidade será muito doloroso para uma vítima, talvez mais do que a ignorância; afinal, se o problema é com você, você pode fazer algo a respeito. Se é maior do que você, está fora do seu controle. Se seu cônjuge é alguém que o atormenta, essa é uma realidade devastadora de encarar.

REFLITA

1. Quando testemunhamos abuso, é difícil proceder devagar. Queremos agir. No entanto, precisamos ser gentis e pacientes à medida que convidamos as vítimas a enxergar o que enxergamos. Por que pode ser difícil para você esperar que as vítimas vejam seu próprio abuso?

2. Como podemos orar pelas vítimas, bem como para que Deus trabalhe durante seu processo de reorientação?

QUESTIONÁRIO DE ABUSO EMOCIONAL

Corações presunçosos que recorrem ao controle coercitivo se manifestam de diferentes maneiras. Para ajudar as esposas oprimidas a fazerem um levantamento do que está acontecendo em seus casamentos, precisamos usar perguntas precisas que extraiam os temas subjacentes de presunção e maus-tratos que elas estão suportando. Como estamos à procura de padrões, é útil agrupar as perguntas de forma a destacar as crenças fundamentais de um cônjuge emocionalmente abusivo. Ao pedir às mulheres oprimidas que pensem nas perguntas a seguir, certifique-se de ter uma noção da frequência com que os eventos descritos por elas acontecem e procure exemplos detalhados de episódios específicos. Esses detalhes ajudam as vítimas a terem mais discernimento e ajudam você a cuidar de suas feridas específicas.

Pessoas emocionalmente abusivas têm expectativas irreais

Pois o próprio Filho do Homem não veio para ser servido, mas para servir e dar a sua vida em resgate por muitos. (Mc 10.45)

1. Seu marido lhe faz exigências irracionais?
2. Ele espera que você deixe tudo de lado e atenda às necessidades dele?
3. Ele exige que você passe todo o seu tempo com ele?
4. Ele está sempre insatisfeito, não importa o quanto você tente ou se esforce para agradá-lo?
5. Ele critica você por não fazer as coisas de acordo com os padrões dele?

Questionário de abuso emocional

Pessoas emocionalmente abusivas desvalorizam você

Nada façais por partidarismo ou vanglória, mas por humildade, considerando cada um os outros superiores a si mesmo. Não tenha cada um em vista o que é propriamente seu, senão também cada qual o que é dos outros. (Fp 2.3-4)

1. Seu marido subverte, menospreza ou distorce suas percepções ou observações? Ele diz coisas como: "Você está fazendo tempestade num copo d'água", ou: "Você está exagerando"?
2. Quando você está relatando eventos, ele exige que você indique datas e horários exatos? Ele questiona suas percepções e memória?
3. Ele menospreza seus sentimentos? Ele exige que você explique como se sente ou a acusa de ser "sensível demais", "emotiva demais" ou "louca"?
4. Ele menospreza seus pedidos, desejos e necessidades como sendo ridículos ou descabidos?
5. Se você fizer um pedido, ele a acusa de ser egoísta, carente ou materialista?
6. Ele se mostra indisposto a gastar dinheiro e recursos em coisas que você valoriza ou de que precisa?

Pessoas emocionalmente abusivas geram confusão

Porque Deus não é de confusão, e sim de paz. (1Co 14.33)

1. Seu marido faz declarações confusas ou contraditórias — insistindo que algo aconteceu, sem ter acontecido, ou negando que algo tenha acontecido, quando de fato ocorreu?
2. Ele tem mudanças drásticas ou repentinas de humor?
3. Ele mente para você, retém informações ou faz declarações enganosas?

Questionário de abuso emocional

4. Você se sente como se estivesse pisando em ovos perto dele? Você se vê com medo de como ele vai reagir diante das situações?
5. Ele começa discussões por nada? Ou exagera a proporção das coisas?
6. Ele nega que um evento ocorreu ou mente a respeito?
7. Ele põe em você a culpa de seus próprios erros? Ou evita assumir a responsabilidade por suas próprias escolhas?
8. Ele critica você, suas roupas, seu corpo, seu trabalho, seu modo de criar os filhos ou de cuidar da casa?

Pessoas emocionalmente abusivas brincam com suas emoções

Não saia da vossa boca nenhuma palavra torpe, e sim unicamente a que for boa para edificação, conforme a necessidade, e, assim, transmita graça aos que ouvem [...] sede uns para com os outros benignos, compassivos, perdoando-vos uns aos outros, como também Deus, em Cristo, vos perdoou. (Ef 4.29, 32)

1. Seu marido faz você se sentir culpada?
2. Ele faz você se sentir burra?
3. Ele humilha você em público ou em particular? Na frente dos seus filhos?
4. Ele usa seus medos, valores ou compaixão contra você mesma?
5. Ele se concentra em suas falhas ou as exagera?
6. Ele reclama que seus pedidos de desculpas são insuficientes?
7. Ele recusa dar-lhe afeto?

Pessoas emocionalmente abusivas agem com superioridade

Deus resiste aos soberbos, mas dá graça aos humildes. (Tg 4.6)

1. Seu marido culpa você pelos erros dele?

2. Ele trata você como se fosse inferior? Faz piadas às suas custas ou menospreza sua maneira de pensar?

3. Ele duvida do que você diz ou tenta provar que está errada?

4. Ele lhe diz que seus pensamentos, crenças e opiniões são ilógicos ou estúpidos?

5. Ele fala com você de uma forma condescendente? Usa sarcasmo?

6. Ele acredita que está sempre certo ou que sempre sabe o que é melhor?

Pessoas emocionalmente abusivas tentam isolar e controlar você
Pois, onde há inveja e sentimento faccioso, aí há confusão e toda espécie de coisas ruins. (Tg 3.16)

1. Seu marido impõe limitações ou reclama das pessoas que você encontra ou com quem passa seu tempo — incluindo suas amigas e parentes?

2. Ele critica ou zomba de seus amigos, familiares ou colegas de trabalho?

3. Suas chamadas telefônicas, mensagens de texto, mídias sociais ou e-mails são monitorados?

4. Ele já a acusou de traição? Ele tem ciúmes de seus outros relacionamentos?

5. Ele exige saber onde você está o tempo todo? Ele segue você ou usa o GPS ou a quilometragem de seu carro para monitorar seu paradeiro?

6. Ele limita seu acesso a dinheiro ou recursos?

7. Ele insiste que você passe todo o seu tempo livre com ele? Ou fica chateado quando você tem outros planos?

8. Ele pega ou esconde as chaves do seu carro? Ele impede você de sair de casa?

QUESTIONÁRIO DE TÁTICAS EMOCIONALMENTE ABUSIVAS

É difícil para uma vítima detectar *gaslighting* e transferência de culpa, pois essas práticas, por sua própria natureza, redefinem a realidade para a vítima. Como ela saberá o que é verdade se sua mente está obnubilada por dúvida e incerteza? Se ela for levada a acreditar que é responsável pela maneira como está sendo tratada, como poderá pensar diferente? Uma maneira de revelar esses tipos de abuso emocional é sondar os efeitos que eles têm sobre a vítima. Aqui estão algumas perguntas que o ajudarão a descobrir como a mente da vítima está sendo atacada e o impacto que isso tem sobre ela.

Gaslighting

Com qual das seguintes afirmações você se identifica?
- Estou constantemente duvidando de mim mesma.
- Eu me pergunto se sou sensível demais.
- Muitas vezes me sinto confusa sobre coisas que aconteceram ou foram ditas.
- Peço desculpas por coisas que nem tenho certeza se aconteceram.
- Eu escondo informações porque não quero iniciar um debate sobre coisas que aconteceram.
- Algo parece fora de lugar, mas eu não sei como expressar.
- Tenho dificuldade em tomar decisões cotidianas.
- Sinto que perdi minha confiança.

Questionário de táticas emocionalmente abusivas

- Eu me pergunto por que não consigo me lembrar das coisas com precisão.
- Penso duas vezes antes de trazer à tona, numa conversa, certos tópicos aparentemente inocentes.

Transferência de culpa

- Você se sente responsável quando seu cônjuge está irado?
- O que ele diz que a faz sentir-se assim?
- Quando ele está irado ou desapontado, o que ele diz?
- O que ele faz para mostrar que está chateado com você?
- Quando você tenta confrontá-lo por ter feito algo, ele a acusa de fazer a mesma coisa?
- Quando você está conversando sobre como ele a machucou, ele traz à tona (ou inventa) alguma história do passado, sem relação alguma com o assunto?
- Após mencionar uma preocupação, você se pega tendo que confortá-*lo*, em vez de ser confortada por ele?
- Ao questionar o comportamento dele, ele lança acusações infundadas contra você?
- Ele conta histórias sobre feridas do passado para justificar seu comportamento?
- Ele a acusa de ser sensível ou emotiva demais?

AJUDANDO AS VÍTIMAS A SE COMUNICAREM COM A LIDERANÇA DA IGREJA

Muitas vítimas com quem trabalho querem que suas igrejas se envolvam no pastoreio delas. Algumas desejam que a igreja busque o arrependimento de seus maridos. Outras precisam de ajuda para sair de casa. E muitas vítimas desejam apoio à medida que descobrem como reagir à sua opressão. Como o abuso é uma realidade oculta sobre a qual é complexo e doloroso falar, é proveitoso pensar com antecedência no processo de lidar com a igreja. Tendo lidado com dezenas delas, quero compartilhar alguns elementos fundamentais que têm tornado frutíferas as conversas iniciais com as igrejas.

Reconheça o terreno

Antes de a vítima compartilhar a história de abuso *dela*, procure avaliar se a igreja tem experiência com o cuidado com os oprimidos. Você deve estar ciente dos pontos fortes e fracos da igreja para poder guiar a vítima com sabedoria e ajudar a igreja a responder bem.

Se ela tiver experiência anterior, faça as seguintes perguntas: Quem na igreja já prestou cuidados em casos de abuso anteriormente? A igreja tem diretrizes definidas sobre como lidar com abuso doméstico? Como é o processo quando uma mulher traz o assunto à tona? Ao cuidarem de outras vítimas, o que aprenderam ao longo do caminho?

Se não tiver (ou se você não tiver certeza), então preveja que você terá de educar a igreja sobre abuso. Usando uma linguagem que constrói compreensão, esteja preparado para falar sobre o porquê de a opressão não ser uma mera dificuldade conjugal; como o controle coercitivo escraviza as vítimas; o fato de que as vítimas precisam de orientação e proteção; e como distinguir o verdadeiro arrependimento do abuso. Isso geralmente exige várias conversas.

Ajudando as vítimas a se comunicarem com a liderança da igreja

Na minha experiência, essas interações funcionam melhor quando começo com perguntas. Quero saber primeiro como os líderes de uma igreja pensam. Não quero sobrecarregá-los; antes, quero compartilhar as informações de que precisam. Sinta-se à vontade para usar outros recursos para ajudar os líderes da igreja a obterem informações sobre a natureza insidiosa do abuso (consulte o Apêndice B e a seção de recursos recomendados). Esses líderes aprenderão melhor quando sentirem que você os entende e se preocupa com eles. É mais difícil para as pessoas estarem abertas quando estão na defensiva; portanto, seja um exemplo da gentileza que você espera que eles tenham para com as vítimas. *Embora seja melhor fazer isso antes que a vítima compartilhe sua história, a situação nem sempre transcorre dessa maneira.*

Ore e prepare a vítima para compartilhar sua história

Depois de orar e buscar a ajuda do Senhor, muitas vezes peço à esposa oprimida que escreva aquilo que deseja reportar, para que seu relato seja compreensível e direcionado.[3] O abuso pode ser tão difícil de revelar quanto de suportar. Estas são algumas informações que você deseja que a esposa inclua em seu texto:

- Uma lista detalhada de comportamentos e padrões opressivos que você descobriu (eu prefiro apresentar a minha em uma linha do tempo);[4]

---

3 Esteja ciente dos problemas de segurança que um documento escrito suscita. Você deve ter certeza de que qualquer cópia dele, física ou eletrônica, não será encontrada pelo abusador nem compartilhada com ele ou com outras pessoas sem discernimento. Eu prefiro que o documento seja manuscrito e bem guardado.

4 Para esclarecer o que faz esses comportamentos e padrões serem opressivos, certifique-se de que a lista use verbos que capturem claramente o pecado cometido — como *bater, mentir, manipular, zombar, isolar, reter, machucar, aterrorizar, gritar, perseguir* e assim por diante. A lista deve ser precisa e incluir exemplos que digam exatamente o que aconteceu e que ilustrem os padrões de opressão.

- Textos bíblicos os quais ela crê que falam ao seu coração e situação;
- Um reconhecimento de que ela é uma pecadora, mas que não é de modo algum responsável pelo abuso (as igrejas respondem melhor quando sentem que estão lidando com um coração humilde);
- Suas preocupações espirituais pelo marido;
- Por que ela está pedindo apoio.

É útil se as vítimas estiverem prontas para articular as maneiras práticas pelas quais a igreja pode abençoá-las — como por meio de aconselhamento bíblico, ligações telefônicas com pedidos de oração, orientação para seus filhos, ajuda financeira, assistência para ela sair de casa, a confrontação do pecado do marido, ou ajuda para que ela se torne parte da comunidade.

Reúna-se

Quando chegar a hora de vocês se reunirem, certifique-se de que haja uma presença feminina na sala. A vítima já foi machucada por um homem que tem autoridade sobre ela; seja sensível a isso. Será um desafio para ela enfrentar vários líderes homens sozinhos. Como conselheira, gosto de estar presente nessas reuniões iniciais, mas também é útil ter ali outra mulher da igreja que possa fazer parte do processo de cuidado — a esposa de um presbítero, alguém do ministério de mulheres, uma agente de proteção das vítimas, ou uma das amigas de confiança dela.

Muitas vezes, os líderes ficam em choque e não sabem como responder. Percebi que é útil fazê-los compartilhar como estão reagindo ao que ouviram. Eu geralmente lhes pergunto: "O que está pesando em seu coração agora?". A maioria das reuniões iniciais não termina

Ajudando as vítimas a se comunicarem com a liderança da igreja

com um plano de ação estabelecido. Você está convidando pessoas de oração, que precisarão de um pouco de tempo para pensar no que deve acontecer a seguir. Sugiro que, naquela reunião inicial, já fique estabelecida uma data para dar seguimento ao processo. Isso ajudará a vítima a se sentir cuidada.

As informações compartilhadas em uma reunião geralmente são desorientadoras tanto para as vítimas quanto para os líderes. As vítimas se perguntam se disseram o suficiente ou se falaram demais — será que foram claras? E os líderes, enquanto lutam com o que ouvem, fazem perguntas, algumas das quais serão interpretadas como ofensivas ou confusas. Eu sempre planejo tempo para ouvir a vítima e orar a sós com ela após a reunião.

Lembre-se de que comunicar a opressão é um processo, e sua conversa inicial é apenas uma das muitas que ocorrerão nas próximas semanas. Nós mesmos só sabemos o que se passa com a vítima porque escolhemos amar, ouvir, caminhar com ela e orar por ela. Convide a igreja a fazer o mesmo, para que sua atenção à vítima, o desejo de protegê-la e as orações por ela aumentem. Queremos que seus pastores terrenos assumam para com a vítima o mesmo tipo de postura que o Senhor descreve ao falar sobre o tipo de pastor que ele mesmo é, em Ezequiel 34.15–16 — uma postura de buscar a ovelha e cuidar de suas feridas, enquanto lhe oferece repouso e proteção. E para que possam oferecer a ajuda de que ela precisa, eles provavelmente precisarão saber o que sabemos sobre a opressão e sobre a própria história da vítima.

UM RECADO A PASTORES E PRESBÍTEROS

As vítimas de abuso olham para vocês em busca de orientação e auxílio. Quer sejam da minha própria igreja ou de outra, as vítimas com quem trabalho em sua maioria dão muito valor ao papel que a igreja desempenha em suas vidas. Elas querem minha ajuda para falar com os líderes de sua igreja sobre o que estão enfrentando; contudo, ainda assim, temem que não acreditarão nelas. Elas costumam dizer: "É apenas a minha palavra contra a dele; quem vai acreditar em mim?", e por isso temem pedir ajuda. Eu os encorajo a assumirem perante a vítima uma postura que a estimule a contar a história dela. Quanto mais vocês procurarem aprender ativamente sobre ela e sua situação, mais claros os fatos se tornarão. Vocês terão de trabalhar para verificar as informações que estão ouvindo. Se forem capazes de, com segurança, envolverem também o opressor, busquem clareza ao prestarem atenção à presença de um espírito presunçoso em suas palavras e atitude. Ele está preocupado com seu próprio pecado ou está obcecado com o de sua esposa? Como aqueles que possuem autoridade, vocês precisam usá-la com sabedoria e justiça. Vocês têm uma responsabilidade séria, e isso deve lhes dar incentivo ainda maior para entenderem adequadamente a situação e as pessoas que estão à sua frente.

As igrejas que eu vi fazerem um excelente trabalho no cuidado com as vítimas de abuso dedicaram o tempo necessário para entender a mentalidade dos opressores e se envolveram em um processo de proteção das vítimas, enquanto abordavam o profundo problema do culto de si mesmo que caracteriza os opressores. Essas igrejas entendem que são chamadas a protegerem as ovelhas de Deus. Como Jesus adverte: "Acautelai-vos dos falsos profetas, que se vos apresentam disfarçados em ovelhas, mas por dentro são lobos roubadores" (Mt 7.15). Do mesmo modo, Ezequiel fala do atalaia que Deus designa como responsável pela segurança das vidas que lhe são confiadas. "Mas, se o atalaia vir que vem a espada e não tocar a trombeta, e não for avisado o povo; se a espada vier e abater uma vida dentre eles, este foi abatido na sua iniquidade, mas o seu sangue demandarei do atalaia" (Ez 33.6). Esse é um sublime e difícil chamado, e tenho visto pastores lutando com o seu significado. Eu os convido a lutarem com isso também. Envolvam-se. Procurem conhecer e proteger suas ovelhas.

Um passo simples que vocês podem dar para ajudar as vítimas desde o início é nomear o mal que elas estão enfrentando. A Bíblia não evita chamar o pecado de *pecado*. Não é necessário fazer uma declaração definitiva de que algo constitui abuso para se expor um pecado destrutivo e recorrente e chorar pelos extensos danos que ele tem causado a alguém. As vítimas precisam saber que o que estão sofrendo vai contra o desígnio de Deus e que elas têm razão de estarem em agonia por causa do que lhes aconteceu. Portanto, embora seja apropriado não rotular algo como abuso até que vocês tenham certeza de que realmente o é, sejam ativos ao lidar com pecados e sofrimentos que são claros para vocês.

Oportunamente, vocês podem se envolver em um confronto com o opressor ou na implementação de um plano para proteger a vítima, enquanto buscam o arrependimento dele. Ao lidarem com o opressor, vocês desejarão estabelecer formas concretas para que ele batalhe contra um padrão arraigado de pecado (tais como buscar aconselhamento, participar de um grupo para homens abusivos, ler, confessar, orar com mentores ou revestir-se de comportamentos humildes e de servo). Quanto mais detalhes vocês fornecerem sobre o que se exige dele, mais útil isso será posteriormente para que avaliem de perto o quão ensinável, quebrantado e sincero ele está se tornando. Portanto,

Um recado a pastores e presbíteros

certifiquem-se de criar parâmetros específicos que os ajudem a medir o progresso dele. Em seguida, agendem encontros regulares para acompanhar tanto o opressor como a vítima, a fim de avaliar os passos que o opressor está tomando, o progresso que ele está fazendo e os tipos de controle coercitivo que ele ainda está usando.

Uma de minhas aconselhadas foi muito abençoada por sua igreja quando a procurou para revelar seu abuso. Inicialmente, ela marcou uma reunião comigo, com seu pastor e um presbítero para que ela pudesse revelar a opressão. O presbítero ligava para ela regularmente, num intervalo de algumas semanas, para acompanhá-la, saber como ela estava e orar com ela. Após alguns meses, ela cresceu em sua confiança de que seus líderes na igreja enxergavam a extensão de seu abuso e estavam preocupados com isso. Ela pediu ao pastor que falasse com seu marido. Dois presbíteros e o pastor se reuniram com o opressor e compartilharam com ele duas áreas principais de preocupação. Ao encerrarem o encontro, eles afirmaram o desejo de que ele endireitasse seus caminhos com o Senhor e lhe ofereceram maneiras concretas de lidar com pecados específicos. Ao continuarem a se reunir com o marido e sua esposa, ficou claro que ele não estava interessado em buscar transformação; então, eles começaram a ajudá-la a pensar em como ela responderia à insistência dele em ser opressivo. Aquela persistência de um ano em lidar com seu marido abençoou a esposa de muitas maneiras, mas quero destacar duas delas. Primeiro, ela soube que não estava sozinha em sua avaliação do que lhe estava acontecendo e que tinha líderes para ajudá-la quando seu marido cometia faltas contra ela. Segundo, quando a igreja buscou seu marido para ajudá-lo a se reconciliar com Cristo, aquilo a ajudou a sentir que havia feito tudo o que podia para restaurar o relacionamento dele com Deus.

CAPÍTULO 9
DESMASCARANDO O ABUSO ESPIRITUAL

*Visto que, com o lado e com o ombro, dais empurrões e,
com os chifres, impelis as fracas até as espalhardes fora,
eu livrarei as minhas ovelhas, para que já não sirvam de rapina,
e julgarei entre ovelhas e ovelhas.*
(Ez 34.21–22)

Quando perguntei a Bete como José, seu marido, orava por ela, ela compartilhou o exemplo mais recente que havia ocorrido. "Na semana passada, ele orou por mim e pediu que Deus me ajudasse a não ser tão egoísta e gananciosa e que Jesus me livrasse dos males que me atormentam. Ele pediu que Deus velasse por mim, já que não sou confiável". Em meio às lágrimas, ela continuou a descrever sua oração. "Ele disse que a minha incapacidade de me controlar significa que eu odeio Deus e que Deus seria justo se me expulsasse do seu reino". Bete continuou a explicar que José havia usado Mateus 6.24 para orar: "Ninguém pode servir a dois senhores; porque ou há de aborrecer-se de um e amar ao outro, ou se devotará a um e desprezará ao outro. Não podeis servir a Deus e às riquezas". E, se aquilo não era ruim o suficiente, ela terminou dizendo: "Ele clamou que Deus lhe concedesse a capacidade de tolerar aquilo que Deus mesmo quase não tolera".

Por que o marido de Bete, um presbítero em sua igreja, orou dessa maneira? Depois de alguma investigação, descobri que aquela tinha sido a reação dele ao fato de Bete, ao fazer as compras de mantimentos para sua família de nove pessoas, ter gastado seis reais além do orçamento do mês.

Depois de anos ouvindo a Escritura ser usada daquele modo contra ela em oração, Bete mal conseguia abrir sua Bíblia sem acreditar que Deus a estava condenando — exatamente como seu marido insinuava. Ela estava devastada por conta disso. Orar se tornara quase impossível para ela. Pior ainda, ela começou a confundir as palavras de seu abusador com o que Deus dizia sobre ela. Ela passou a acreditar que era indigna do Senhor e de seu cuidado.

O QUE É ABUSO ESPIRITUAL?

O abuso espiritual ocorre quando um opressor estabelece controle e dominação usando como armas as Escrituras, a doutrina ou seu "papel de liderança". Essa forma de abuso pode ser sutil, pois pode se mascarar como prática religiosa. Se um marido exibe liderança controladora sobre sua esposa, reforça seu poder sobre ela, *exige* submissão dela ou usa as Escrituras em sua vida diária ou seus conflitos de maneira a envergonhá-la e puni-la, esses são sinais de abuso espiritual. Quando um abusador espiritual distorce a Escritura e a usa para atacar, seu abuso pode parecer como se viesse do próprio Deus. Mesmo que ele esteja usando as Escrituras fora de contexto, distorcendo-as e transformando-as em armas, o opressor está usando as palavras de Deus; então, pode parecer que Deus é o autor da vergonha.

O abuso espiritual é um primo próximo do abuso emocional — apesar de ferir mais profundamente, pois muitas vezes deixa as vítimas isoladas de Deus. Por usar Deus e sua Palavra para dominar e repreender, pode ser difícil para as vítimas separarem o abuso de sua compreensão de quem Deus é ou de como ele as vê. No entanto, quando os maridos usam a Escritura para controlar e criticar, eles o fazem de maneira diametralmente oposta ao que Deus pretende. Efésios 5 diz que os maridos devem usar as Escrituras de uma forma santificadora que *remova* a vergonha:

> Maridos, amai vossa mulher, como também Cristo amou a igreja e a si mesmo se entregou por ela, para que a santificasse, tendo-a purificado por meio da lavagem de água pela palavra, para a apresentar a si mesmo igreja gloriosa, sem mácula, nem ruga, nem coisa semelhante, porém santa e sem defeito. (v. 25–27)

Um marido deve aproximar sua esposa da Palavra de uma forma que a ajude a saber que ela é cuidada por Jesus como sua resplandecente noiva — alguém que ele ama e por quem se sacrifica.

Quando os opressores usam ensinamentos religiosos para constranger as vítimas e destacar seu fracasso e culpa, eles lhes arrancam o conhecimento de como o sacrifício de Jesus as torna dignas e une-as a ele. Pessoas que são degradadas por ensinos cruéis são deixadas sem esperança ou graça. Elas passam a acreditar que não têm valor, porque o foco de seus opressores permanece nelas e não no que Jesus fez. Isso provoca todo tipo de distorção sobre quem é Deus e quem elas são diante dele.

AS DINÂMICAS DO ABUSO ESPIRITUAL

Os abusos espirituais dos fariseus

Jesus condena aqueles que pregam aquilo que não praticam — os que colocam cargas pesadas e difíceis nos ombros dos outros e não levantam um dedo para ajudá-los. Em Mateus 23, ele pronuncia sete denúncias contra aqueles que impõem fardos opressivos. Suas palavras são duras, porque há muito em jogo. Aqueles que seguiam os fariseus e escribas estavam sobrecarregados com os fardos errados, e isso os impedia de seguirem a Deus. Como no caso de Bete, muito do que lhes fora dito estava em contradição direta com a verdadeira Palavra de Deus.

Jesus deseja que as pessoas conheçam a Deus e se reconciliem com ele. Os fariseus criaram uma barreira para isso. As denúncias de Jesus deixam claro que ele se opõe ao que eles faziam. Para ajudar você a entender melhor as feridas do abuso espiritual conjugal, atente ao sério dano o qual, como Jesus destaca, fariseus e escribas fazem àqueles de quem eles foram chamados a cuidar. Ele os acusa de:

- fechar o reino (v. 13);
- roubar dos vulneráveis (v. 14);
- conduzir seus convertidos no caminho errado (v. 15);
- torná-los filhos do inferno — convertendo-os a uma religião falsa que pregava desempenho em vez de um relacionamento com o Senhor (v. 15);
- apegar-se a tecnicalidades que poderiam ser usadas para fugir dos juramentos que haviam sido feitos (v. 16–22);
- estar obcecados com trivialidades, enquanto negligenciavam as questões mais importantes da lei, como justiça, misericórdia e fidelidade — o que deixava as pessoas vulneráveis (v. 23–24);
- estar cheios de ganância e autoindulgência (v. 25);
- perseguir aqueles a quem haviam sido chamados a pastorear (v. 34).

Esses oito lamentos profundos que Jesus proclama muitas vezes sopram vida às pessoas que sofrem, quando elas o veem repreendendo o tratamento que têm experimentado. Ele é claro na maneira de denunciar o que está errado. Os fariseus, como maridos espiritualmente abusivos, estavam afastando outros de Deus. Suas palavras acusadoras e constrangedoras infligiam um dano tremendo. Jesus repreendeu os fariseus com tanta força porque seu coração se quebrantava por causa dos danos que eles estavam causando. Nós também devemos ficar quebrantados quando encontramos tais danos.

Abuso espiritual no casamento

Maridos que usam as Escrituras para oprimir suas esposas tendem a ser movidos pelo controle; eles usam culpa, medo e intimidação para manipulá-las para seu próprio conforto e glória. Eles atacam a personalidade ou o caráter de suas esposas usando a Escritura como uma lança. Maridos espiritualmente opressivos exibem as seguintes características:

- *Enfatizam exageradamente sua autoridade.* Eles podem elevar seus próprios pontos de vista acima dos de seus pastores e mestres, e até da própria Bíblia. Maridos em um casamento espiritualmente abusivo muitas vezes exigem submissão incondicional.
- *São ciosos de sua imagem.* Eles trabalham duro para manter uma imagem de justiça quando estão em público. Eles negam ou encobrem seus próprios pecados e falhas. São especialistas em realizar atos que parecem justos e em chamar a atenção para sua "santidade".
- *São paranoicos.* A exposição é uma ameaça à espiritualidade deles, fracamente velada e baseada em desempenho. Se os outros

vissem como eles realmente são, rapidamente os rejeitariam; por isso, eles trabalham para isolar suas vítimas e limitar outras influências sobre elas. Eles não podem se dar ao luxo de arriscar serem reconhecidos por quem realmente são; assim, muitas vezes excluem as pessoas que lhes representem qualquer ameaça.

- *Sufocam as críticas.* Eles não permitem perguntas, discordâncias ou discussões abertas.
- *Sua teologia é desequilibrada.* Eles tendem a se concentrar em questões teológicas menores ou periféricas.
- *Têm padrões mais baixos para si mesmos do que para os outros.* Eles exigem que os outros tenham um alto padrão de justiça, enquanto justificam suas próprias falhas.
- *Não são ensináveis.* Eles só se cercam da companhia de pessoas que pensam como eles.
- *São legalistas.* Eles criam e aplicam regras extrabíblicas.
- *Geralmente não se submetem à autoridade.* Eles tendem a fugir da disciplina da igreja e não se submetem à liderança da igreja e às autoridades seculares.
- *Usam o medo como motivação.* Eles usam o medo e a coerção para persuadir os outros a obedecer-lhes ou a compartilhar seu ponto de vista.

REFLITA

1. Como seria estar casado com alguém que se importa mais com a aparência do que com a verdadeira justiça?
2. Se a Bíblia fosse usada de uma maneira distorcida para condenar e controlar você, como isso desafiaria sua fé, sua visão de Deus e seu desejo de estar na Palavra e com o povo de Deus?
3. Pessoas espiritualmente abusivas acreditam que estão certas e que não têm nada a aprender com os outros, e sufocam as críticas. Se

você, mulher, tivesse preocupações sobre como seu marido a lidera, mas não pudesse expressá-las para ele, como isso a afetaria? Como enxergaria seu cônjuge? Considerando o que a Bíblia ensina sobre casamento, você se sentiria culpada por se sentir assim?

O IMPACTO DO ABUSO ESPIRITUAL

Lúcia, uma jovem esposa, vê Nelson, seu marido, ser duro e agir sem amor para com seus filhos. Lúcia fica preocupada e aborda o marido no fim daquela noite. Nelson calmamente diz que ela não deve questioná-lo e que ele está fazendo o que a Bíblia manda fazer. Ela replica e chama sua atenção para a forma como ele gerou medo em seus filhos. Nelson responde questionando o modo como ela interpreta as Escrituras, sua compreensão da graça, sua incapacidade de confiar na autoridade dele e, em última análise, sua fé — e habilmente usa passagens bíblicas para fazê-lo. Lúcia fica desorientada e cheia de culpa e vergonha. Ela passa a questionar não apenas a cena que testemunhara, mas também seu próprio coração diante do Senhor.

O abuso espiritual causa enorme dano. A seguir estão algumas das distorções que ocorrem no âmbito do abuso espiritual, às quais você deve estar alerta. É importante saber como uma vítima tem internalizado o abuso sofrido, os efeitos que ele está causando em sua fé e a abrangência disso em seu mundo.

A Palavra de Deus é usada abusivamente

Quando o controle abusivo é combinado com versículos bíblicos, pessoas oprimidas nem sempre percebem o erro do que lhes está sendo dito. Por isso, para as vítimas é um grande desafio identificar os danos e para os ajudadores, desembaraçá-las das mentiras. As críticas podem estar tão intimamente conectadas a versículos que as esposas não questionam as condenações de seus maridos. Como as vítimas nem sempre reconhecem que a Escritura tem sido usada como uma arma para controlá-las, elas enxergam apenas sua culpa e sua necessidade de maior obediência. Redimir a mente dessas vítimas com a verdade do verdadeiro evangelho é um grande desafio.

O marido de Susana constantemente lhe dizia que ela não o respeitava. Ela achava que o fato de ele estar indefinidamente desempregado contribuía para que ela se sentisse assim. E ela sabia o que a Bíblia diz sobre respeitar o marido — algo de que Francisco frequentemente a lembrava (cf. Ef 5.33; 1Pe 3.1–6). Francisco se aproveitava da culpa dela e se assegurava de que ela atendesse a todas as suas preferências em relação a comida, diversão e família. A "falta de respeito" dela significava que suas preferências e opiniões não eram confiáveis e precisavam ser silenciadas. Susana achava que Francisco tinha razão em promover seu respeito por ele daquela maneira.

Dúvidas na fé se multiplicam

Quando os abusadores tiram a Bíblia do contexto e a usam para controlar, a verdade que ela contém muitas vezes é questionada. Muitas esposas têm dificuldades para saber em que acreditar e para ver Deus como alguém que as ama; e algumas delas lutam para manter sua crença de que o que a Bíblia ensina é verdade. Os abusadores inundam suas esposas com tantos ensinamentos errados que elas se tornam espiritualmente aprisionadas e vulneráveis.

Temos de ir devagar com essas vítimas e destrinchar a luta pela qual estão passando. À medida que nos aproximamos para ajudá-las, elas se perguntarão o que é o certo e qual interpretação — a nossa ou a de seus cônjuges — está correta. Inadvertidamente, conselheiros podem facilmente causar mais desorientação às vítimas. Até que elas consigam ver as formas como estão sendo manipuladas, a enorme quantidade de dúvidas na fé com as quais estão lidando continuará a crescer. Isso cria um grande estresse para elas, o que faz com que algumas se afastem de sua fé. Devemos ter certeza de que identificamos as dúvidas que elas têm e estamos lentamente tratando delas, bem como devemos nos assegurar de que elas estão acompanhando nosso passo.

O marido de Carla lhe apresentava longas listas dos defeitos dela e alegava que eles eram pecados contra Deus. Não havia uma noite em que ele não esquadrinhasse o modo como ela cozinhava e criava os filhos, a sua aparência ou o cuidado com a casa. Ela começou a se questionar se era de fato crente. Ela acreditava que havia falhado em muitas coisas, e tinha muitas dúvidas. Se seu coração gerava apenas frutos ruins, será que ela deveria sequer liderar seus filhos nas devoções? Ela se perguntava por que Deus não a ajudava. Será que as suas orações estavam erradas? Por que outra razão Deus não concederia seu desejo de agradá-lo? Poderia a Bíblia estar errada sobre o que era exigido dela? Aquilo parecia difícil demais para qualquer um dar conta.

Deus parece ser conivente

Quando a Escritura é distorcida e usada para atacar, as esposas oprimidas podem experimentar a condenação e o abuso de seus maridos como se viessem do próprio Deus. Os opressores reinterpretam e envenenam a Bíblia que suas vítimas leem. A Escritura deixa de ser um conforto para elas. Quando isso acontece, a pessoa pode ficar isolada de Deus. Um conselheiro deve ponderar algumas questões sobre uma vítima que esteja nesta situação (e pode até perguntar-lhe a respeito): onde ela procura ajuda ou conforto? Para quem ela ora? Quem está disponível para ajudá-la?

Talvez a vítima perca a capacidade de enxergar o Deus verdadeiro e amoroso, e potencialmente enxergue apenas uma imagem maligna e distorcida de Deus e de si mesma, através da lente distorcida das

Escrituras que tem sido usada para oprimi-la. Às vezes, ela não consegue separar uma imagem da outra. Os abusos que ela enfrenta em seus relacionamentos terrenos orientarão sua visão de quem é Deus e de como ele se relaciona com ela. Diante de esposas que estejam nessa situação, precisaremos desacelerar, dedicar tempo para conquistar sua confiança e aprender sobre qual visão elas têm de Deus e dos outros.

Carla, por exemplo, passou a acreditar que Deus era um cruel capataz; alguém que, como seu marido, nunca ficava satisfeito. Ao ler a Bíblia, ela não conseguia ver a graça que ela oferece, e seu coração estava sufocado pela lei que seu marido tão prontamente ressaltava a fim de controlá-la. Carla sentia que Deus estava desapontado com ela e havia removido suas bênçãos de sobre si. Ela já não cria mais que as promessas na Bíblia, às quais outrora se apegara, diziam-lhe respeito. Ela parou de ler as Escrituras, depois parou de orar — pensando que havia sido abandonada em seu pecado.

A hipocrisia desafia a confiança na comunidade cristã

Viver com um cônjuge abusivo que vomita ódio e raiva, mas que se apresenta como alguém piedoso, pode afastar uma esposa não apenas da Bíblia, mas também das pessoas em sua comunidade de fé que caem nas encenações e enganos do marido.

Sérgio era o presbítero modelo que sempre aparecia na casa das pessoas para orar com elas em seus momentos de necessidade. Quando o bebê de Melissa e Sérgio morreu no parto, Sérgio foi frio e cruel. Ele culpou a falta de fé de Melissa pela morte do bebê e, em vez de confortá-la, dava-lhe sermões por ela ter um espírito fraco e chorar. Ao vê-lo continuar a cuidar dos outros, o interesse de Melissa pela igreja desvaneceu e ela se isolou da comunidade que o adorava.

A cultura da igreja pode promover abuso espiritual

Às vezes, ao ser espiritualmente abusivo, um marido está seguindo os ensinamentos de sua igreja; ele é abusivo porque foi isso que lhe ensinaram. Alguns abusadores acreditam em, promovem e praticam mentiras prejudiciais as quais *também eles* acreditam serem verdadeiras.

A igreja de Júlio ensinava-lhe que pessoas obedientes não enfrentariam o sofrimento e que as esposas tinham que mostrar essa obediência não apenas a Deus, mas também a seus maridos. Quando seu filho teve uma febre alta, ele instruiu a esposa a se concentrar no arrependimento e a proibiu de levar a criança a um médico. Joana ficou desesperada, pois a temperatura continuava a subir. Ela implorou ao pastor que falasse com seu marido sobre ir a um médico. O pastor lhe disse: "Você deve obedecer ao seu marido. Seu filho só será curado se você lhe obedecer. Deus julgará sua obediência — e se seu filho morrer, será porque você falhou em honrar seu marido". A maneira como seu marido e esse pastor aplicaram 1 Pedro 3.1 foi desequilibrada e distorcida. Mas, como essa distorção fazia parte da cultura de sua igreja, era ainda mais difícil para Joana percebê-la — que dirá para se opor a ela. Felizmente, ela foi a um médico e deu ao filho a medicação de que ele precisava; mas quase foi excomungada por isso.

REFLITA

1. Há momentos em que você tem dificuldades com aspectos do caráter de Deus? O que o tem ajudado a ver que Deus o ama?
2. A submissão de Jesus a seu pai foi voluntária e caracterizada por humildade e justiça. Os abusadores muitas vezes distorcem passagens bíblicas para forçar as vítimas a se submeterem de maneiras injustas. Você tem clareza sobre passagens que falam da submissão das esposas, como Efésios 5.22–23, 1 Timóteo 2.11–12 e 1 Pedro 3?

Não tenho o espaço de que precisaria para discutir todas as nuances sobre o que é e o que não é submissão. Porém, eu o encorajo a encontrar um mentor ou pastor que possa ajudá-lo a se preparar para ter discussões necessárias sobre essas passagens.

3. Uma vez que as vítimas são controladas por falsa culpa, use passagens como Romanos 3.23-24 para lembrá-las de que o relacionamento de Deus conosco é baseado em sua graça e não em nossas falhas.

> Pois todos pecaram e carecem da glória de Deus, sendo justificados gratuitamente, por sua graça, mediante a redenção que há em Cristo Jesus.

Que outras passagens você poderia compartilhar com uma esposa espiritualmente aprisionada para mostrá-la que ela é uma filha amada de Deus?

4. Como você pode perceber que uma vítima acredita que Deus é conivente com seu abuso? Muitas vezes, as vítimas não verbalizam esse medo, pois parece errado dizer isso em voz alta. De que outras maneiras você pode notar isso?

AJUDANDO MULHERES ESPIRITUALMENTE OPRIMIDAS

Quando a Palavra de Deus ou o discurso espiritual é usado para controlar e envergonhar alguém, não podemos sequer imaginar as distorções, feridas, mentiras e explorações que disso resultam. Precisamos fazer perguntas cuidadosas para descobrir quais partes da Bíblia os abusadores têm citado, o que eles têm dito e no que as vítimas agora acreditam. Precisamos estar cientes do dano que tem sido feito à vítima, e especialmente cientes do dano específico que tem sido feito ao relacionamento dela com o Senhor. Precisamos estar atentos e sensíveis às feridas que as vítimas carregam, para não as ferirmos mais ao nos aproximarmos para ajudá-las.

Pense em uma criança com um joelho esfolado. Ela muitas vezes tenta resistir a ajuda: "Não toque! Não toque aí! Vai doer, mamãe. Não!" Ela prefere esconder a ferida e chorar do que revelá-la para receber o remédio, porque sabe que vai doer se você a tocar. Ou considere uma vítima de queimadura. Você nem precisa tocar suas feridas para lhe causar mais dor; basta caminhar perto demais dela para criar uma brisa dolorosa. Feridas espirituais são parecidas. Quando nos aproximamos de alguém, quando vasculhamos sua história, e até mesmo quando usamos as Escrituras, *isso pode causar mais dor a ela*. Até as nossas boas intenções e palavras de fé podem ferir profundamente as vítimas.

Isso significa que você deve entender as feridas das vítimas antes de falar com elas. Concentre-se em levar a cura a elas de uma forma que lhes cause a menor dor possível. Pessoas oprimidas espiritualmente carregam consigo ferimentos profundos; por isso, devemos ir devagar e compreender as suas situações e experiências.

Reúna as informações

Conhecer a história de uma vítima, seu contexto, suas feridas particulares e como ela se relaciona com sua comunidade e com as Escrituras nos ajudará à medida que buscamos cuidar dela. Devemos entender como ela vai nos ouvir e receber. Ao final deste capítulo, há um questionário de abuso espiritual que o ajudará a discernir a extensão dos danos por ela sofridos e como eles ocorreram. Esteja ciente de que o dano de uma vítima pode ser tão grande que a faça duvidar de sua salvação; e é possível que as suas indagações sobre a fé tenham causado tanta dúvida que ela esteja com dificuldade para crer. Ao começar a trabalhar com ela, procure saber os ensinamentos ou textos específicos que foram usados para ferir ou controlar a vítima, como ela lida com as feridas que sofreu e como essas feridas moldaram suas percepções sobre os cristãos, a igreja, o casamento, pessoas em posição de autoridade, a Bíblia e Deus.

As vítimas nem sempre enxergam o dano que lhes foi feito; assim, você não deve lhes perguntar: "Como as Escrituras foram usadas para envergonhá-la?". Pode ser que elas não atribuam seu sofrimento às coisas que lhes foram ditas. Faça perguntas mais amplas que busquem descobrir o que elas ouviram — e, uma vez que a comunidade cristã também pode moldar a maneira como elas ouvem as Escrituras, também *de quem* ouviram —, tais como: "Como você acha que a Bíblia fala sobre nossa vergonha?". Em geral, não é aconselhável rotular como abuso comportamentos que ela já lhe relatou ou que você observou; pelo menos, não inicialmente. Fazer isso provavelmente fará com que a vítima pare de se abrir sobre os usos indevidos das Escrituras que ela enfrenta.

Descubra o quanto a comunidade da vítima dá voz às distorções que ela está ouvindo. Crenças distorcidas podem estar incorporadas a toda a cultura de uma igreja ou estrutura familiar. Saiba como a comunidade dela pensa. O *quem* e o *como* são realmente importantes — mas também é imperativo que você descubra quais palavras ou versículos foram usados de maneiras que a feriram.

Saiba o que *não* dizer

O objetivo de usar as perguntas no final deste capítulo é descobrir as principais feridas de uma vítima antes que você comesse a introduzir as Escrituras. Numa emergência hospitalar, os plantonistas fazem uma triagem e tratam primeiro as feridas mais urgentes e graves. Mas nem mesmo os médicos de emergência conseguem enxergar tudo — como uma hemorragia interna, por exemplo —, e por isso eles fazem exames, pois fazer suposições pode ser fatal. O mesmo é verdade com uma esposa vítima de abuso. Leve o tempo que precisar para saber a extensão real do dano que lhe foi feito, tendo em mente que seu objetivo é que ela compartilhe com você as palavras e versos exatos que perfuraram seu coração e lhe deixaram marcas. Assim, você não cometerá o erro de usar esses mesmos versículos e conceitos para tentar ajudá-la.

Lembro-me de conversar com uma jovem e apelar para a analogia do pastor para falar sobre o cuidado de Deus por ela, para só depois descobrir que seu marido costumava enviar mensagens de texto dizendo como ela estava destruindo seu rebanho. Eu não tinha ideia de que ele se referia aos filhos como ovelhas que ela estava levando ao matadouro.

Identifique o que a vítima ouve

Quando estiver falando com uma esposa que tem sido abusada espiritualmente, esteja alerta à maneira como ela ouve ou interpreta certas palavras e termos. As vítimas são propensas a ouvir aquilo que foram condicionadas a crer, e assim incorporarão todas as distorções que têm ouvido a qualquer passagem bíblica que abrirmos diante delas. É essa distorção e corrupção das verdades em mentiras que tornam tão complexo o trabalho com vítimas de abuso espiritual. Satanás fez isso no jardim; ele distorceu e corrompeu as verdades em mentiras. Ele fez a mesma coisa quando tentou Jesus, usando as boas palavras de Deus e obscurecendo a verdade. Precisamos saber como as vítimas estão nos ouvindo; por isso, verifique como elas ouvem o que você diz. Preste especial atenção a como elas entendem qualquer terminologia teológica.

Considere outra de minhas aconselhadas. Eu falava sobre a graça que Deus tinha para com ela quando ela se mostrava obcecada por seus fracassos. Eu pensava que a estava encorajando, até descobrir que ela havia aprendido que "graça" descrevia a maneira como Deus tolerava tudo aquilo que odiava a respeito dela. Para ela, a ideia não carregava consigo nenhuma noção do amor de Deus por ela. A palavra havia sido tão corrompida que eu precisei encontrar outras maneiras de falar da misericórdia e do amor de Deus.

Lembre-se de que uma esposa que tem sido abusada espiritualmente vive sob um ensino distorcido. Ela nem sempre consegue entender o que estamos realmente dizendo; então, antes de falarmos, é crucial entendermos como ela nos ouvirá.

Ouça a fim de aprender

Quanto menos falarmos durante a revelação inicial de abuso de uma vítima, mais aprenderemos sobre o que ela foi ensinada e no que ela acredita. Seremos tentados a nos intrometer em sua história e começar a corrigir suas crenças com o que as Escrituras realmente dizem, mas uma vítima precisa contar toda a sua história e nos dar um panorama do que a tem machucado. Desacelere e aprenda o que ela acredita ser verdade ou quais mentiras têm moldado seu pensamento.

Quando desvendamos os abusos que uma vítima sofre, rapidamente percebemos as distorções que têm ocorrido e compreendemos como passagens bíblicas têm sido mal aplicadas por seu opressor. Nós teremos clareza sobre o que está errado no que ele lhe diz, porque o alvo dele não eram nossa mente e nossa consciência. Estamos afastados da situação; temos uma perspectiva diferente sobre ela. O mesmo não ocorre com a pessoa que ele teve por alvo. Ela estará no meio da neblina e nem sempre será capaz de compartilhar da nossa clareza. Ela pode saber que algo está errado, ou pode, de todo o coração, crer no que ouviu sobre si mesma e sobre o Senhor. Por favor, tenha em mente que, nessa conjuntura, apelar para a Bíblia pode piorar temporariamente as coisas para ela. É melhor fazer perguntas mais amplas, como "Quais atributos de Deus confortam você?"; "Quais atributos lhe causam angústia?"; ou: "Você consegue se lembrar de algum momento em que esteve confiante em sua fé?".

Não debata

O que aconteceu com as vítimas é errado; e apesar de podermos usar a Bíblia para chegar à verdade, precisamos estar conscientes de que o que estamos fazendo é muito mais do que uma batalha sobre o que é verdade. Não precisamos debater com a pessoa à nossa frente, porque nossas interações com ela não têm a ver apenas com interpretações corretas das Escrituras. Têm a ver com o resgate de um coração; e quando Jesus resgata corações, ele é gentil e paciente. Fazer isso demandará de nós tempo e aplicação cuidadosa. Não podemos chegar ao coração dela como se estivéssemos em um debate teológico — só vamos feri-la ainda mais.

Devemos fazer o trabalho cuidadoso de destrinchar, buscar pacientemente e extrair sua história e suas interpretações das Escrituras. Não basta apontarmos as mentiras que ela ouviu. Ela precisa encontrar nosso Salvador compassivo. Mais cedo ou mais tarde, vamos ajudá-la a interpretar as Escrituras corretamente, mas primeiro devemos cuidar da pessoa diante de nós.

Prepare-se para ver angústia

À medida que começarmos a fazer perguntas que revelem o que aconteceu a uma vítima, saiba que ela expressará uma série de emoções. Ao perceber o mal que sofreu, ela sentirá ira, tristeza, culpa, mágoa e perda. Assim como no caso da morte de um ente querido, sua experiência de enfrentar tudo isso será circular, complexa e repleta de grandes oscilações de emoção. Ela precisará de tempo para processar essa dor peculiar. Será uma bagunça, e tudo bem que seja assim.

É fundamental que a vítima expresse seu coração enquanto passa por isso. Aquilo que ela tem ouvido não são apenas palavras intelectuais que permaneceram em um nível teórico. Essas palavras se instalaram profundamente em seu coração — e precisamos ouvir todos os gritos desse coração.

Como as experiências dela a têm afetado? O que isso lhe causou no recôndito do seu coração?

O CONVITE QUE VOCÊ OFERECE

Ao nos aproximarmos para ajudar as vítimas, nosso objetivo final é ajudá-las a ver Jesus corretamente e reparar o relacionamento delas com ele. Para que elas alcancem esse objetivo, precisamos restaurar seu relacionamento com as Escrituras, de modo que elas possam novamente acreditar e confiar no amor que Deus lhes tem. Mas o *processo* de alcançar essa meta precisa ser tão redentor quanto a própria meta. Ao cuidarmos de pessoas fragilizadas, precisamos fazê-lo de uma maneira que represente o coração de Jesus em favor delas. As vítimas já foram ensinadas sobre o que devem pensar e como estão aquém do padrão, então temos de ter muito cuidado com a forma como lidamos com elas.

Como fazer isso bem? Devemos agir de forma a redimir a percepção que a vítima tem de Jesus e ajudá-la a entender o que a Palavra de Deus realmente diz — a maneira como Jesus realmente a vê e o que ele realmente exige dela. As próprias palavras de Jesus em Mateus 11 são um convite para almas feridas e sobrecarregadas. Elas são ditas às mesmas pessoas que se sentavam aos pés dos fariseus que Jesus repreendeu em Mateus 23. Ele diz:

> Vinde a mim, todos os que estais cansados e sobrecarregados, e eu vos aliviarei. Tomai sobre vós o meu jugo e aprendei de mim, porque sou manso e humilde de coração; e achareis descanso para a vossa alma. Porque o meu jugo é suave, e o meu fardo é leve. (v. 28–30)

Jesus convida os cansados e sobrecarregados a virem a ele.

Seu convite lembra Jeremias 31.25 ("Porque satisfiz à alma cansada, e saciei a toda alma desfalecida"), em que vemos o Senhor oferecendo descanso ao seu povo sob a nova aliança. Os cansados que esse versículo menciona são aqueles que lutaram por muito tempo e trabalharam arduamente. E os sobrecarregados que Mateus menciona são aqueles que tropeçam sob fardos excessivos.

Nessa passagem de Mateus, Jesus está falando a pessoas que sofrem sob as palavras excessivamente pesadas dos líderes de Israel, bem como sua má aplicação da lei e das Escrituras — exatamente como as esposas que sofrem em casamentos espiritualmente opressivos. Jesus as convida a encontrarem descanso nele, porque ele é diferente: é aquele que restaura as almas ao cumprir a lei, para que elas possam ser aliviadas de seus fardos, ter paz com Deus e encontrar um descanso que se fundamenta unicamente no que Jesus fez. Jesus então as convida a tomarem sobre si o seu jugo. Trata-se não do jugo da lei mosaica, mas do jugo de aprender sobre Jesus (ou, como Colossenses 2.6 diz, "andar nele") e ser edificado ou enxertado nele, aquele que fez toda a obra.

Jesus é aquele que conhece plenamente o estado caído de nossos corações e escolhe remover nossa culpa em vez de nos envergonhar. Ele não nos ameaça (exceto aqueles dentre nós que abusam de sua autoridade, cf. Mt 23.13-38; Lc 11.37-54). Ele não nos oprime; antes, nos liberta. Seu jugo é leve, porque ele carrega nossos fardos conosco — e carregou nossos pecados por nós. Por sua escolha e para o seu deleite, ele nos atrai a si mesmo. É por amor que ele se move em nossa direção, e o faz gentilmente. Os feridos e fracos eram atraídos a Jesus porque ele afirmava a dignidade deles ao ouvi-los, simpatizar com eles e os defender. Ele os amou ternamente; e nós devemos fazer o mesmo.

Ao longo do tempo, e com mansidão, precisamos ajudar a conectar novamente a Jesus as esposas que foram feridas pela Escritura, destacando a mansidão dele para com elas. Isso não pode ser feito por meio de uma fórmula; tem de ser feito com consideração pela história e feridas particulares de cada pessoa. Portanto, cada interação será diferente.

Levará tempo para você pintar um retrato preciso de seu Salvador, mas isso é vital para a cura das vítimas. Como podemos capturar a surpreendente mansidão de Jesus para com aqueles que não a veem? Para podermos fazê-lo, nós mesmos temos de ler as Escrituras com sua mansidão em mente. Devemos reunir histórias da Bíblia que ilustrem sua ternura e orar por maneiras de expressá-la para as esposas feridas de quem cuidamos. Porém, nós primeiro demonstraremos isso a elas por meio de nossa pessoa.

Não basta ensinarmos os feridos sobre a mansidão de Jesus. Quando ajudamos almas fragilizadas, nós convidamos Cristo a nos moldar. Os ensinamentos de Paulo registram seus apelos para que sejamos mansos em nosso trabalho de representar Jesus (cf. 1Co 4.21; 2Co 10.1; Gl 6.1). Esteja atento a maneiras de apontar e exibir a mansidão de Cristo para as vítimas, de modo a dar-lhes um vislumbre do Jesus que cura com ternura.

Convide as vítimas a falarem sobre as maneiras como você as feriu. As vítimas precisam que o contraste entre nós e seus opressores seja claro. Opressores não admitem ser corrigidos; portanto, devemos rotineiramente convidá-las a expressarem como as ferimos ou como nós e os outros compreendemos mal seu coração. Paulo diz a Timóteo para instruir com mansidão até mesmo aqueles que se opõem a ele (cf. 2Tm 2.25). Somos chamados a exalar mansidão e, quando falhamos em fazê-lo (o que certamente acontecerá), temos novas oportunidades de ser mansos ao deixarmos as vítimas nos dizerem que as ferimos, envergonhamo-las involuntariamente, avançamos rápido demais, pressionamos demais ou soamos professorais. Isso é difícil para nós, mas essencial! Essas esposas foram feridas por pessoas opressivas que carecem de mansidão. Nós, como Paulo, precisamos conduzir nossas discussões com elas reconhecendo nossa própria necessidade de Jesus e o fato de que estamos com elas — não acima delas — na necessidade que ambos temos de um manso Salvador.

Sabemos qual é o nosso objetivo: ajudar as vítimas a ver Jesus corretamente; para fazer isso, precisamos ajudá-las a ler as Escrituras de uma maneira que as abençoe, porque as Escrituras são uma parte vital da caminhada cristã. Mas devemos ter muito mais do que esse objetivo em mente — devemos procurar restaurar o coração da vítima para Deus e sua Palavra. Isso leva tempo. Seja paciente e procure expor a mansidão de Jesus.

REFLITA

1. Reflita por algum tempo sobre os apelos de Paulo para sermos mansos na maneira como representamos Jesus, cf. 1 Coríntios 4,21; 2 Coríntios 10.1 e Gálatas 6.1.
2. Pense em suas palavras, expressões faciais, linguagem corporal e abordagem de ministério; em qual dessas áreas você é bom em demonstrar mansidão?
3. Em que áreas ou circunstâncias você se vê com dificuldades para ser manso?
4. Se você for como eu, cometerá falhas; assim, seja consolado por estas palavras: "A minha graça te basta, porque o poder se aperfeiçoa na fraqueza. De boa vontade, pois, mais me gloriarei nas fraquezas, para que sobre mim repouse o poder de Cristo" (2Co 12.9). Que fraquezas você identifica em si mesmo e para as quais precisa da ajuda do Senhor a fim de depurá-las?

QUESTIONÁRIO DE ABUSO ESPIRITUAL

A presença do abuso espiritual em um casamento introduz complexidades em nossas tentativas de abrir a Bíblia e oferecer conselhos cristãos a uma vítima. Portanto, temos um duplo objetivo ao ministrar a esse tipo de abuso.

Primeiro, precisamos aprender as formas como as vítimas foram abusadas espiritualmente. Elas podem não reconhecer que o que lhes aconteceu é abusivo, então precisamos aprender como as Escrituras e a doutrina têm sido usadas em seus corações e em seus lares. Precisamos ser diligentes em nossas tentativas de descobrir isso, porque as vítimas raramente o relatam.

Em segundo lugar, precisamos saber quais verdades foram distorcidas no relacionamento da vítima ou como a Bíblia foi mal utilizada. Reserve um tempo para aprender como a vítima interpreta partes das Escrituras ou recebe seu conselho. Ao fazer as perguntas abaixo, preste muita atenção ao que a vítima, naquele momento, crê sobre si mesma, sobre Deus e sobre sua Palavra. Observe quaisquer distorções no que ela crê e guarde o que você aprender para usar como um guia em direção às belas verdades que você precisará redimir para ela ao longo do tempo.

Refletindo sobre o casamento

- Como seu marido usa a Escritura na vida diária e em conflitos?
- Como ele ora por você?
- Ele exige submissão, lealdade e obediência inquestionáveis?
- Seu marido exerce liderança controladora, assumindo, na prática, um papel de domínio sobre você?

Questionário de abuso espiritual

- Ele usa culpa, medo e intimidação para controlá-la e manipulá-la?
- Ele afirma que questioná-lo é como questionar a Deus?

Descobrindo as crenças da comunidade

- O que as pessoas têm falado diante de sua realidade de vida ou sofrimento?
- Você já falou com as pessoas em sua igreja sobre seu casamento? Se sim, como elas a guiaram?
- Existem versículos ou princípios bíblicos que fazem você se sentir responsável pelo modo como está sendo tratada ou condenada diante de Deus ou de outros? Quais?
- O que ou quem moldou seu pensamento sobre o papel ou a responsabilidade que uma esposa tem em um casamento?

Aprendendo sobre o coração da vítima

- O que você acredita que Deus pensa sobre você ou sua situação?
- Você se sente culpada, com medo e/ou encorajada quando ora ou ouve as Escrituras?
- O que passa pela sua mente, ou o que você sente, quando tenta ler as Escrituras?
- Como é para você ouvir um sermão?
- Como é interagir com a liderança da igreja?
- Algum versículo lhe causou mágoa ou confusão? Quais?
- Você se sente mais segura com alguns cristãos do que com outros? Por quê?
- Você tem dificuldades para orar? Como têm sido essas dificuldades para você?

A MANSIDÃO DE JESUS

Jesus lida mansamente com seu povo sobrecarregado, e ele mesmo toma sobre si o fardo do sofrimento de seu povo. Ele é manso para com os fracos, como vemos em todos os Evangelhos; de fato, ele abertamente declara: "Eu sou manso" (Mt 11.29). Ele mostra que é um tipo diferente de mestre, que não é severo nem se decepciona facilmente. Ele é alguém que remove fardos.[1]

Levar as vítimas de abuso espiritual a enxergarem a mansidão de Jesus ajuda a restaurar o entendimento que elas têm dele. É provável que elas tenham uma visão distorcida de Jesus e do coração dele em favor delas. Mostrar a mansidão de Jesus as encorajará a ter um encontro com o Senhor fundamentalmente diferente do que elas tinham antes, que apresentará o evangelho correta e belamente e exibirá com clareza o coração do Senhor em seu favor.

Aqui está um vislumbre da mansidão de Jesus: quando ele está na cruz em sua hora mais sombria — enfrentando a morte, dor física prolongada e separação de Deus — seu foco está nas pessoas ao seu redor. Ele vê sua mãe e pede a João que cuide dela. Ele mostra preocupação com aqueles que são responsáveis por sua morte, proferindo: "Pai, perdoa-lhes, porque não sabem o que fazem".

Passe algum tempo examinando o comportamento de Jesus nas seguintes passagens em que ele:

---

[1] Quando eu estava finalizando este manuscrito, foi lançado um novo livro que brilhantemente expõe a mansidão de Jesus. Recomendo fortemente Dane Ortlund, *Manso e humilde: o coração de Cristo para quem peca e para quem sofre* (São Paulo: The Pilgrim, 2021).

A mansidão de Jesus

- Abraça ternamente as crianças, em Mateus 19.13-15;
- Chora pela morte de seu amigo enquanto cuida de Maria, em João 11.35;
- Afirma que não esmagará uma cana quebrada, em Mateus 12.20;
- Atrai a mulher samaritana e mansamente lhe oferece o dom da vida, em João 4.1-42.

Os Evangelhos apresentam esses episódios que nos mostram um manso Salvador se nos detivermos o suficiente para vê-lo. Jesus foi manso até mesmo quando seus discípulos falharam para com ele (cf. Mc 14.32-42; 16.7). Além disso, a imagem definitiva de seu terno amor por nós foi exibida na cruz, onde ele carregou todo o nosso sofrimento e pecado. Ali, a natureza de seu amor tornou-se clara — não há nada que ele não faça por aqueles a quem ama. Quando entendemos a extensão do terno amor que ele tem por nós, podemos estar perto dele sem ter medo. Ele é por nós, não contra nós. Ao ler os Evangelhos, comece a coletar mais histórias da mansidão de Jesus, para que você possa mostrar aos espiritualmente oprimidos o coração que ele tem em favor de seu povo.

Lembre-se de que Jesus tem enorme força à sua disposição, mas ele a contém. Ele é o exato oposto de um opressor, em todos os sentidos. Opressores exercem o poder e não estão dispostos a sacrificá-lo, ou o controle que isso lhes proporciona, enquanto procuram construir seus próprios reinos. Jesus sabia que tinha de morrer para trazer a nós, seus amados, para o seu reino. Ele sacrificou tudo por nós. Ele demonstrou que tipo de rei ele é quando deixou de lado a força e o poder de um rei; não por fraqueza, mas por brandura e para o benefício daqueles que são verdadeiramente fracos. Jesus é um rei manso que nos convida a estar com ele. Os oprimidos espiritualmente precisam

A mansidão de Jesus

que lhes mostremos o coração que Jesus tem a favor, e nós podemos fazê-lo de duas maneiras: servindo, nós mesmos, de modelo desse coração, e conduzindo os oprimidos a passagens bíblicas onde ele seja facilmente visto. Esteja pronto para exibir a mansidão de Jesus.

REFLITA

1. Jesus diz em Mateus 11.28: "Vinde a mim". Sua postura é de braços estendidos, não com um dedo apontado. Como a nossa percepção desse convite muda à medida que crescemos em nosso entendimento de sua mansidão e de seu desejo de nos acolher?
2. Uma vítima de opressão espiritual pode temer estar perto de Jesus — ela talvez espere ser repreendida ou ficar desapontada. Mas, quando nos convida a irmos até ele, Jesus também nos diz que ele é acessível. O que o impede de crer no convite dele?
3. Mesmo quando merecemos o oposto, Jesus se move até nós com mansidão (cf. Ef 2). Ele usa sua posição e autoridade para mostrar seu terno amor por seu povo. Como essa verdade afeta seu coração? Como isso pode moldar o modo como você cuida de pessoas que estão sob sua autoridade?

CAPÍTULO 10
DESMASCARANDO O ABUSO FINANCEIRO

Ora, se alguém não tem cuidado dos seus e especialmente dos da própria casa, tem negado a fé e é pior do que o descrente.
(1Tm 5.8)

Semana após semana, Maria lutava para perceber como vinha sofrendo abuso. Bernardo, seu marido, nunca ficava explosivamente irado e nunca a violou física ou sexualmente. Ainda assim, ele conseguia tratá-la como se ela fosse menos do que humana. Ele era grosseiramente indiferente em relação a ela. Em muitos dias ele não reconhecia a presença dela, e raramente se importava com a pessoa dela. Um dia, durante o aconselhamento, ela quis me mostrar uma foto do neto e então sacou um velho celular de flip que estava remendado com fita adesiva. Depois de apreciar a foto com ela, comecei a perguntar sobre o telefone. Eu sabia que o marido dela era muito interessado em tecnologia e me perguntei por que, enquanto ele tinha os melhores aparelhos, ela carregava um telefone prestes a quebrar.

Isso nos levou por um triste caminho. Lembramo-nos do carro dela e sua constante necessidade de reparos. Refletimos sobre uma noite em que os freios falharam e sobre quando ela passara um ano inteiro com a maçaneta do lado do motorista quebrada. A indignidade que ela sentira ao sair do trabalho, tendo de entrar pela porta do passageiro. O buraco causado por um incidente hidráulico que permanecia não resolvido no seu escritório em casa. As muitas noites tristes que passava sozinha quando o marido levava a filha a restaurantes chiques. A humilhação de ouvir seu chefe dizer que a Receita Federal devoraria seu salário, porque seu imposto de renda estava há sete anos sem ser pago — e sem que ela soubesse nada disso. Os muitos negócios fracassados em que seu marido havia embarcado enquanto criava dívidas envolvendo o nome dela.

Os sacrifícios financeiros nunca sobravam para Bernardo. Ele tinha um carro novo, um telefone novo e computadores de primeira linha — tudo isso estando desempregado. No entanto, ele nem se dava ao trabalho de falar com Maria. Mandava e-mails para criticar os gastos dela. Certa vez, ela usou um suéter novo que sua mãe lhe havia comprado; na mesma tarde, um e-mail acusatório chegou a sua caixa de entrada. As perguntas hipócritas de Bernardo a respeito de seus "hábitos de consumo egoístas" sempre a deixavam desnorteada.

O desequilíbrio era óbvio, mas demorou para Maria perceber como Bernardo também usava as finanças para controlá-la e desumanizá-la. Ela não tinha dinheiro para sair com amigas ou visitar sua família. Bernardo a distanciou de sua filha, a quem ele mimava, cedendo a todos os caprichos, enquanto acusava Maria de ser uma avarenta insensível. Ela tinha de trabalhar, enquanto ele não trazia para casa renda nenhuma. Ela não tinha acesso às informações bancárias deles. Ela temia fazer perguntas sobre dinheiro a Bernardo. Ela tinha tanto medo de gastar dinheiro sem poder, que muitas vezes ficava sem atender às suas necessidades básicas.

Relatar tudo isso pesou muito sobre ela. Não estava claro o que ela poderia fazer para gerar uma mudança saudável, então simplesmente oramos e pedimos a Deus para sustentá-la e ajudá-la.

Na semana seguinte, Deus fez algo maravilhoso. A professora de um estudo bíblico de que Maria participava a convidou para uma viagem missionária da igreja. Ela se sentiu encorajada porque alguém reconheceu seus dons de ensino, porém disse que jamais teria condições de ir. Eu levantei a ideia de ela arrecadar fundos. Oito meses depois, ela estava no exterior causando um impacto incrível para o reino. A experiência a transformou para sempre. Pouco depois de seu retorno, ela pediu orientação à igreja. Eles a encorajaram a transferir seus salários para uma conta própria enquanto procuravam protegê-la de como o marido reagiria.

Ao não ser mais controlada financeiramente pelo marido, ela deixou de ser impotente. Durante um período de quase dois anos, ela lentamente se transformou. Primeiro, começou a dar mais de seus ganhos para a igreja (algo pelo qual sempre se sentira culpada). Depois, passou a encontrar amigas para tomar café, levar a filha ao cinema e visitar a irmã. Finalmente, ela tinha um novo telefone e uma pequena conta poupança. Todos esses pequenos passos a levaram a se mover em direção à liberdade. Por meio de uma bela transformação, seus dons e sabedoria vieram à tona. E ela não só alcançou a liberdade financeira, mas também ganhou força e apoio da comunidade para enfrentar os abusos maiores que ocorriam em seu casamento.

O QUE É ABUSO FINANCEIRO?

O abuso financeiro é uma maneira de controlar uma pessoa tornando-a economicamente dependente ou explorando seus recursos. Formas de abuso financeiro podem ser sutis ou explícitas. Eles incluem ocultar informações financeiras, limitar o acesso da vítima aos bens, controlar sua capacidade de obter dinheiro, explorar seus recursos ou ditar como todos os fundos familiares são gastos.

As igrejas cristãs têm uma grande variedade de pontos de vista sobre os papéis financeiros que maridos e esposas desempenham em um casamento. Porém, há uma diferença entre um marido que administra as finanças domésticas buscando a bênção e a proteção de sua família e aquele que busca dominar e controlar sua família por meio das finanças. Devemos olhar além dos papéis que os cônjuges adotam dentro de um casamento e estar atentos para saber se um deles está usando as finanças para cuidar do outro ou para tentar dominá-lo. Um marido pode ser responsável por questões financeiras sem ser abusivo.

Também é sábio que uma família tenha um orçamento, e alguns casais, como parte disso, mantêm registros detalhados e guardam recibos. Portanto, uma esposa que tem de entregar recibos pode não estar necessariamente sofrendo abuso. Essa pode ser simplesmente a maneira pela qual ela e seu marido controlam seu orçamento.

Não queremos gerar preconceitos contra certas práticas e rotulá-las incorretamente como abusivas. Precisamos entender cada casamento para poder discernir cuidadosamente se os padrões de poder e controle estão presentes.

A DINÂMICA E OS IMPACTOS DO ABUSO FINANCEIRO

Ao ler os Evangelhos, vemos a questão do dinheiro aparecendo com alguma frequência. Cristo entende o coração pecaminoso do homem e aponta os perigos de amar o dinheiro. Ele nos adverte que não podemos servir a Deus e ao dinheiro; que servir ao dinheiro nos envolve em muitas formas de pecar. Quando perguntado sobre dinheiro, ele geralmente diz que devemos fazer uma das duas coisas: compartilhá-lo ou renunciá-lo (cf. Mt 6.19–21; 19.21; Lc 3.10–11; 1Jo 3.17). Quando levamos em conta essas instruções e as atrelamos ao Grande

Mandamento, podemos dizer que a melhor forma de usar dinheiro é para amar os outros.

Amar pessoas já é difícil o suficiente; estar atentos a como amamos com nossos recursos é um desafio particular. É por isso que o dinheiro tende a ser um tema espinhoso nos casamentos — mesmo em casamentos saudáveis. O dinheiro é, para a maioria de nós, tanto um recurso limitado quanto algo em que encontramos segurança — e o que fazemos com ele evidencia nossos valores. Como gasto dinheiro, em que gasto e quanto procuro ganhar e economizar são desdobramentos práticos daquilo que amo e temo.

Um opressor é consumido pelo amor a si mesmo e pelo desejo de controlar, e isso afeta a orientação de seu coração em relação aos seus recursos financeiros. Ele não procura abençoar seu cônjuge e filhos com esses recursos. Em vez disso, usa-os para tornar seu mundo do jeito que ele quer. Dinheiro e finanças se tornam outro instrumento para agir de maneira egoísta.

O abuso financeiro pode assumir várias formas. Em sua raiz, qualquer abuso tem a ver com controle — e ter controle sobre os recursos de uma família traz enormes benefícios para um abusador. Opressores em lares cristãos muitas vezes usam a teologia e a prática religiosa para justificar sua exploração. Já ouvi o ensino sobre liderança masculina ser usado para justificar ações abusivas. Por exemplo, opressores cristãos muitas vezes insistem que têm o direito de tomar decisões financeiras unilateralmente.

Às vezes, os abusadores tiram os ensinamentos bíblicos de contexto ou os usam de maneiras que Deus jamais pretendeu. Já ouvi os ensinamentos de Efésios 5.23-24 serem levados ao extremo; mais de um opressor compartilhou comigo que, por ser ele a cabeça de sua esposa, ela está sujeita a ele em tudo. Ao aplicarem essa abordagem às suas finanças, esses opressores se sentiam justificados ao negarem às esposas acesso à renda da família. Eles achavam que estavam obrigados a prover apenas as necessidades de alimento, roupas e moradia para suas esposas, e que podiam ditar o que aquilo significava. Como cabeças de suas esposas, eles sentiam que precisavam controlar seu dinheiro porque suas esposas poderiam gastar demais. Ouvi homens dizerem até mesmo que restringem o dinheiro que dão às esposas como forma de disciplina pelo comportamento pecaminoso delas.

Aplicar Efésios 5 dessa forma destitui a passagem de sua ênfase em Cristo e em como os maridos devem amar suas esposas como Cristo amou a igreja: de modo sacrificial e com grande humildade. Também dá aos maridos licença para punir suas esposas, o que não é ensinado nessa ou em qualquer outra passagem das Escrituras. Se uma esposa tende a esbanjar, isso precisa ser abordado — mas não de maneira punitiva. Deve ser feito de uma maneira que busque restaurar o coração dela a Cristo, para sua proteção e por amor profundo para com ela.

O abuso financeiro ocorre em quase todas as situações de abuso doméstico. Uma pesquisa descobriu que 99% dos casos de violência doméstica também envolviam abuso financeiro.[1] Isso faz sentido intuitivamente. Se um opressor está tentando controlar a esposa, é mais fácil fazer isso se ele limitar seus recursos ou controlar a maneira como ela usa o dinheiro.

Controlar o acesso aos bens das vítimas permite que os abusadores as forcem a permanecer com eles. De acordo com o programa sobre violência doméstica da Allstate Foundation, "a falta de conhecimento financeiro ou de recursos é o indicador número um de que uma vítima

---

1 Veja Adrienne E. Adams, *Measuring the Effects of Domestic Violence on Women's Financial Well-Being* (Madison: University of Wisconsin-Madison's Center for Financial Security, 2011). Disponível em: https://centerforfinancialsecurity.files.wordpress.com/2015/04/adams2011.pdf , p. 1, citado em "About Financial Abuse", The National Network to End Domestic Violence, https://nnedv.org/content/about-financial-abuse/ (acessado em 10/4/2022).

de violência doméstica vai entrar em um relacionamento abusivo, sair de um ou voltar a um".[2] Se você não tem dinheiro ou a capacidade de ganhar dinheiro, você se isola cada vez mais. Torna-se incapaz de estabelecer vínculos básicos ao encontrar amigos para almoçar ou fazer viagens para visitar seus parentes. Além disso, a falta de recursos se torna uma barreira à capacidade de obter ajuda — por exemplo, pagar por aconselhamento ou fugir de uma situação perigosa. Quando os recursos são restritos, cria-se uma dependência que funciona a favor do marido opressor. Controlar o acesso de alguém às finanças ou a sua capacidade de ganhar dinheiro é um meio de controlá-la.

A passagem de 1 Timóteo 6.10 nos fornece uma advertência concisa: "o amor do dinheiro é raiz de todos os males". Quando um marido ama o dinheiro — e o controle que ele proporciona — mais do que ama sua esposa e filhos, ele agirá das mais diversas formas destrutivas. Os exemplos a seguir destacam o abuso financeiro.

> O marido de Susana não lhe permitia levar dinheiro para trocar o óleo do carro. Em vez disso, ele lhe dava um cheque assinado. Ela tinha acesso ao dinheiro apenas para despesas aprovadas. Ele não lhe dava dinheiro sequer para a gasolina; insistia em encher o tanque todas as semanas com combustível suficiente para os deslocamentos que considerasse necessários.
>
> O marido de Judite insistia que ela apresentasse todos os recibos de supermercado para a aprovação dele. Se ela fizesse uma compra de comida com a qual ele não concordasse, ele reclamava por horas. Como resultado, ela não tinha liberdade nem para escolher o tipo de pão ou cereal que comia.

---

[2] "Let's End Domestic Violence and Financial Abuse", Allstate Foundation, disponível em: https://allstatefoundation.org/what-we-do/end-domestic-violence/, citado em "How Money Traps Victims of Domestic Violence", The Atlantic, https://www.theatlantic.com/sponsored/allstate/how-money-traps-victims-of-domestic-violence/750/ (acessado em 10/4/2022).

O marido de Linda muitas vezes saía com amigos para restaurantes caros, mas não permitia que ela encontrasse suas amigas para um café, dizendo que eles precisavam economizar para a aposentadoria.

Cíntia queria trabalhar meio período para poder pagar a escolinha de futebol dos filhos. Toda vez que conseguia um emprego, porém, seu marido a coagia a desistir. Ele a envergonhava na igreja, alegando que seu trabalho atual exigia muito e que ela precisava estar mais atenta às necessidades de seus filhos e de sua casa.

O marido de Sara muitas vezes gastava demais em projetos de reforma da casa. Eles costumavam discutir sobre quanto dinheiro ele estava gastando, pois ela não se sentia confortável em assumir dívidas. Após relutar, ele pareceu ceder a ela. Um dia, porém, ela descobriu que ele estava usando seus dados para abrir crediários no nome dela em lojas de material de construção, acumulando dívidas na casa dos milhares.

Joana era forçada a trabalhar muitas horas extras enquanto seu marido trabalhava consideravelmente menos na administração do seu próprio negócio. Ele tomava decisões sobre como o dinheiro deveria ser gasto, o que geralmente significava que ele o gastava em eletrônicos para seu entretenimento. Após ela sofrer uma lesão que precisava ser tratada com fisioterapia, ele não permitiu que ela gastasse dinheiro em sua recuperação.

O marido de Kelly dependia dela para ganhar dinheiro para a família. Durante anos, ele fingiu estar procurando um emprego, enquanto passava todo o tempo na casa de um amigo, jogando videogame.

> **REFLITA**
>
> 1. Pense em como seria ter de justificar cada centavo que você gasta. Como você acha que isso o afetaria?
> 2. Todos nós experimentamos restrições financeiras. Todos queremos fazer mais do que os nossos orçamentos permitem. Como seria ter as coisas que são mais importantes para você ameaçadas por suas restrições financeiras? Ou não ter voz em como seu dinheiro é gasto?
> 3. Como se sentiria se seu cônjuge gastasse o que quisesse, mas o mantivesse em um orçamento apertado?
> 4. Como o abuso financeiro facilita os outros tipos de abusos de que falamos?

AJUDANDO AS MULHERES FINANCEIRAMENTE OPRIMIDAS

Em alguns tipos de abuso financeiro, seremos capazes de intervir e oferecer soluções práticas, ao passo que outros permanecerão complexos. Sempre pense nas implicações da ajuda que você está oferecendo.[3] Lembre-se de que você não pode resolver a opressão. Você pode ser capaz de fornecer alívio financeiro a uma vítima, mas essa forma de opressão, assim como todas as outras, ocorre dentro de um sistema maior de controle coercitivo.

Tenha cuidado ao descobrir o abuso financeiro

Em um casamento saudável, ambos os parceiros trabalham com um orçamento mutuamente acordado e uma maneira de

---

3 Há muitas implicações jurídicas a serem consideradas, especialmente se um abusador estiver cometendo fraude. Quando os dados pessoais, contas bancárias e cartões de crédito estão envolvidos, essas implicações jurídicas podem ser especialmente complexas. Tenha muito cuidado para não dar conselhos sobre uma área em que você não tem experiência. Você pode indicar a uma vítima sua necessidade de um advogado, um especialista em planejamento financeiro ou outro profissional, bem como ajudá-la a entrar em contato com ele.

permanecerem nos trilhos. Eles contribuem mutuamente com o lar e sua administração, e ambos têm a liberdade de falar e sugerir qual deve ser o orçamento e as prioridades de gastos da família. Embora as finanças muitas vezes sejam uma fonte de conflito nos casamentos, há uma grande diferença entre ter prioridades conflitantes, passar por estresse financeiro e se envolver em abuso financeiro — no qual uma pessoa usa as finanças para exercer controle. As perguntas ao final deste capítulo são projetadas para descobrir a dominação envolvida no abuso financeiro. À medida que investigamos possíveis abusos, devemos levar o tempo que for necessário antes de atribuir motivos e ficar atentos a padrões de presunção na área financeira.

Procure registros de abuso financeiro

A boa notícia é que o abuso financeiro é uma forma de opressão relativamente fácil de ser verificada. Ela tende a envolver registros e comportamentos que podemos observar diretamente de fora. Isso significa que a descoberta de abuso financeiro também pode ser usada para descobrir e documentar outros abusos. A má notícia, infelizmente, é que reunir evidências de abuso financeiro pode ser perigoso para uma vítima se seu agressor perceber o que ela está fazendo.

Você e a vítima podem trabalhar em conjunto para fazer uma lista de abusos financeiros que ela sofreu; e, se possível, você deve procurar quaisquer documentos que os confirmem — certificando-se também de que ela consegue fazer isso de forma segura. Você pode ter de levar a vítima a fazer conexões importantes. Por exemplo, se o marido diz que não pode comprar remédios para ela, mas uma fatura de cartão de crédito mostra que ele fez várias compras em lojas de bebidas, peça a ela para começar a guardar essas faturas. Ou, se um pedido de crédito foi feito no nome dela sem seu conhecimento, ajude-a a reunir evidências disso. Pense onde essa documentação pode ser armazenada com segurança; talvez na forma de fotos, documentos digitalizados mantidos online ou cópias físicas escondidas na casa de um amigo. Ao procurar e armazenar essas informações, lembre-se de colocar a segurança da vítima em primeiro lugar, o que pode significar suspender a busca se o risco à segurança dela aumentar ou se o marido começar a parecer suspeito.

Ajude a vítima a superar a dependência

Como um opressor usa o controle financeiro para tornar a vítima dependente dele, o próprio ato de educar uma vítima sobre questões financeiras a ajudará a superar a opressão. Os cuidados com vítimas de abuso são abrangentes; não podemos fazer tudo. Será útil fazermos parcerias com outros profissionais e instituições. Se você não sabe a quem recomendar uma vítima, procure programas de educação financeira pessoal online.[4] Ao ajudar uma vítima a agir, seu objetivo deve ser que ela se torne financeiramente confiante e informada para que as questões bancárias e orçamentárias não a sobrecarreguem. Outra forma de ajudar as vítimas a ganharem independência é ajudá-las a procurar emprego ou a conseguir formação profissional.

Encontre ajuda

Existem membros confiáveis na congregação da esposa oprimida que seriam capazes de fornecer ajuda e treinamento para ela? Você deve tentar aproximá-los da situação, com a permissão dela, para que possam formar uma equipe de cuidado. Seria possível fazer uso de outros amigos e parentes dela para ampliar seu círculo de cuidados?

---

4   O currículo Moving Ahead é um programa de educação em cinco módulos projetado para sobreviventes de violência doméstica. Consulte Allstate Foundation e National Network to End Domestic Violence, *The Allstate Foundation Moving Ahead Curriculum: A Financial Empowerment Resource*, 2019. Disponível em: https://allstatefoundation.org/what-we-do/end-domestic-violence/resources/ (acessado em 10/4/2022).

Se você é membro da igreja dela ou está coordenando os cuidados com ela em parceria com a igreja, procure maneiras pelas quais esta possa oferecer apoio. As igrejas podem fornecer:

- Dinheiro para ela procurar aconselhamento;
- Uma verba emergencial para hotel e gasolina;
- Bolsas de estudo para retiros de mulheres;
- Babá para que ela possa participar de aconselhamento ou estudos bíblicos;
- Educação financeira;
- Ajuda com consertos domésticos;
- Ajuda com a elaboração de um orçamento para ela;
- Ajuda para ela envolver-se em sua comunidade e buscar recursos do governo.

Desvende os medos da vítima

Os opressores podem estabelecer o controle porque suas vítimas vivem com medo. Você deve aprender o que uma vítima teme, quais são suas razões para se sujeitar a se contorcer financeiramente. Temos de ter cuidado com os conselhos que oferecemos às vítimas; não queremos que elas sejam expostas a novas punições. É fácil dizer a alguém: "Basta gastar dez reais e tomar café com uma amiga", quando não entendemos o que isso lhe custará. Ouça os medos das vítimas, aprenda o verdadeiro custo que elas enfrentarão se fizerem certas mudanças e respeite a complexidade de sua situação.

Restaure o domínio dela

Deus confiou domínio a cada um de nós, portadores de sua imagem (cf. Gn 1.28). Parte disso significa que todos nós somos chamados a glorificar a Deus em nossas obras neste mundo. Somos pessoas ativas — estamos trabalhando, fazendo escolhas e buscando refletir sua glória. Ao tentarmos ajudar uma vítima, nosso objetivo não é apenas resgatá-la, mas também (como em outras áreas de sua vida, além das finanças) restaurar seus dons e habilidades dados por Deus. Ao nos movermos para ajudar as vítimas, procuramos maneiras de promover sua confiança, sua capacidade de tomar decisões, seu arbítrio e sua estabilidade a longo prazo. Isso não quer dizer que não devamos agir em favor delas em emergências, cuidar delas à medida que ganhem força ou, às vezes, fornecer aquilo de que elas precisam para poderem sair de casa quando estiverem prontas. Há tempos oportunos para diferentes tipos de ajuda.

Ajude-a a buscar a ajuda de Deus

Muitas vítimas temem deixar as situações domésticas em que se encontram e têm dificuldade em confiar na provisão de Deus. Ore com elas sobre como o Senhor é seu ajudador e provedor. Lembre-se de ser gentil e manso ao lembrá-las de tais verdades. As vítimas têm muito a perder financeiramente se saírem de casa, e o custo de fazerem isso é muitas vezes maior para seus filhos. Portanto, não simplifique demais suas preocupações monetárias, nem as menospreze como se fossem apenas questão de confiança. Respeite a complexidade do que elas estão enfrentando, oferecendo conselhos práticos de ajuda, bem como orientação espiritual.

Estimule-a na fé

Temos visto as maneiras como o ensino cristão é distorcido e usado para controlar as vítimas. O momento em que uma vítima está recebendo ajuda é excelente para apontar-lhe as muitas maneiras pelas quais Deus a está sustentando financeiramente. Se sutilmente pudermos ajudá-la a seguir as pegadas da fidelidade de Deus, robusteceremos sua fé.

> **REFLITA**
>
> 1. Por que podemos ser tentados a dizer à vítima que retome algum controle na área de suas finanças? O que devemos considerar antes de nos pronunciarmos sobre a situação de uma vítima?
> 2. Muitas vítimas se sentem abandonadas por Deus, pois com frequência pensam que estão presas e não têm saída. Suas limitações financeiras são uma enorme barreira que as deixam sentindo-se impotentes. Como você pode pensar em encorajar uma vítima que esteja saindo de casa a confiar em Deus enquanto ela dá os primeiros passos? As coisas costumam piorar financeiramente para uma vítima e seus filhos quando ela sai de casa. Como você direcionaria o coração dela para ver a ajuda de Deus em seu favor?

UMA EXPRESSÃO DE NOSSO AMOR

Somos chamados a servir e amar as vítimas que sofrem — não apenas como testemunho do amor de Jesus por elas, mas também como expressão do nosso amor por Jesus. Lembre-se do que está escrito sobre o juízo final:

> Porque tive fome, e me destes de comer; tive sede, e me destes de beber; era forasteiro, e me hospedastes; estava nu, e me vestistes; enfermo, e me visitastes; preso, e fostes ver-me. [...] Em verdade vos afirmo que, sempre que o fizestes a um destes meus pequeninos irmãos, a mim o fizestes. (Mt 25.35–36, 40)

Que o Senhor nos ajude a amá-lo e a amar todos a quem ele ama.

QUESTIONÁRIO DE ABUSO FINANCEIRO

As perguntas a seguir buscarão descobrir os medos e as inseguranças financeiras da vítima. Ao tentar descobrir o abuso financeiro, você deve começar com as informações que a vítima já possui. Começar a procurar registros ocultos ou pedir mais informações ao marido pode colocá-la em mais perigo. Avise à vítima que isso pode acontecer se ela for descoberta investigando essas coisas. Se a coleta de informações comprometer sua segurança, ajude-a a conviver (por um tempo) com o desconhecido, pois esperar no Senhor em relação a questões financeiras é difícil. Eu e muitas de minhas aconselhadas já oramos para que Deus trouxesse à luz coisas que estão ocultas e escondidas, e repetidas vezes vimos o Senhor ser fiel.

- Seu marido lhe dá uma mesada ou observa *minuciosamente* o que você compra?
- Ele exige que você forneça registros detalhados de seus gastos, mas se recusa a prestar contas a você?
- Ele esconde recursos ou impede que você veja contas ou registros bancários compartilhados?
- Ele já se recusou a falar com você sobre finanças?
- Ele já forçou você a trabalhar?
- Ele já pegou dinheiro de você e gastou consigo mesmo?
- Ele já usou fundos destinados a despesas familiares em seus próprios passatempos ou empreendimentos?
- Ele já usou seus dados pessoais para obter crédito sem sua permissão?

Questionário de abuso financeiro

- Você sabe se ele já contraiu dívidas sem a sua aprovação, consentimento ou conhecimento?
- Ele já se recusou a lhe dar dinheiro, comida, aluguel, remédios ou roupas?
- Ele gasta dinheiro consigo mesmo, mas não permite que você faça o mesmo?
- Você participa das decisões dele quanto a investimento ou finanças?
- Ele já cancelou apólices de seguro de vida ou planos de saúde sem o seu consentimento ou conhecimento?
- Ele controla como todo o dinheiro em sua casa é gasto ou lhe dá recursos restritos?
- Ele se recusa a trabalhar ou contribuir para a renda familiar?
- Todos os seus bens conjugais são colocados apenas em nome dele?
- Ele já forçou você a assinar cheques sem fundos, apresentar declarações fiscais fraudulentas ou cometer fraude de seguro?
- Ele já usou seus cartões de crédito em excesso ou se recusou a pagar as contas (arruinando seu crédito)?
- Ele já forçou você a entregar seu salário ou pagamento de benefícios; a sacar, vender ou transferir seus ativos financeiros; ou a concordar em assinar uma procuração para que ele possa assinar documentos jurídicos?

As perguntas a seguir revelam abuso financeiro relacionado ao trabalho:

- Ele proíbe você de trabalhar ou limita as horas que você trabalha?

Questionário de abuso financeiro

- Ele já impediu você de ir ao trabalho, tomando para si seu carro ou suas chaves?
- Ele já fez você ser demitida de um emprego por assediar você, seu empregador ou seus colegas de trabalho?
- Ele já sabotou suas oportunidades de trabalho ou emprego ao perseguir ou assediar você no local de trabalho, ou fez você perder seu emprego ao agredir você antes de reuniões ou entrevistas importantes?
- Ele já impediu você de participar de oportunidades de treinamento ou promoção no trabalho?

O CHAMADO DE JESUS
PARA DEMONSTRARMOS MISERICÓRDIA

Independentemente do tipo de abuso que uma vítima sofra, há sempre uma barreira econômica que se interpõe à ajuda que ela poderia receber. Isso é particularmente verdadeiro para vítimas que precisem de aconselhamento ou abrigo seguro durante uma separação; esses são recursos que elas não têm ou não podem acessar. Esta é uma das razões pelas quais ofereço um grupo de apoio gratuito às vítimas de violência doméstica: muitas delas não podem pagar pelo apoio de que precisam.

Eu aprecio particularmente o que Jesus nos ensina por meio da parábola do bom samaritano em Lucas 10, quando nos chama a amar o próximo como a nós mesmos. Essa parábola nos dá algumas diretrizes úteis sobre como devemos estender nossos cuidados e recursos às vítimas.

> Certo homem descia de Jerusalém para Jericó e veio a cair em mãos de salteadores, os quais, depois de tudo lhe roubarem e lhe causarem muitos ferimentos, retiraram-se, deixando-o semimorto. (v. 30)

1. O que você percebe sobre o estado dessa vítima?

> Casualmente, descia um sacerdote por aquele mesmo caminho e, vendo-o, passou de largo. Semelhantemente, um levita descia por aquele lugar e, vendo-o, também passou de largo. (v. 31–32)

2. Por que possíveis razões o sacerdote e o levita atravessaram a estrada a fim de não ficarem muito perto da vítima? Quais são alguns dos motivos pelos quais você pode temer se envolver?

Considere, por exemplo, situações que possam surgir devido a diferenças de gênero. Muitas vítimas com quem trabalho carregam consigo um profundo sentimento de vergonha. Elas tendem a sentir que estão sendo rejeitadas ou rotuladas como uma ameaça quando conselheiros do sexo masculino, ao manterem uma política de não ficar sozinhos com as mulheres a quem ministram, falham em lhes explicar que essa é sua maneira habitual de conduzir todas as suas reuniões. Se você é um homem que está lidando com uma vítima do sexo feminino, como pode planejar enfrentar a diferença de gênero e ao mesmo tempo remover a vergonha?

> Certo samaritano, que seguia o seu caminho, passou-lhe perto e, vendo-o, compadeceu-se dele. E, chegando-se, pensou-lhe os ferimentos, aplicando-lhes óleo e vinho. (v. 33–34)

3. Qual é a reação inicial do samaritano?

> E, colocando-o sobre o seu próprio animal, levou-o para uma hospedaria e tratou dele. No dia seguinte, tirou dois denários e os entregou ao hospedeiro, dizendo: Cuida deste homem, e, se alguma coisa gastares a mais, eu to indenizarei quando voltar. (v. 34–35)

4. O samaritano viu a necessidade da vítima e simplesmente agiu. O que ele providenciou para a vítima? Quais recursos ele usou?

5. Como o samaritano reconheceu suas próprias limitações ao oferecer ajuda? Quando trabalhamos com as vítimas, devemos ser

compelidos a ajudá-las e demonstrar misericórdia, mas ao mesmo tempo nos mantendo conscientes das nossas próprias limitações. Quando é sábio envolver outras pessoas no atendimento à vítima? Pense em seus recursos locais e em sua própria necessidade de treinamento e recrutamento no cuidado com a vítima.

6. Observe o que *não* aconteceu nesta passagem.
- O samaritano não pediu para ser reembolsado.
- Ele não questionou as finanças da vítima nem lhe pediu para provar que precisava de ajuda.
- Ele não perguntou o motivo ou se a vítima havia provocado o ataque.
- Ele não envergonhou a vítima nem a humilhou por estar sozinha na estrada.
Ele simplesmente viu a necessidade e as feridas do homem, notou sua urgência e interveio para ajudar. Sua igreja pode optar por fazer uso de seu diaconato para ajudar as vítimas. Como nós conselheiros podemos preparar diáconos e outros que, como eles, trabalham com as vítimas para que sejam mais sensíveis a elas e à sua situação? Que necessidades imediatas as vítimas podem ter? A igreja faz com que seja seguro e fácil para as vítimas comunicarem essas necessidades e solicitarem ajuda? Está claro quem na sua igreja elas devem contactar para obter ajuda?

7. É provável que, após tentar resgatar as vítimas do perigo imediato e do sofrimento intenso, você precisará pensar em como pode apoiá-las por um período mais longo. Como seus objetivos quanto à forma de apoiá-las podem mudar?

8. Lucas 10 conclui com Jesus destacando a misericórdia que o samaritano mostrou e dizendo-nos para ir e fazer o mesmo (v. 37). Como Deus pode estar chamando você ou sua igreja para mostrar misericórdia às vítimas de abuso doméstico por meio de seus recursos? Que tipo de necessidades você imagina que as vítimas têm?

PARTE 3
DEFENDENDO AS VÍTIMAS DE OPRESSÃO

Não temas, porque eu sou contigo;
não te assombres, porque eu sou o teu Deus;
eu te fortaleço, e te ajudo, e te sustento com a minha destra fiel.
Isaías 41.10

CAPÍTULO 11
AJUDANDO MÃES E FILHOS

> *Porque assim diz o Senhor: Eis que estenderei sobre ela a paz como um rio, e a glória das nações, como uma torrente que transborda; então, mamareis, nos braços vos trarão e sobre os joelhos vos acalentarão. Como alguém a quem sua mãe consola, assim eu vos consolarei; e em Jerusalém vós sereis consolados.*
> (Is 66.12–13)

Clara e Sofia eram garotinhas radiantes; pareciam estar sempre saltitando e rindo todos os dias. Sua mãe, Jane, fazia o possível para encher as tardes delas com atividades pós-escolares que as mantivessem fora de casa. Mas à noite, quando pensava que as meninas estavam dormindo, seu marido frequentemente tinha rompantes de abuso. Jane acreditava que suas filhas não soubessem nada a respeito; elas pareciam felizes e ajustadas.

Foi quando a professora do jardim de infância de Sofia ligou para dizer que ela estava tendo dificuldades na escola, não entendia os conceitos-chave e não interagia com seus colegas. A professora mencionou que Sofia dissera algo como: "Estou muito cansada porque tenho medo de dormir". Jane começou a fazer conexões. Ela já sabia que sua outra filha, Clara, tinha dificuldade para adormecer, chorava todas as manhãs quando era deixada na escola e molhava a cama. Ao conversar com suas filhas, Jane descobriu que elas estavam aterrorizadas. À noite, quando os gritos começavam, elas se escondiam uma no quarto da outra para se confortarem e ficarem de vigia.

Precisamos estar atentos a onde os filhos de uma vítima estão e o que eles estão fazendo quando o abuso ocorre em sua casa. Mais do que isso, precisamos reconhecer que o abuso sempre tem um impacto sobre as crianças.

Melissa era mãe de três crianças em idade escolar. Miguel, seu marido, era fisicamente intimidador e rapidamente se enfurecia com ela, agredindo-a com palavras feias por quase tudo. Eu já aconselhava Melissa há algum tempo, e ela ainda tinha dificuldades para ver que Miguel era opressivo. Ajudá-la a perceber como o abuso dele estava afetando seus filhos lhe conferiu maior clareza.

Melissa descreveu uma ocasião na qual, enquanto ela embalava lanches da escola, Miguel a criticava brutalmente. "Onde seus filhos estavam quando isso aconteceu?", perguntei. Ela disse que sua filha ficou com ela e se recusou a sair dali, enquanto os meninos fugiram e se esconderam. O mais revelador foi ela mencionar que até seu cachorro se encolheu. Um labrador enorme ficar assustado — aquilo me dizia muita coisa.

No entanto, Melissa só enxergou de fato a extensão do abuso que sofria quando seu filho mais velho começou a tratá-la exatamente como o marido. Quando ficava frustrado na escola, voltava para casa e destruía seu quarto — assim como via seu pai fazer. Quando não gostava dos limites que sua mãe lhe impunha, ele a ignorava por dias ou gritava com ela — assim como via seu pai fazer. Quando não gostava do que ela havia feito para o jantar, gritava que ela era uma cozinheira incompetente enquanto batia as portas — assim como via seu pai fazer.

Ver seu filho imitar o pai fazia Melissa passar mal. Um dia, ela fez uma conexão dolorosa entre os danos que Miguel lhe havia causado e os danos que havia causado a seus filhos. Inicialmente, tal descoberta a paralisou. Como ela poderia dizer ao filho para não ser como o pai? Felizmente, lentamente conseguimos organizar sua percepção e ajudá-la a pastorear seus filhos.

O abuso é um comportamento aprendido,[1] mas é importante notar que nem todas as crianças replicarão o abuso que veem em seus lares. Porém, como algumas o fazem, a simples possibilidade de isso acontecer deve chamar nossa atenção.

Esta outra história de uma mulher tem um final trágico. Conheci Joyce como uma colega de trabalho antes mesmo de começar a estudar sobre violência doméstica; ela era uma mulher gentil e mansa. Um dia, eu estava sentada ao lado dela, cada uma em seu computador; no dia seguinte, eu estava lendo o inacreditável. Joyce quisera ir à praia com amigas, mas descobriu que seu carro estava com os quatro pneus furados. Uma briga começou, e seu marido a perseguiu com uma espingarda. A ligação que ela fizera para a polícia registrou o horror de seu filho ter de atirar no próprio pai para manter a si mesmo e seus irmãos vivos, depois de o pai ter alvejado sua mãe. Até hoje, a polícia local diz que aquela foi a pior ligação que já atenderam.

---

[1] Tanto o abuso quanto a atitude presunçosa que o alimenta são comportamentos aprendidos. As pessoas podem ver abusos em casa ou aprendê-lo com amigos ou com a cultura popular. E uma atitude presunçosa pode ser ensinada e reforçada de várias maneiras; por exemplo, um indivíduo pode aprender a ser presunçoso quando um dos pais o mima demais. Cf. "Why Do People Abuse?", National Domestic Violence Hotline, disponível em: https://www.thehotline.org/identify-abuse/why-do-people-abuse/ (acessado em 11/4/2022).

Muitas histórias de opressão terminam em morte,² e os filhos podem ser testemunhas desse horror — ou até mesmo vítimas dele. As crianças também podem optar por se envolver em uma situação perigosa ou potencialmente letal, já que muitas vezes intervêm durante um episódio violento para proteger suas mães. *Quase metade das crianças que testemunham violência doméstica tentam intervir de alguma forma.*³

Assim como não há dois casos de abuso iguais, também não há uma única maneira de o abuso se desdobrar na vida das crianças que são por ele afetadas. Já atendi mães que estavam angustiadas porque seus filhos estavam com medo, aprisionados, magoados, duvidando de Deus, agressivos, ansiosos, sendo usados em guerras pela guarda, abusados e ridicularizados. Tendo caminhado com algumas vítimas por mais de uma década, consegui traçar com elas o legado de abuso que seus filhos carregaram consigo até a idade adulta, em suas experiências de namoro, em seus casamentos e em suas lutas para confiar em Deus e nos outros. Também aconselhei muitos adultos que ainda estão lutando com os efeitos de terem crescido em lares cheios de medo e até terror. Isso teve um impacto traumático em alguns desses adultos. Outros estão lutando uma batalha contínua, mas bem-sucedida, com os efeitos dos abusos que testemunharam quando crianças.

---

2 Embora a história de Joyce não tenha sido um assassinato seguido de suicídio, muitas histórias semelhantes de homens que matam suas famílias são. Muitas vezes ouvimos falar delas em nossos jornais locais sem que a violência doméstica seja mencionada como um fator, mas geralmente é. "Um estudo desses casos [de homicídio familiar seguido de suicídio] conduzido por Campbell [da Universidade Johns Hopkins] em doze cidades descobriu que a violência entre parceiros íntimos havia ocorrido anteriormente em 70% deles". Bernie Auchter, "Men Who Murder Their Families: What the Research Tells Us", *National Institute of Justice Journal*, nº 266 (jun/2010), p. 10, disponível em: https://www.ncjrs.gov/pdffiles1/nij/230412.pdf (acessado em 11/4/2022).

3 Veja Sherry Hamby et al., *Children's Exposure to Intimate Partner Violence and Other Family Violence* (Washington: Office of Juvenile Justice and Delinquency Prevention, 2011), disponível em: https://www.ncjrs.gov/pdffiles1/ojjdp/232272.pdf, p. 8 (acessado em 11/4/2022).

O QUE É ABUSO DOMÉSTICO INFANTIL?

Muitos adultos que aconselho são sobreviventes de abuso doméstico infantil. Para eles, é benéfico poder dar nome à sua experiência e entender que crescer em um lar no qual a opressão estava presente teve uma influência peculiar em seu desenvolvimento.

Nas Escrituras, vemos muitos avisos de que o comportamento de um pai influenciará e impactará muito seus filhos. Por exemplo: "Estas nações temiam o SENHOR e serviam as suas próprias imagens de escultura; como fizeram seus pais, assim fazem também seus filhos e os filhos de seus filhos, até ao dia de hoje" (2Rs 17.41). Os opressores adoram a si mesmos, e sua idolatria passa a impactar o que e como seus filhos adoram. Considere também esta advertência: "Pais, não provoqueis vossos filhos à ira, mas criai-os na disciplina e na admoestação do Senhor" (Ef 6.4). Se analisarmos a palavra *provoqueis*, veremos que pode significar abusar de autoridade, ser severo demais, injusto, irracional, exasperar ou amargurar alguém. Como aprendemos, essas são coisas que os opressores fazem. Essa palavra de cautela lembra aos pais que seu pecado pode afetar negativamente o comportamento de seus filhos. Mais adiante neste capítulo, veremos a ampla gama de efeitos que a opressão tem sobre os filhos.

Ao considerarmos o abuso doméstico infantil, devemos ter em mente três categorias distintas em que ele se enquadra. Primeiro, há crianças que são *expostas* a abusos: elas ouvem gritos através da parede ou veem os ferimentos de suas mães no dia seguinte a um incidente. Segundo, há crianças que *testemunham diretamente* o abuso: elas estão na sala enquanto isso acontece e veem violência ou abuso emocional acontecer. Terceiro, há crianças que *são as próprias vítimas* do abuso: um opressor bate nelas, abusa-as verbalmente ou não fornece cuidados médicos ou comida suficiente. É possível que uma criança se enquadre em uma, duas ou todas as três dessas categorias.

Saiba que, quando a opressão ocorre dentro de casa, ela torna as crianças muito mais vulneráveis a abusos — tanto dentro quanto fora de casa. Dentre as crianças que são expostas ao abuso doméstico em casa, 45 a 60% também são vítimas de abuso físico do pai abusivo,[4] uma taxa quinze vezes maior do que a média.[5] As crianças que sofrem violência doméstica em casa também correm um risco significativamente maior de serem vítimas de agressão sexual,[6] o que inclui a ameaça de serem vítimas de agressores sexuais fora de suas casas. A investigação sobre este tema está apenas começando, e são necessários mais esforços para nos ajudar a compreender melhor como os abusos domésticos prejudicam as crianças. Porém, acredito que essas crianças correm mais riscos de serem vítimas de abuso, ao menos em parte, por causa das "habilidades" e dos valores que elas veem em ação em lares opressivos; na próxima seção, tratarei dos valores que as crianças aprendem ao crescerem em contato com abuso doméstico.

Se você está trabalhando com uma vítima que tem filhos em casa, deve fazer o seu melhor para determinar em qual das três categorias acima as crianças se enquadram. Você pode fazer isso perguntando a ela onde seus filhos estão quando o abuso ocorre, o que ela acha que eles sabem e se seu opressor também os está machucando. E pode não ser apenas o pai opressor a abusar deles; crianças que convivem com abuso doméstico também são mais propensas a serem vítimas

---

[4] Cf. Monica N. Modi, Sheallah Palmer e Alicia Armstrong, "The Role of Violence Against Women Act in Addressing Intimate Partner Violence: A Public Health Issue", *Journal of Women's Health* 23, nº 3, (mar/2014), p. 254.

[5] Cf. Blake Griffin Edwards, "Alarming Effects of Children's Exposure to Domestic Violence", *Psychology Today*, 26/2/2019, disponível em: https://www.psychologytoday.com/us/blog/progress-notes/201902/alarming-effects-childrens-exposure-domestic-violence (acessado em 12/4/2022).

[6] Cf. J. S. Volpe, "Effects of Domestic Violence on Children and Adolescents: An Overview", The American Academy of Experts in Traumatic Stress, 1996, citado em "Children and Domestic Violence", DomesticShelters.org, 7/1/2015, disponível em: https://www.domesticshelters.org/resources/statistics/children-and-domestic-violence (acessado em 12/4/2022).

de abuso de pessoas fora de suas famílias imediatas. Portanto, esteja ciente do potencial abuso que as crianças enfrentam de pessoas de dentro e fora de casa. Se necessário, reserve um tempo para pesquisar os sinais e sintomas de uma criança que está sendo abusada.

Cada estado americano tem leis diferentes sobre quando se deve notificar o abuso infantil. Em alguns estados, deve-se fazê-lo mesmo que uma criança apenas testemunhe abuso doméstico; em outros, uma comunicação de abuso infantil só é necessária se as próprias crianças forem vítimas de abuso. Familiarize-se com as leis locais. Não hesite em entrar em contato com as autoridades locais ou assistentes sociais, ou em ligar para o número responsável por receber esse tipo de denúncia.[7] Talvez você ouça uma revelação de abuso que o leve a procurar a polícia, mas é mais provável que você fique cada vez mais preocupado com uma criança conforme passa a saber mais sobre o abuso em sua casa. Se for esse o caso, trabalhe com conselheiros e profissionais treinados para sondar abuso infantil.

Esteja ciente de que comunicar abuso infantil às autoridades pode representar desafios tanto para a confidencialidade que você mantém com a vítima quanto para a segurança dela. Você provavelmente precisará de ajuda para lidar com todas as implicações de fazer tal comunicação. Diga à vítima que terá de comunicar o abuso infantil e peça a ajuda de especialistas para que ela e seu filho fiquem em segurança enquanto você (e, idealmente, ela) faz a comunicação de abuso

---

7 N.T.: No Brasil, é possível recorrer a órgãos como o conselho tutelar local, ou mesmo fazer uma denúncia anônima por meio do Disque 100 (linha telefônica dedicada a denúncias de violações de direitos humanos). É importante estar familiarizado com a legislação a respeito, sobretudo o Estatuto da Criança e do Adolescente (Lei 8.089/1990).

infantil.[8] Existem tantas nuances importantes em relação a como detectar e denunciar esse tipo de abuso que não é possível abordá-las todas aqui. Quero apenas que você esteja ciente de alguns desafios que você pode encontrar ao fazê-lo e encorajá-lo a procurar ajuda.

Tenha em mente que as mães nem sempre sabem que seus filhos testemunharam seu abuso ou que também estão sendo abusados por seus opressores. A Childhood Domestic Violence Association [Associação contra Violência Doméstica Infantil] relata que a maioria dos pais que atualmente vivem com um parceiro abusivo acredita que seus filhos não estão cientes do que está ocorrendo. Porém, quando perguntadas, cerca de 90% dessas crianças disseram que estavam muito cientes.[9] As crianças veem, ouvem e sentem os abusos. Elas ficam assustadas, mas muitas vezes fingem não ficar. Você provavelmente terá de ajudar a mãe a tomar ciência do que seus filhos sabem e orientá-la sobre como falar com eles sobre seu abuso.

REFLITA

1. Em sua comunidade, a quem você poderia pedir orientação em uma situação em que fosse necessário denunciar abuso infantil? Quem poderia ajudá-lo a planejar a segurança da mãe e dos filhos?
2. "Pais, não irriteis os vossos filhos, para que não fiquem desanimados" (Cl 3.21). Considerando o que você aprendeu sobre as

---

[8] Se uma mãe revelar abuso infantil a você, o ideal é que ela comunique o abuso às autoridades junto com você. Porém, quando tais comunicações são investigadas, as vítimas que as fazem se encontram potencialmente em maior perigo, e a situação se complica para elas muito rapidamente. Você deve trabalhar em estreita colaboração com alguém que conheça a legislação vigente e que possa trabalhar para estabelecer segurança tanto para a mãe que faz a comunicação quanto para seus filhos. As vítimas não podem ter de suportar as consequências de sua ingenuidade; portanto, assim que você tomar conhecimento de abusos, procure ajuda especializada e orientação de alguém que conheça as leis e possa trabalhar para garantir segurança para a mãe e seus filhos.

[9] Consulte "When Children Witness Violence", DomesticShelters.org, disponível em: https://www.domesticshelters.org/domestic-violence-articles-information/when-children-witness-violence#.Ws4TOIjwaUk (acessado em 12/4/2022).

atitudes dos opressores, como eles podem irritar seus filhos? Pense em como eles podem estar exercendo sua paternidade, relacionando-se com seus filhos ou abusando de sua autoridade.
3. É importante descobrir o que as crianças em uma casa sob abuso sabem e ao que estão expostas. Como você pode falar sobre esse assunto delicado com uma esposa oprimida?

COMO A DINÂMICA DO ABUSO DOMÉSTICO MOLDA AS CRIANÇAS

É em nossas casas que aprendemos como o mundo funciona. Quando meus filhos derramavam leite, a resposta deles era pegar um pano e limpar, porque foi isso que meus pais me ensinaram a fazer e o que eu ensinei meus filhos a fazerem. Certo dia, estávamos visitando outra família, e o filho deles derramou leite. Seus pais passaram cinco minutos dando-lhe um sermão e envergonhando-o por seu desastrado acidente. Ele estava aprendendo que cometer erros — como, por exemplo, derramar leite — enseja um momento de reclamações e lágrimas. Eu saí daquela casa imaginando como seria difícil para ele pedir ajuda quando estivesse em apuros ou cometesse outros erros mais significativos.

Nós ensinamos todo tipo de coisas aos nossos filhos — não apenas por meio de nossas palavras, mas na maneira como vivemos nossa vida diante deles. É por isso que, ao escrever aos filipenses sobre o que haviam aprendido, recebido, ouvido e visto dele, Paulo então os exorta a praticar aquelas mesmas coisas (cf. Fp 4.9). Quando consideramos como as dinâmicas do abuso afetam os filhos, a primeira pergunta que devemos fazer é o que as crianças aprendem ao testemunharem o abuso e ao estarem em um ambiente caracterizado pelo controle coercitivo.

Antes de considerarmos isso, porém, quero oferecer-lhe esperança. Saiba que há maneiras de ajudarmos os filhos a compreenderem verdades vitais e vivificantes. Nós, como o corpo de Cristo, podemos abordar mensagens erradas e ajudar os filhos a desaprendê-las. Cônjuges de opressores, bem como outros que estão envolvidos no cuidado infantil, podem pastorear as crianças para que as mentiras que elas ouvem não obscureçam a verdade (cf. Ef 4.25).

Crianças que testemunham abuso podem aprender certas "habilidades" com o abusador, tais como manipular, desrespeitar e desumanizar os outros, dar desculpas, transferir a culpa, e intimidar e ameaçar as pessoas que as impedem de conseguir o que querem. Seus métodos de lidar com o abuso podem incluir aprender a mentir para se manterem seguras, manter o silêncio em vez de expor a escuridão e o mal, e encontrar maneiras de ignorar o enorme estresse e conflito que as cercam.

Além de aprenderem esses comportamentos, crianças que testemunham o abuso podem herdar um sistema de valores destrutivos. Os comportamentos e atitudes que testemunham em suas casas não são moralmente neutros; assim como no exemplo do leite derramado, as ações e palavras dos opressores comunicam valores. Aqui estão algumas das mensagens que os opressores podem comunicar passivamente às crianças:

- Violência resolve problemas e conquista objetivos.
- Homens e mulheres não têm o mesmo valor.
- Violência é normal e é uma maneira válida de expressar frustração e raiva.
- Liderança significa dominação e orgulho (não guiar e servir).
- Envergonhar outra pessoa é um meio eficaz de conseguir o que se quer.

- Não se deve confiar nas pessoas.
- Contato sexual não consensual é aceitável.
- Sexo é uma ferramenta para negociar segurança e resolver problemas.
- Destruir a propriedade de alguém é uma maneira aceitável de se expressar e de controlar essa pessoa.
- Satisfazer os caprichos de alguém ajuda você a sobreviver e a se manter seguro.

Nos capítulos anteriores, analisamos como o coração e as ações de um opressor levam à opressão de outros. Ao considerarmos como a dinâmica da opressão molda as crianças, dedique este tempo para pensar em como ela impacta o coração e as ações *dessas crianças*.

REFLITA

1. Provérbios 22.6 nos encoraja na criação de nossos filhos: "Ensina a criança no caminho em que deve andar, e, ainda quando for velho, não se desviará dele". Como esse versículo também serve de alerta para quando a criação dos filhos envolve opressão?
2. Considere como as crianças podem levar as "lições" da lista acima para a vida adulta.
   - Quais das "lições" aumentam o risco de elas serem abusadas por outras pessoas fora de casa, pelas pessoas com quem namoram e por seus futuros cônjuges?
   - Quais "lições" e "valores" podem promover nas crianças o senso de presunção e criar nelas uma mentalidade opressiva?
   - Quais mensagens você considera serem particularmente desafiadoras para o desenvolvimento espiritual das crianças?

OS IMPACTOS DO ABUSO DOMÉSTICO INFANTIL

Os impactos que o abuso doméstico infantil causa variam significativamente de criança para criança, mesmo dentro do mesmo lar. Por exemplo, os mais velhos muitas vezes agem para proteger seus irmãos mais novos e, como resultado, tendem a ser mais afetados por isso. Quanto mais intenso é o abuso, quanto mais tempo a criança é exposta a ele, e quanto mais jovem a criança é, mais duradouro é o impacto que o abuso deixa em uma criança. Se uma criança é uma vítima direta de abuso, isso também é um indicador de que o abuso terá um impacto grave sobre ela. Deve-se notar que as crianças se recuperam com mais sucesso quando o abuso é eliminado de suas vidas.[10] Naturalmente, nosso objetivo como cristãos deve ser parar o pecado que essas crianças estão testemunhando, proteger os vulneráveis e buscar o arrependimento genuíno dos infratores.

Corpos tão pequenos têm capacidade limitada para lidar com o trauma que testemunham e suportam. Isso deve ser de grande preocupação para nós que estamos no corpo de Cristo. Como um corpo, somos encarregados de cuidar dos filhos de Deus. Você já esteve em um batismo, uma dedicação de um recém-nascido ou uma recepção de novos membros na igreja em que esta pergunta foi feita: "Vocês, enquanto congregação, assumem a responsabilidade de auxiliar os pais na criação cristã desta criança"? Você já fez esse tipo de promessa? Eu já, e eu levo isso a sério. Os filhos das vítimas com quem trabalho estão sempre no meu coração e nas minhas orações. Devo procurar maneiras de prover cuidado e proteção a eles, ou de ao menos encaminhá-los a esse tipo de cuidado e proteção.

O próprio Jesus nos dá um aviso severo:

---

[10] Veja Gill Hague, Ann Harvey e Kathy Willis, *Understanding Adult Survivors of Domestic Violence in Childhood: Still Forgotten, Still Hurting* (Filadélfia: Jessica Kingsley Publishers, 2012), p. 97.

> Quem receber uma criança, tal como esta, em meu nome, a mim me recebe. Qualquer, porém, que fizer tropeçar a um destes pequeninos que creem em mim, melhor lhe fora que se lhe pendurasse ao pescoço uma grande pedra de moinho, e fosse afogado na profundeza do mar. (Mt 18.5–6)

À medida que você se conscientiza dos diversos impactos que a opressão pode ter sobre as crianças, considere estas palavras fortes sobre o que aguarda aqueles que causam danos às crianças vulneráveis. Compartilho esta passagem com você para enfatizar a gravidade do abuso doméstico infantil.

No entanto, também quero que você ouça isto: os desfechos variam muito. Algumas crianças experimentam trauma por toda a vida. Outras crescem bem ajustadas e vivem vidas bem-sucedidas (com ou sem aconselhamento). A cura do abuso doméstico infantil é possível. Na verdade, cerca de 37% das pessoas expostas a violência doméstica não relatam sofrer um impacto negativo a longo prazo.[11] Portanto, não quero que você leia a lista a seguir como um indicador definitivo de tragédia inevitável, mas como uma lista de resultados para os quais devemos estar atentos. No entanto, as pressões de viver em um lar abusivo de fato impactam o desenvolvimento das crianças, aumentam seu risco de desenvolver comportamentos prejudiciais e tornam seu corpo mais vulnerável. Esta lista deve nos dar orientação para o pastoreio de crianças e nos motivar a protegê-las de abusos.[12] Aqui estão os potenciais impactos do abuso doméstico sobre crianças:[13]

---

11 Cf. Katherine M. Kitzmann et al., "Child Witnesses to Domestic Violence: A Meta-Analytic Review", *Journal of Consulting and Clinical Psychology* 71, nº 2, (abr/2003), p. 345.
12 Essa proteção pode envolver encorajar uma mãe a fugir do abuso com seus filhos.
13 Cf. "Effects of Domestic Violence on Children", Office on Women's Health, U.S. Department of Health and Human Services, disponível em: https://www.womenshealth.gov/relationships-and-safety/domestic-violence/effects-domestic-violence-children#8 (acessado em 12/4/2022).

Atraso no desenvolvimento cognitivo
Depressão
Problemas de comportamento
Medo, ansiedade
Dificuldades de concentração
Tendência suicida
Falta de desenvolvimento verbal e motor
Culpa, perguntar se "é minha culpa"
Problemas na escola
Entorpecimento, distanciamento
Agressão
Dificuldade em estabelecer relacionamentos
Regressão a incontinência urinária noturna
Dores de cabeça, de estômago
Raiva destrutiva
Pesadelos
Comportamento antissocial
Uso de álcool e drogas
Promiscuidade, gravidez precoce
Transtornos alimentares

Impactos de longo prazo

Ademais, a lista de impactos não para por aí. Alguém que tenha experimentado violência doméstica em casa na infância provavelmente experimentará mais alguma adversidade importante nesse ambiente. Quando a violência doméstica está presente em casa, é provável que também ocorram um ou mais destes fatores: abuso físico, sexual ou emocional; negligência; pais divorciados; abuso de substâncias pelos pais; pai ou mãe com doença mental; ou a prisão de um deles.[14] Tragicamente, uma menina que cresce em um lar no qual seu pai abusa de sua mãe tem seis vezes mais probabilidade de ser abusada sexualmente do que uma menina que cresce em um lar não abusivo.[15] Crianças que convivem com violência doméstica também correm maior risco de ter problemas durante a idade adulta, os quais podem incluir distúrbios de saúde mental, como depressão e ansiedade, e de saúde física, como diabetes, obesidade e doenças cardíacas, para citar apenas alguns.[16]

O que também deve chamar nossa atenção é que as crianças que convivem com violência doméstica correm um risco maior de repetir o ciclo de violência quando adultos, entrando em relacionamentos abusivos ou tornando-se abusadores.[17]

Se você leu este livro até aqui, já está sentindo o peso dos muitos males que as vítimas enfrentam e está começando a compreender a importância de ajudar as vítimas. Mas também é importante afirmar que 70% dos meninos de lares opressivos não se tornarão violentos na idade adulta.[18] Compartilhei as estatísticas mais chocantes para chamar sua atenção para os imensos danos que o abuso causa às crianças. Mesmo enquanto nos concentramos em ajudar as esposas oprimidas, devemos lembrar a importância de oferecer recursos e ajuda também aos filhos. O cuidado com as crianças por si só é um bom motivador

---

14 Nos Estados Unidos, os órgãos de controle e prevenção de doenças listam esses fatores como experiências adversas na infância. Cf. "About the CDC-Kaiser Ace Study", Centers for Disease Control and Prevention, disponível em: https://www.cdc.gov/violenceprevention/aces/about.html (acessado em 12/4/2022).

15 Cf. Laurie Vargas, Jason Cataldo e Shannon Dickson, "Domestic Violence and Children", artigo 13 em Gerry R. Walz, Jeanne C. Bleuer e Richard K. Yep (eds), *VISTAS: Compelling Perspectives on Counseling* (Alexandria, VA: American Counseling Association, 2005), p. 67.

16 Cf. Shannon M. Monnat e Raeven Faye Chandler, "Long-Term Physical Health Consequences of Adverse Childhood Experiences", *The Sociological Quarterly* 56, nº 4 (2015), p. 723–752.

17 Cf. C. J. Newton, "Domestic Violence: An Overview", Counseling.Info (fev/2001), disponível em: https://www.counseling.info/journal/domestic-violence/domestic-violence-children/ (acessado em 12/4/2022), citado em Vargas, Cataldo, e Dickson, "Domestic Violence and Children", p. 67.

18 Cf. Hague, *Understanding Adult Survivors of Domestic Violence*, p. 49.

para recorrermos à ajuda de outros ajudadores capacitados. Além disso, à medida que trabalhamos para evitar o abuso dentro das famílias de nossas igrejas, conhecer as tendências pode nos ajudar a quebrar o ciclo que o abuso provoca.

Impactos que ocorrem durante a separação

Visto que o abuso doméstico infantil causa tantos danos às crianças, precisamos de sabedoria para ministrar àqueles que são impactados por seus efeitos contínuos. De que forma devemos pensar na possibilidade de uma vítima se separar do seu opressor quando crianças estão envolvidas? A solução nem sempre é tão simples como quando uma esposa está fugindo do abuso sozinha.

Crianças permanecem em risco mesmo durante a separação ou após o divórcio. Muitos pais abusivos têm a guarda de seus filhos e continuam a criá-los com uma disposição opressora. Quando seus casamentos são ameaçados pela separação, seu desejo de controle muitas vezes aumenta. Assim, durante a separação, o comportamento abusivo de um opressor normalmente se agrava. Machucar seus filhos pode se tornar um meio de atingir a mãe. Mesmo depois de um agressor reconhecer que seu casamento terminou, é provável que ele responda a isso de maneiras cada vez mais punitivas, que podem incluir prejudicar seus filhos para provocar a mãe. Um opressor também pode fazer ameaças que envolvem as crianças. Por exemplo, ele pode ameaçar denunciar a mãe por abuso infantil se ela não renunciar ao pedido de pensão alimentícia. Ou ele pode assustá-la ao ameaçar sequestrar as crianças caso ela não volte para casa. Alguns opressores veem seus filhos como propriedade, e batalhas pela guarda se tornam uma maneira de exercer seus direitos ou punir a mãe, em vez de fazer o que é do melhor interesse das crianças.

Como um opressor muitas vezes se enxerga como a vítima da situação, ele pode continuar a prejudicar o relacionamento de seus filhos com a mãe, falando mal dela ou sabotando-a. Infelizmente, os filhos podem se tornar um meio para ele controlar e punir sua mãe muito depois do fim do casamento.[19] Uma razão pela qual muitas mulheres optam por permanecer em casamentos abusivos é porque elas assim esperam restringir o dano que o abuso causa diretamente aos seus filhos. Se uma vítima com quem você esteja trabalhando se separar de seu marido, continue a verificar a situação de seus filhos e planeje a segurança deles.

Impactos espirituais

Para mim, o dano mais profundo que o abuso doméstico infantil causa é o dano espiritual. Quando os filhos têm um pai que finge ser piedoso, mas abusa deles ou de sua mãe espiritualmente ou usando as Escrituras, o dano que é feito à fé dessas crianças pode ser gigantesco. É lastimável quando o coração dos filhos está imerso em um ambiente que promove uma representação distorcida de Deus, da Escritura e da liderança espiritual.

Já vi isso acontecer com esposas que escolheram permanecer casadas pelo bem de seus filhos. Muitas dessas crianças se afastaram de sua fé quando adultos, o que é de partir o coração. Essas mulheres pensaram que, como cristãs, ajudariam a situação de seus filhos se permanecessem em seus casamentos. Agora, porém, o efeito que o abuso teve na fé de seus filhos as deixa em profundo lamento, e elas se perguntam se no fim das contas teria sido melhor sair de casa.

Sair, no entanto, nem sempre produz bons resultados; tampouco ficar em um lar opressivo significa que os filhos certamente se

---

19 Em casos extremos, os filhos podem ser sequestrados, perseguidos, feridos ou assassinados.

afastarão da fé. Tenho visto igrejas e presbíteros cuidarem amorosamente de crianças que convivem com abuso doméstico, e as palavras deles podem fazer uma grande diferença ao representar o verdadeiro evangelho para essas crianças que viram Deus e sua Palavra serem deturpados. Eles costumam dizer algo como: "Estamos discipulando ou disciplinando seu pai, pois o comportamento que estamos observando nos preocupa e não é representativo de um cristão que caminha segundo a vontade do Senhor. Queremos que você saiba que o amamos e estamos buscando cuidar dele — assim como amamos você. Aquilo que ele está fazendo contraria a Deus, um Deus que ama você". Quando alguém que não seja um dos pais da criança — e, de preferência, outra autoridade masculina — faz isso, ele ou ela pode ajudar a restaurar um entendimento do genuíno evangelho em crianças que o viram ser deturpado. Essas conversas e momentos deliberados de pastoreio causam um enorme impacto.

REFLITA

1. Deus se refere a si mesmo como nosso Pai para incutir em nós o modo como ele nos protege e a afeição e o cuidado que ele tem por nós. Nesse sentido, nossos pais cristãos terrenos são chamados a representar — ainda que palidamente — como Deus Pai realmente é.
   - O que acontece quando você tem medo de seu pai terreno? Como esse medo pode se traduzir em seu relacionamento com Deus? Como você pode se chegar a Deus sem medo, quando tem medo de se aproximar de seu próprio pai?
   - Quão mais difícil é entender o amor e a fidelidade de Deus quando se tem um pai cruel e punitivo?
   - Pais abusivos apresentam uma imagem distorcida de Deus aos seus filhos. De que maneiras homens opressivos que se identificam como cristãos distorcem o caráter de Deus?

2. O abuso é uma realidade privada; os opressores tendem a se comportar de maneira muito diferente em público e a portas fechadas — e podem até parecer honrados e piedosos. Seus filhos, no entanto, testemunham o verdadeiro caráter dos opressores. Que impacto as crianças sofrerão em sua afinidade com a igreja se testemunharem suas próprias congregações adorando seus pais opressivos?
3. Considere os casos em que uma igreja toma conhecimento do abuso que está acontecendo em uma família, mas opta por proteger a reputação do casamento, em vez de ajudar a esposa e os filhos. Como isso pode afetar a fé dessas crianças e seu desejo de fazer parte de uma comunidade cristã? Em outras palavras, o que é comunicado às crianças quando uma igreja toma conhecimento do abuso, mas falha em ajudar ou erra no tratamento do abuso?

AJUDANDO MÃES E CRIANÇAS OPRIMIDAS

Mesmo depois de considerar todos os danos que podem resultar da opressão, temos uma grande razão para ter esperança. Nosso Deus redime. E sabemos que a influência mais poderosa que uma vida pode experimentar é Jesus. Portanto, anime-se; há muitas maneiras como Deus pode operar e muitas maneiras de sermos um meio de seu cuidado para com os vulneráveis. Eu escrevi o restante deste capítulo diretamente para a mãe que vive em um lar opressivo, pois seu papel no cuidado de seus filhos é vital. É ela quem pode implementar em favor de seus filhos muitas das estratégias de apoio que mencionarei a seguir, e não quero que ela acredite que está desamparada. É muito fácil para alguém se sentir impotente e sem esperança quando está sendo oprimida. Mas há muito que uma mãe pode fazer para ajudar seus filhos e, com sorte, minimizar os muitos impactos negativos que o abuso doméstico infantil pode ter sobre eles. Convide a mãe com quem você está trabalhando para esta conversa e para ler estas páginas com você, já que ela será a principal ajudadora de seus filhos.

Jesus convida as crianças a virem a ele em Lucas 18.15-17:

> Traziam-lhe também as crianças, para que as tocasse; e os discípulos, vendo, os repreendiam. Jesus, porém, chamando-as para junto de si, ordenou: Deixai vir a mim os pequeninos e não os embaraceis, porque dos tais é o reino de Deus. Em verdade vos digo: Quem não receber o reino de Deus como uma criança de maneira alguma entrará nele.

Com essas palavras, ele mostra o quanto valoriza e cuida dos mais vulneráveis. Ele demonstra que precisamos cuidar das crianças, ser uma bênção para elas e estar dispostos a ser interrompidos por elas e suas necessidades. Ele também adverte aqueles que impedem as crianças de virem a ele. Felizmente, crescer em um lar abusivo não impede uma criança de ir até Jesus! Mas a realidade dolorosa é que os abusadores, por definição, realmente *dificultam* seus filhos de irem até ele. Quando a violência doméstica ocorre em um lar cristão, há um grave perigo para o desenvolvimento emocional, físico e espiritual de uma criança naquele lar. No entanto, há maneiras pelas quais podemos ajudar.

É importante notar que, em qualquer caso de abuso doméstico, qualquer ação que uma mãe tome para remediar suas próprias circunstâncias envolverá riscos para seus filhos e para si mesma. Algumas mães optam por deixar seus opressores para se protegerem de abusos (falaremos mais sobre isso no próximo capítulo). Saiba que, se elas deixarem o abusador, isso às vezes pode piorar a situação de seus filhos, em vez de melhorá-la. Embora uma separação possa ser a escolha mais segura em algumas situações, nem sempre é o caso; por isso, muitas mulheres optam por ficar. Com frequência, os pais compartilham a guarda de seus filhos após a separação. Muitas mães e filhos menores permanecem em um relacionamento com seus opressores. Portanto, no restante deste capítulo, veremos como apoiar crianças que ainda vivem em lares abusivos.

Pesquisas revelam que crianças desejam aprender sobre abuso doméstico e que apreciam serem envolvidas na busca de soluções para ele. O abuso usurpa o arbítrio e, tanto quanto os adultos, as crianças se saem melhor quando seu arbítrio é restaurado. Quando olhamos para as Escrituras, isso faz todo sentido. Deus chama cada um de nós a agir mediante a escolha de obedecer. Os corações das crianças são intérpretes ativos do que se passa ao seu redor, e as escolhas que elas fazem sobre seguir as regras do Senhor são uma parte significativa da formação desses corações. Embora as escolhas e o entendimento de uma criança sejam limitados — sobretudo em um lar abusivo —, ainda precisam ser promovidos. Tanto quanto faríamos com crianças em lares não abusivos, queremos encorajá-las a pensar biblicamente sobre o pecado, o sofrimento e como devem responder a tais experiências.

Frequentemente, nós achamos que não devemos contar às crianças sobre o abuso ou dizer coisas negativas sobre seus pais; mas precisamos ajudá-las a serem intérpretes fiéis do que veem. Procure ser honesto e preciso com eles; não exagere, mas seja claro e se atenha aos fatos ao identificar tanto comportamentos pecaminosos quanto comportamentos piedosos. Queremos oferecer às crianças um entendimento bíblico do que estão testemunhando — ensinar que elas não são responsáveis pelo abuso, que Deus enxerga seus problemas, que isso o entristece e que ele oferece ajuda.

Pesquisas recentes apontam para três fatores que são fundamentais para reduzir os impactos futuros que crescer sob abuso doméstico terá nas crianças: proteção, apoio e superação de sentimentos de impotência.[20] Tenho levado em consideração cada um deles, bem como as maneiras pelas quais uma mãe pode se envolver ativamente no pastoreio de seus filhos. As seguintes sugestões para mães buscam abordar alguns dos impactos causados pelo abuso doméstico infantil. Lembre-se de que eliminar o abuso é a melhor opção para as crianças.

Fortaleça o relacionamento entre mãe e filho

Muitas vezes, o relacionamento entre uma mãe abusada e seus filhos está enfraquecida. Normalmente, isso ocorre porque o opressor ataca esse relacionamento ou fala mal da mãe. Tente determinar se seu marido está criando uma fissura entre você e seus filhos, a fim de usá-los para conquistar seus objetivos; e, qualquer que seja a situação, trabalhe para promover o seu relacionamento com eles. Inicie pequenos momentos de conexão com eles — lendo, cozinhando ou saindo juntos para caminhar.

Faça e responda perguntas

Faça perguntas aos seus filhos. Pergunte sobre como eles se sentem e o que eles sabem sobre o abuso em sua casa; tente ouvi-los e entendê-los. Permita que eles compartilhem os sentimentos positivos e negativos que têm sobre o pai abusivo. É importante não focar apenas no mal. Aceite o que eles dizem e procure apoiá-los. Ouvir bem seus filhos pode ajudá-la a se conectar com o coração deles. Deixe-os compartilharem coisas difíceis com você. E esteja pronta para ouvir, mesmo quando eles compartilharem coisas difíceis *sobre* você.

Depois, incentive-os a fazer perguntas. Isso será mais difícil. Procure ser honesta — de maneira apropriada à idade de cada um — mas

---

20 Cf. Jeffrey L. Edleson & Barbara A. Nissley, *Emerging Responses to Children Exposed to Domestic Violence*. (Harrisburg: National Resource Center on Domestic Violence, 2011), disponível em: http://www.ncdsv.org/images/VAWnet_EmergingResponsesChildrenExposedToDV_7-2011.pdf (acessado em 12/4/2022); também, Hague, *Understanding Adult Survivors of Domestic Violence*, p. 95–98.

tenha em mente que quanto mais simples for a resposta, melhor. A imaginação de seus filhos provavelmente está preenchendo lacunas sobre as coisas que eles veem ou ouvem; por isso, é muito importante que você aborde e, provavelmente, corrija essas ideias. Por exemplo, eles podem ouvir uma discussão sem você perceber e passarem a acreditar que você teve um caso; ou podem ouvir batidas altas e imaginar que você estava sendo jogada contra a parede. Convidá-los a compartilhar suas preocupações os ajuda a ter uma compreensão correta do abuso. Seu filho pode fazer perguntas como: "Quando papai vai parar?"; "Você vai deixá-lo?" ou "Teremos dinheiro suficiente se ele sair?". É perfeitamente aceitável dizer: "Não sei como responder a isso"; ou, a depender da pergunta: "Não sei, mas vou pedir a alguém para me ajudar a descobrir". Lembre-se de não fazer promessas que não pode cumprir. Você não pode prometer segurança, mas pode dizer: "Farei tudo ao meu alcance para mantê-lo seguro". Aceite que seus filhos podem não querer ou conseguir falar sobre essas coisas imediatamente, mas continue tentando fazê-los se abrir.

Aqui estão algumas frases que você pode dizer durante uma conversa com seus filhos:

- Eu me importo com você, e vou ouvi-lo.
- O que você viu e ouviu? O que você acha do que está acontecendo em nossa casa?
- Não há problema em se sentir machucado e ainda amar seu pai. Ele é mais do que as coisas ruins que faz.
- Quando papai [socou a parede], aquilo não foi correto — violência não é correto.
- A culpa não é sua. A culpa não é minha. Cada um é responsável por seus pecados, mesmo que ele diga que fomos nós que o deixamos zangado.

- Nunca é bom usar a ira para punir ou ser violento quando se está zangado.
- Eu amo você, e quero mantê-lo seguro.
- Não há problema em amar seu pai e querer passar tempo com ele.
- Não há problema em ficar com medo. O que você pode fazer ou dizer quando estiver com medo?
- Não é seu dever consertar o que está errado na família.
- Quais são algumas das qualidades que você admira em seu pai?
- Você fica chateado comigo quando algo horrível acontece?
- O que você acha que eu deveria estar fazendo de forma diferente?
- Como você está orando? Como posso orar por você?
- Tem algo que você gostaria de me perguntar?

Guie

Pastorear seus filhos em meio a essa situação é seu chamado parental. É o papel que Deus lhe deu enquanto mãe deles — e não é um papel fácil. Você precisará de ajuda e muita sabedoria. Peça ao Senhor para guiá-la. Você vai precisar da ajuda dele, acima de tudo.

Você precisa ser muito intencional em seu esforço para guiar seus filhos. Quando um alpinista escala uma rocha, ele planeja com antecedência. Onde será o próximo ponto de apoio? Onde ele deve colocar os pés ao mover as mãos? Você está escalando terreno íngreme quando cria seus filhos em meio à opressão. Você precisa planejar, e provavelmente precisará de outras pessoas para ajudá-la a fazê-lo. Quando enfrentar problemas, lembre-se do que o salmista disse: "Alargaste sob meus passos o caminho, e os meus pés não vacilaram" (Sl 18.36). Ore com confiança, pedindo ao Senhor que revele e guie seus passos. Pense em como incentivar o desenvolvimento espiritual de seus filhos e como apoiar o relacionamento deles com Cristo.

Enfatize que seus filhos não têm culpa pelo abuso

Seus filhos não são culpados pelo abuso que acontece ao redor deles. Essa é uma verdade que é maior e mais importante do que o abuso em si. Ninguém pode fazer outra pessoa pecar. Comece com seu próprio coração: explique que eles não são culpados pelos momentos em que você perdeu a paciência com eles. Você tem escolhas, e você não precisava lidar com sua frustração ou decepção de uma forma pecaminosa. Reforce isso ao falar sobre o comportamento deles próprios e o relacionamento deles enquanto irmãos.

Jesus dá uma lição concreta e objetiva sobre de onde vêm nossos comportamentos.

> Não há árvore boa que dê mau fruto; nem tampouco árvore má que dê bom fruto. Porquanto cada árvore é conhecida pelo seu próprio fruto. Porque não se colhem figos de espinheiros, nem dos abrolhos se vindimam uvas. O homem bom do bom tesouro do coração tira o bem, e o mau do mau tesouro tira o mal; porque a boca fala do que está cheio o coração. (Lc 6.43–45)

Esta verdade clara e simples a ajudará a ensinar a seus filhos que nem eles nem você têm culpa dos comportamentos pecaminosos que veem. Ao falar com seus filhos sobre isso, certifique-se de permanecer focada nas más *ações* de que eles estão cientes, e evite comentar sobre o caráter do pai abusivo.

Enquanto você busca fazer isso, quero encorajá-la a lembrar-se de que as Escrituras não se furtam a chamar o pecado de pecado. Crianças precisam saber o que é certo e errado e que elas não são culpadas pelas escolhas dos outros. Reconheça que o que elas estão vendo pode ser pesado ou assustador e que não há problema se elas se sentirem iradas, com tristeza ou medo. Às vezes, nós tentamos consertar coisas das quais não somos responsáveis. Seus filhos precisam conhecer a mesma lição que você também está tendo de aprender: que a única pessoa que pode resolver a opressão é o opressor, quando ele decide parar de controlar e punir os outros. Se seus filhos acham que são culpados pela opressão, pergunte por que eles acham isso. Talvez eles tenham ouvido alguém culpá-los, ou talvez apenas se sintam responsáveis porque as brigas que eles ouvem são sobre dinheiro — e eles sabem que pedem coisas. Descubra por que eles se sentem culpados e lide com as preocupações específicas deles.

Cultive a calma

Cultive a calma em duas direções: em você e em seus filhos.

Crie seus filhos com presença de espírito. Você nunca deve usar ameaças ou violência para com seus filhos. Isso talvez signifique que você precisará se esforçar para extinguir suas próprias expressões de ira. Pense em como você os disciplina: o que suas ações e palavras comunicam? Eu defendo que, em lares opressivos, é mais sábio não usar disciplina física, simplesmente porque ela pode resultar em muitos limites confusos e mensagens dúbias. Peça ajuda a alguém em quem você confia sobre como aplicar outros meios não físicos de disciplina que sejam eficazes e consistentes. E, se não estiver convencida de minha precaução nesta área, converse sobre sua situação com outro cristão sábio.

Trabalhe para eliminar qualquer sentimento de vergonha que você possa causar em seus filhos. Esteja atenta ao que você lhes diz. Você quer que suas palavras contrastem nitidamente com as do seu opressor; que sejam palavras que mostrem a graça e o amor de Deus, mesmo quando você precisar ter conversas difíceis com seus filhos.

Fomente sua própria paz. Aprenda a cultivar sua própria calma. Procure maneiras de gerenciar seu próprio estresse ao criar hábitos saudáveis. E então abra-se com seus filhos a respeito; mostre-lhes como você lida com o estresse em sua própria vida. Não estou dizendo que você deve compartilhar com eles *quais* são seus fardos, mas estou encorajando-a a ser para eles um exemplo do que significa perseverança saudável em meio ao sofrimento. Converse com eles sobre como você ora, se exercita, lê sua Bíblia, faz aconselhamento, tem comunhão ou mantém seu diário. Fale sobre suas estratégias reais, não sobre o motivo de precisar usá-las (seus filhos não precisam ouvir comentários sobre o opressor). Mostre as maneiras como você descansa no Senhor e busca nele a paz, mesmo que ainda esteja desenvolvendo essas estratégias. Convide seus filhos a verem como você busca ser despenseira de seus dons e limitações dados por Deus.

Ajude seus filhos a terem calma. Uma das responsabilidades de todos os pais é ajudar seus filhos a administrarem e expressarem corretamente suas emoções. Novamente, faça isso apresentando-lhes como modelo suas próprias expressões apropriadas. Porém, também dê aos seus filhos uma linguagem que lhes permita expressar seus sentimentos adequadamente. Procure maneiras de ajudá-los a aprender métodos saudáveis de lidar com ira, medo e outras emoções.

Outra maneira de ajudar seus filhos a fomentarem a calma é dar-lhes regras consistentes. Crianças precisam saber o que esperar. Torne as coisas previsíveis sempre que puder. Crianças expostas a abusos podem examinar continuamente seu ambiente em busca de potenciais ameaças. Procure criar um ambiente mais silencioso e calmo para elas. Pense nos ambientes de sua casa; diminua as luzes, adicione cobertores e reduza o acúmulo de objetos. Rotinas e estruturas podem ajudar as crianças a saber o que esperar. Muitas vítimas com quem caminhei matricularam seus filhos em atividades externas, estabeleceram uma agenda semanal e definiram uma rotina para as tarefas. A previsibilidade ajuda o coração de uma criança a se aquietar.

Alivie os fardos de seus filhos

Alivie os fardos de seus filhos ao aproximá-los de coisas que eles amam. Empenhe-se para expandir o mundo deles. Pergunte ao seu filho: "O que o tem ajudado a se sentir melhor?". Você pode perguntar se certas atividades ajudam, como praticar esportes, fazer arte, manter um diário, exercitar-se ou passar tempo com um animal de estimação. Certifique-se de que você está desenvolvendo a personalidade deles como um todo e de que o tempo que você passa com eles não gira apenas em torno do abuso. Ao falar daqueles que procuram fazer o mal, Jesus lembra o seu povo de que "o ladrão vem somente para roubar, matar e destruir; eu vim para que tenham vida e a tenham em abundância" (Jo 10.10). É bom experimentar a abundância da graça de Deus. O Senhor deseja que vejamos que ele é bom e que ele tem coisas boas para nós, mesmo em meio ao sofrimento que experimentamos (cf. Sl 34.8).

Proteja seus filhos

Crianças que são protegidas da exposição ao abuso se saem melhor do que as que não o são. Portanto, se você permanecer com seu abusador, pense em maneiras de limitar a exposição de seus filhos a discussões e crie um plano para protegê-los quando ocorrer um evento abusivo. Como eles poderiam escapar de uma discussão que surge? Um plano de segurança deve envolver essa consideração.[21]

Observe que pode ser complicado compartilhar um plano de segurança com os filhos, porque um deles pode compartilhar essas informações com o pai abusivo (por exemplo, "Mamãe me disse para

---

21 Cf. o Apêndice A.

fazer isso e aquilo quando você estiver bravo"). Em vez disso, diga a seus filhos que você deseja protegê-los e quer que todos fiquem seguros; por isso, você criou um plano para usar em caso de emergências. Quando falar sobre esses planos com uma criança, diga coisas como: "Estamos treinando o que fazer *em uma emergência*", e não: "Você deve fazer isso quando o papai ficar violento". É sábio trabalhar com um especialista para elaborar e praticar esse plano, pois tais especialistas serão capazes de antecipar quaisquer complexidades que lhe sejam peculiares por causa de sua situação.

Você também pode ensinar seus filhos a ligarem para a emergência. Novamente, não diga: "Se o papai me bater, você deve ligar para o 190". Você pode dizer: "Se eu me machucar — por exemplo, se eu quebrar uma perna ou algo do tipo — ou se eu precisar de ajuda, é assim que você faz para ligar para o 190". Capacite-os a fazer a chamada; assim, eles saberão que essa é uma opção.

Por causa dos elevados riscos de abuso enfrentados pelas crianças que convivem com violência doméstica, treine seus filhos para reconhecerem o abuso sexual e físico. Educando-os proativamente, você pode ensiná-los sobre segurança pessoal — sem qualquer necessidade de dizer que eles estão em risco iminente. Dê-lhes ferramentas para falarem sobre abuso também.

Construa uma rede de apoio

Muitas pessoas podem oferecer apoio às crianças: avós, amigos da igreja e conselheiros. Esteja em oração enquanto procura um cristão sábio que possa estar ao lado seu filho. Pode ser alguém com quem eles possam desabafar e que possa ajudá-los a processar sua experiência. E pense em reunir pessoas que possam oferecer diferentes tipos de apoio. O apoio nem sempre tem de ser relacionado ao abuso. Também pode ser algo que lhes dê uma trégua: uma noite na casa da vovó ou uma ida ao cinema. Diferentes crianças e situações exigem diferentes níveis de apoio. Avalie e ajuste continuamente o nível de apoio que seus filhos recebem, conforme suas necessidades mudam ao longo do tempo. Considere buscar aconselhamento pessoal para eles.

Ao refletir sobre todas essas maneiras de apoiar seus filhos de uma só vez, isso tudo pode parecer impossível, especialmente se você vive sob estresse e ansiedade constantes. Muitas mulheres com quem trabalho estão sobrecarregadas e exaustas. Escolha uma área de cada vez na qual você possa buscar melhorias. Qual estratégia dará menos trabalho a princípio e terá o impacto mais significativo? Comece devagar e vá adicionando novas camadas. Se você ainda não se sentir à vontade para falar com seus filhos sobre violência doméstica, lembre-se de que não há problema em pedir ajuda. Isso não é algo que você tem de fazer sozinha.

REFLITA

1. Que medida simples você pode começar a implementar agora? Que passos você pode dar para alcançar tal objetivo?
2. Ao olhar para a lista de sugestões para pastorear seus filhos, qual delas você acredita que deve priorizar? Anote um ou dois objetivos para cada filho e comece a orar sobre como você pode trabalhar neles. Quem poderia ajudá-la a progredir nessas áreas?
3. Quem são as pessoas a quem você pode recorrer para apoiar seus filhos?

AUTOAVALIAÇÃO PARA MÃES

Poucas coisas em sua vida são mais preciosas para você do que seus filhos. Isso não quer dizer que criá-los seja fácil. É tão laborioso quanto gratificante. O estresse diário, tais como rotinas exigentes e a natureza interminável do trabalho doméstico, afeta a capacidade de todos os pais de se envolverem bem com os muitos desafios que enfrentam. E quando você está em um casamento opressivo, os ataques à sua personalidade são generalizados e implacáveis. Todos os dias, você ouve críticas dominadoras ou ácidas de seu cônjuge — palavras esmagadoras que podem causar dúvidas ou criar uma tensão insuportável.

Os estresses com que você lida em seu casamento são intensos. É provável que você não tenha a ajuda do seu cônjuge; pior ainda, ele pode estar trabalhando contra você e seus objetivos na criação dos filhos. Todos esses fatores podem se somar e afetar sua maternidade de maneiras que você talvez nem perceba.

Será útil a você identificar como seu relacionamento com seus filhos foi afetado pela opressão. Ao ler estas perguntas, espero que elas a ajudem a refletir sobre sua experiência e a enxergá-la com clareza. Seria bom percorrê-las lentamente. Se você responder "sim" a quaisquer perguntas, detenha-se nelas e pense em como você pode abordar aquilo que descobriu. Às vezes, a resposta será "não sei o que fazer", e isso é compreensível. Ore e procure orientação de alguém que possa ajudá-la. Está é uma avaliação básica para lhe dar uma visão de como a vida sob opressão está afetando você e suas habilidades maternas.

Autoavaliação para mães

Quais das seguintes afirmações são verdadeiras em sua vida?

- Estou estressada e preocupada o tempo todo.
- Luto contra a depressão e sinto que não tenho energia para meus filhos.
- Sinto-me isolada e como se não tivesse apoio.
- Estou fisicamente exausta e sem energia.
- Não tenho confiança em minhas habilidades como mãe.
- Temo pela minha segurança e dos meus filhos.
- Às vezes, sinto que quero fugir da vida e das minhas responsabilidades.
- Uso álcool ou drogas para aguentar tudo isso.
- Não sei como falar com meus filhos sobre os abusos que eles veem.
- Tenho dificuldade para me concentrar ou resolver problemas.
- Não sei como lidar com os problemas que meus filhos me trazem sobre seu pai.

Como o abuso afeta a sua maneira de criar os filhos?

- A forma como meu marido me trata influencia o que meus filhos pensam de mim.
- Acho que meus filhos não me ouvem como mãe nem obedecem às minhas regras.
- Meu marido me diz que sou uma mãe ruim.
- Ele mima as crianças, então sou eu quem tem de estabelecer limites e dizer não.
- Ele ameaça tirar as crianças de mim ou ligar para o Conselho Tutelar.
- Ele não me dá dinheiro suficiente para cuidar da família.
- Ele tem ciúmes da atenção que dou aos meus filhos.

Autoavaliação para mães

- Estou exausta, então rapidamente fico frustrada com meus filhos.
- Meu marido diz que se eu não fizer o que ele quer, ele vai bater nas crianças ou prejudicá-las.
- Pressiono meus filhos a se comportarem melhor para não deixarem seu pai irritado.
- Percebo que meus filhos falam comigo da mesma maneira degradante que meu marido.
- Compartilho problemas adultos com meus filhos, usando-os como apoio emocional.
- Sinto a necessidade de proteger meus filhos. Tenho de puni-los para que seu pai não os discipline injustamente.
- Programo atividades/brincadeiras para tirar meus filhos de casa.
- Meus filhos acreditam que precisam me proteger.

Você observa algum dos seguintes comportamentos na maneira de o opressor criar os filhos?

- Ele aplica regras de forma injusta ou inconsistente.
- Ele usa disciplina severa — às vezes até punição física severa.
- Ele espera que os filhos ajam ou entendam as coisas como se fossem adultos.
- Ele descarrega suas frustrações neles.
- Ele não parece conhecer ou cuidar de seus filhos.
- Ele se envolve com os filhos apenas quando está "no clima".
- Ele é muito negligente ou muito rigoroso.
- Ele se recusa a ouvir meus conselhos sobre como ser um pai melhor.
- Ele me impede de atender às necessidades de nossos filhos.
- Ele intimida os filhos.

Autoavaliação para mães

- Ele usa os filhos para obter informações sobre mim.
- Ele trata os filhos como servos.
- Ele os xinga ou menospreza.
- Ele sabota minha autoridade ou me envergonha na frente dos meus filhos.
- Ele usa as Escrituras de maneira opressiva e punitiva.
- Ele tenta me afastar dos meus filhos.

REFLITA

1. Estar ciente de como a opressão tem afetado sua capacidade de criar seus filhos é um passo essencial para ganhar sabedoria. O que você aprendeu com essas perguntas? Peça ao Senhor que guie seus próximos passos.
2. Como seu coração sofre por seus filhos? A quem você pode pedir ajuda?
3. Reflita sobre o Salmo 145.18–20:

> Perto está o Senhor de todos os que o invocam,
> de todos os que o invocam em verdade.
> Ele acode à vontade dos que o temem;
> atende-lhes o clamor e os salva.
> O Senhor guarda a todos os que o amam;
> porém os ímpios serão exterminados.

O amor do Senhor por seus filhos é ainda maior do que o seu; que isso lhe sirva de encorajamento!

CAPÍTULO 12
PASSOS EM DIREÇÃO À LIBERDADE

*Te propus a vida e a morte, a bênção e a maldição; escolhe, pois,
a vida, para que vivas, tu e a tua descendência, amando o* Senhor,
teu Deus, dando ouvidos à sua voz e apegando-te a ele.
(Dt 30.19–20)

A cada duas semanas, na terça-feira à noite, lidero um grupo de apoio a mulheres vítimas de abuso. Em cada encontro, mulheres contam histórias de partir o coração e oferecem umas às outras um encorajamento maravilhoso. Tenho o privilégio de ver como Deus molda as histórias delas: ele aparece nos lugares mais inesperados, resgata suas filhas, sustenta-as e as protege. Se você se sentasse na sala conosco e ouvisse suas histórias, perceberia que, toda semana, alguém está enfrentando uma situação impossível. É difícil para nós até mesmo imaginar o que Deus pode fazer em cada uma dessas situações; não obstante, quando olhamos para trás, vemos sua fidelidade.

A jornada de cada pessoa naquela sala é sempre diferente. Em meio à desolação, mulheres corajosas se apegam a Deus e suas promessas. Quando a fé de uma mulher vacila, outra a sustenta. Elas recebem força umas das outras por se identificarem em seu profundo sofrimento.

Para ser honesta, poucos de seus casamentos foram restaurados. É raro alguém se arrepender da opressão; é difícil renunciar a todos os privilégios de ter seu reino do jeito que você quer. Mesmo quando o arrependimento ocorre, pela graça de Deus, ele é lento e frequentemente leva anos. Saber disso nos obriga a enfrentar duras realidades. Este capítulo considerará as escolhas impossíveis que as mulheres nesta situação têm de fazer — para si mesmas, seus filhos e a glória de Deus — quase diariamente.

REAGINDO AO ABUSO

Provavelmente há centenas de maneiras pelas quais uma vítima pode responder sabiamente ao abuso que sofre. Todas elas exigem que ela encare a verdade sobre a opressão que seu marido perpetra contra ela. Este livro foi escrito, em parte, para auxiliá-lo a ajudar a vítima a ver a realidade de sua situação. Queremos que as vítimas entendam o que está na raiz da opressão e o que Deus diz sobre isso, para que elas possam elaborar reações adequadas — sejam de grandes ou pequenas proporções — a essa opressão.

Às vezes, eu gasto todo o tempo de uma sessão de aconselhamento pensando juntamente com a vítima em como ela pode reagir a uma situação ou conflito específico, tal como uma discordância com o marido sobre finanças ou sobre o desejo de visitar seus parentes. São conversas muito produtivas, e eu diria que quando uma vítima faz isso, ela está trabalhando em muitas verdades fundamentais sobre seu coração, sua dependência do Senhor e seu opressor.

Quando aconselho uma vítima, faço isso partindo do princípio de que ela é escravizada, não livre; mas também o faço enquanto penso em maneiras de ajudá-la a aumentar cuidadosamente sua capacidade de agir. Talvez, para ela, seja seguro fazer isso apenas internamente — clamar a Deus sobre as injustiças que enfrenta. Mesmo que isso seja tudo o que ela pode fazer, ainda significa que ela está se abrindo para alguém, identificando o pecado como pecado, e pedindo ajuda. Não subestime o tempo que uma vítima gasta em pequenas coisas, tais como compartilhar detalhes vergonhosos de seu abuso com você ou refletir sobre um comentário que um amigo fez. Muitas vezes é assim que Deus realiza seus propósitos (cf. Zc 4.10; Mc 12.42; Jo 6.9).

Outras vezes, eu trabalho com a vítima para ajudá-la a determinar como ela poderia lidar sistemicamente com sua opressão. Frequentemente começamos com um plano que inclui pequenas etapas incrementais. Ela pode decidir revelar seu abuso a uma amiga na esperança de que, com o tempo, isso lhe dê o apoio e a confiança para enfim falar com seu pastor. Então, quando ela der esse passo, será na esperança de que o pastor convença seu marido a buscar aconselhamento. O plano pode mudar à medida que ela observa a reação de seu marido e dos outros. Às vezes, nós conversamos sobre o plano durante vários meses até que ela esteja pronta para colocá-lo em ação. Nós consideramos qual de suas amigas parece ser a mais segura para ela se abrir, bem como o quanto ela compartilhará com essa amiga e quais detalhes incluirá.

Contudo, as coisas raramente saem como planejado; talvez a amiga não ofereça o apoio que a vítima esperava. Isso significa que agora devo ajudá-la a cuidar de sua dor enquanto pensamos no que fazer a seguir: ela deve ir diretamente ao pastor ou tentar encontrar outra amiga? Ou talvez pode acontecer de ela efetivamente ir até o pastor e ele conseguir conversar com o marido sobre aconselhamento, mas o marido fica furioso e se recusa a aceitar.

O que eu quero que você entenda é que não há um cronograma fixo para lidar com essas situações; não há um fluxograma a seguir. Cada vítima é diferente, e cada situação se desenrola de forma diferente. Muitas vezes, as vítimas precisam de muito tempo para descobrir o que devem fazer. O abuso que sofreram e sua natureza escravizadora dificultam que elas façam escolhas ou ajam em relação a elas; portanto, seja muito paciente. O que você acha que pode funcionar nem sempre funciona. Ademais, o abuso às vezes se agrava e faz com que os problemas de segurança se tornem centrais. Quero que você esteja preparado para reajustar continuamente o plano de uma vítima para corresponder ao ritmo dela e, ao mesmo tempo, antecipar o próximo nível de intervenção e apoio de que ela precisará.

Normalmente, uma vítima chegará ao ponto de ter de lidar com as grandes questões. Ela deve ficar? Deve sair de casa? Mais cedo ou mais tarde, ela fará perguntas como: "De que forma posso obter ajuda para o meu marido? Você acha que ele pode mudar? É seguro falar com ele sobre seu comportamento abusivo?". Cada uma dessas perguntas é pesada e tem implicações enormes, tanto práticas quanto espirituais, e esposas que têm maridos opressores sabem disso. Elas acham que são responsáveis por destruírem seus casamentos, mas isso é mentira. Os corações impenitentes e opressivos de seus maridos já devastaram seus relacionamentos. Agora as esposas devem decidir como reagir à devastação que seus maridos causaram. O quanto conseguem suportar? Quanto tempo devem esperar? Será que já tentaram o bastante? Estão seguras? Deram aos maridos tempo suficiente para se arrependerem? O que Deus diz sobre isso?

Embora diferentes igrejas respondam a perguntas sobre divórcio e separação de diversas maneiras, deveríamos poder concordar que devemos fazer todo o possível para proteger as vítimas e seus filhos e para mantê-los seguros. Portanto, é importante priorizarmos a segurança das vítimas à medida que as ajudamos a lidar com as perguntas que elas têm. Fazer isso não é fácil; mas tenho visto como Deus fornece a sabedoria de que as vítimas e seus conselheiros precisam. Ele os ajudará.

Preparando a vítima para dar o próximo passo

Antes de considerarmos e debatermos algumas perguntas que as vítimas enfrentam, é importante perceber que pode levar meses ou anos para uma vítima assimilar a ideia de que está sendo de fato abusada. Para que uma vítima decida como quer reagir ao seu abuso, ela primeiro deve reconhecer que *há* abuso. Isso pode ser um processo demorado em alguns casos.

Pela minha experiência, leva muito tempo para uma vítima ter uma compreensão consistente do fato de que está sendo oprimida. Para muitas vítimas, é particularmente útil que os líderes da igreja confirmem que Deus se opõe aos pecados que elas sofrem. Isso traz clareza à confusão delas e muitas vezes diminui o tempo que as vítimas levam para lidar com as perguntas: "Será que é realmente tão ruim assim?" e "A culpa é minha?".

Escrevi este livro para ajudar você a extrair histórias de abuso, para que você possa oferecer às vítimas apoio e clareza. Porém, fazer isso não é suficiente. É preciso tomar medidas para proteger as vítimas, e nós precisamos aplicar a sabedoria bíblica às circunstâncias muito difíceis e únicas de cada pessoa. É ideal que as vítimas sejam capazes de articular suas próprias histórias e reconhecer que o controle coercitivo está presente em sua vida. Percebo que, quando se tornam capazes de fazê-lo, a maioria das vítimas está pronta para pensar em como responder à pergunta mais ampla: "O que devo fazer?".

Todo caminho envolve dor

São as vítimas que têm de viver com as escolhas que fazem. E a realidade é que nenhuma dessas escolhas vem sem grandes dificuldades. Costumo dizer a cada uma dessas mulheres: "Você deve escolher sua dor". Sei que não é uma realidade maravilhosa de se encarar, mas é a realidade. Não importa como ela escolha reagir ao seu abuso, ela experimentará perdas. Se ficar com o marido, terá de continuar a suportar os abusos e os efeitos nocivos que isso terá em seu coração e corpo. Se confrontá-lo, corre o risco de deixá-lo mais irado e tornar ainda mais difícil conviver com ele. Se ela se separar dele, perderá tempo com seus filhos e enfrentará grande insegurança econômica. Ademais, não importa o que ela faça, poderá se sentir julgada por outras pessoas em sua igreja que não entendem o abuso e as escolhas que esse a forçou a fazer.

Caminhei com mulheres que escolheram ficar com seus maridos; que se separaram temporariamente ou permanentemente; que pediram o divórcio; que fugiram do perigo e depois voltaram ao abuso; e que permaneceram com seus maridos, mas dormindo em quartos separados — e poucas delas viram seus maridos se arrependerem a ponto de a opressão acabar por completo. Nenhum desses caminhos é fácil de escolher ou percorrer. Cada um deles tem um preço alto, e gostaríamos que essas mulheres não tivessem de pagá-lo. Quando você estiver aconselhando as vítimas, esteja muito ciente do que cada escolha que elas fizerem lhes custará.

Deus promete nos ajudar

Repetidamente, tenho visto Deus dar a suas filhas paz sobre o que está por vir e sabedoria para o que elas devem fazer. Porém, ao longo do caminho, a situação fica confusa e surgem muitas oscilações e incertezas. Há muitas preocupações com as quais as vítimas têm de lidar para determinarem o que devem fazer a seguir. Contudo, não esqueçamos que Deus nos pede para irmos até ele: "Acheguemo-nos, portanto, confiadamente, junto ao trono da graça, a fim de recebermos misericórdia e acharmos graça para socorro em ocasião oportuna" (Hb 4.16); e nos convida a buscar ajuda nele: "Se, porém, algum de vós necessita de sabedoria, peça-a a Deus, que a todos dá liberalmente e nada lhes impropera; e ser-lhe-á concedida" (Tg 1.5). Também Pedro nos convida a "[lançar] sobre [Deus] toda a vossa ansiedade, porque ele tem cuidado de vós" (1Pe 5.7). É importante observar, antes de mergulharmos nas complexidades dos possíveis próximos passos de uma vítima, que Deus nos diz para termos confiança ao buscarmos ajuda nele. Ele é cheio de misericórdia e graça, e quaisquer ações que tomemos com as vítimas exigirão uma quantidade tremenda de ambas.

As vítimas e suas igrejas terão de lidar com muitas questões enquanto buscam a Deus e sua sabedoria. Coloque diante de Deus a sua própria vida, as vítimas com quem trabalha e o processo de decidir como reagir à opressão. Confie que ele generosamente fornecerá orientação e clareza. Ore com frequência e, quando se sentir sem direção ou inseguro, procure conselhos de outros cristãos sábios e especialistas. A oração deve ser uma parte essencial da nossa tomada de decisão nesta área, não apenas porque precisamos buscar sabedoria, mas também porque precisamos do conforto do Senhor para o que está por vir.

REFLITA

1. Em algum nível, pensamos que as coisas seriam muito mais fáceis se tivéssemos uma fórmula sobre como reagir quando encontramos opressão, mas Deus não nos deu um plano que se aplique a todas as situações. Como você se sente em relação a isso? Como você acha que a vítima se sente em relação a isso?
2. Se uma vítima vai enfrentar sofrimento e perdas, independentemente de quais forem suas escolhas, por que é essencial que ela compartilhe suas preocupações sobre os possíveis desdobramentos de suas decisões com você? Uma vez que você não deseja perder a confiança dela com alguma insinuação de que suas preocupações resultam de falta de fé ou de ansiedade antecipada, como pode ajudá-la a falar sobre as perdas e sofrimento pelos quais ela espera passar?

PERGUNTAS DE ORIENTAÇÃO

Lidar com a opressão é um desafio. Este livro tem servido para ajudar você e as vítimas com quem você trabalha a ver claramente as profundezas da opressão e injustiça que elas experimentam. Para que saibamos como reagir a isso, nós conselheiros temos de saber os detalhes do que as vítimas enfrentam. Também precisamos ver como a opressão causa danos a elas e seus filhos. Fazer avaliações precisas é essencial; no entanto, este é apenas o início do processo. À medida que continuar a cuidar das vítimas, você e elas encontrarão novas perguntas e terão de decidir sobre novos passos a serem dados à medida que essas situações se desenvolvem.

Assim como não há dois casos de abuso iguais, também não há uma maneira única de lidar com eles. Cada caso tem diferentes nuances, trajetórias, circunstâncias, perigos e preocupações. Não posso fornecer uma fórmula de como uma vítima deve tomar suas decisões, mas posso dar a você e a ela algumas diretrizes, em uma tentativa de ajudá-los a verem os contornos da estrada que está à frente, bem como o potencial de perigo que ela pode conter. As perguntas a seguir são do tipo que precisamos considerar em oração, à medida que colaboramos com as vítimas para respondê-las. Nossas respostas a essas perguntas determinam os próximos passos que as vítimas devem dar.

A vítima precisa sair de casa?

Ao trabalhar com uma vítima, mais cedo ou mais tarde (se não imediatamente) você se perguntará se a melhor maneira de obter sua cura e segurança é tirá-la de sua situação abusiva. Às vezes, as vítimas precisam sair de casa temporariamente — durante uma discussão, por exemplo —, enquanto em outras vezes precisam fazê-lo a longo prazo, a fim de buscar estabilidade para si e seus filhos enquanto aguardam o arrependimento de seus maridos. Quer se trate de uma hora, de alguns dias ou de um período indefinido, as vítimas se questionarão se é certo sair de casa. Isso ocorre em parte porque essa decisão traz muitas implicações, e pessoas de diferentes orientações teológicas a abordam de maneiras diferentes. Com isso em mente, minha abordagem será ampla e destacará os fatores a que você e a vítima precisam estar bem atentos, enquanto contemplam o que ela deve fazer em reação às várias situações que ela pode enfrentar.

Talvez você pense: "É certo uma esposa oprimida sair de casa? Deus odeia o divórcio. Será que ela peca contra Deus se for embora?" Nunca é errado ou pecaminoso fugir do perigo.[1] Jesus fez isso, e o apóstolo Paulo escapou repetidamente de situações abusivas e perigosas.[2] Deus não pede que as pessoas vulneráveis permaneçam em perigo se seu sofrimento puder ser evitado. Se olharmos para toda a Escritura, veremos que o coração de Deus é a favor dos fracos e indefesos. Exemplos do Pentateuco, dos Profetas, dos Salmos, dos Evangelhos e das Epístolas demonstram que proteger os vulneráveis é uma missão central do reino de Deus.

Em particular, o exemplo de Abigail em 1 Samuel 25 nos lembra de que as esposas não são chamadas a suportar a maldade ou a permanecer vulneráveis a maridos perigosos. Quando o marido de Abigail, Nabal, tomou uma posição imprudente e egoísta contra Davi, colocou ela e toda a sua família em perigo. Abigail sabiamente desconsiderou a conduta injusta de seu marido e tomou medidas para se proteger. Ela agiu pelas costas do marido e contra a autoridade dele para salvar toda

---

1 Para uma análise aprofundada a respeito, veja o artigo de Justin e Lindsey Holcomb, "Does the Bible Say Women Should Suffer Abuse and Violence?", *Journal of Biblical Counseling* 28, nº 2 (2014), p. 9-21; ou o livro dos mesmos autores: *Is It My Fault? Hope and Healing for Those Suffering Domestic Violence* (Chicago: Moody Publishers, 2014).

2 Jesus foge do perigo em Mt 2.13-14 e Jo 8.58-59 e 11.53-54, e Paulo o faz em Atos 9.22-25; 14.5-7 e 17.8-10, 14. Cf. também "Does the Bible Say I Should Suffer Abuse and Violence?", cap. 10 de Holcomb & Holcomb, *Is It My Fault?*

a sua casa.³ Deus honrou a bravura de Abigail, e a loucura de Nabal levou à morte dele.

Talvez você pense: "E se não houver nenhum abuso físico? Embora seja fácil concluir que a violência física é errada e perigosa, as pessoas devem suportar outros pecados não violentos?" Essa é uma questão crítica. Vamos nos lembrar do que diz Provérbios 6:

> Seis coisas o SENHOR aborrece,
> e a sétima a sua alma abomina:
> olhos altivos, língua mentirosa,
> mãos que derramam sangue inocente,
> coração que trama projetos iníquos,
> pés que se apressam a correr para o mal,
> testemunha falsa que profere mentiras
> e o que semeia contendas entre irmãos. (v. 16–19)

Os opressores fazem todas essas coisas. Lundy Bancroft escreve: "As cicatrizes da crueldade mental podem ser tão profundas e duradouras quanto feridas de socos ou tapas, mas muitas vezes não são tão óbvias. Na verdade, mesmo entre mulheres que sofreram violência de um parceiro, mais da metade relata que o abuso emocional do homem é o que lhes causa maior dano".⁴ Não se sinta tentado a avaliar a gravidade do abuso de uma vítima e sua necessidade de proteção apenas com base nas lesões que seu corpo tem enfrentado; leve em conta todos os atos nefastos — gaslighting, palavras cruéis, manipulação, indiferença, injustiças e isolamento — que você descobriu. Ao contemplarem a necessidade dela de sair de casa, examine todo o escopo de seu abuso e os danos que esse lhe causou.

---

3 Cf. o Apêndice A para ajuda com o planejamento de segurança.
4 Lundy Bancroft, *Why Does He Do That? Inside the Minds of Angry and Controlling Men* (Nova Iorque: Berkley Books, 2003), p. 8, ênfase no original.

O processo pelo qual as esposas passam quando deixam seus cônjuges opressores pode ser comparado à experiência dos israelitas de deixarem sua própria opressão após Moisés lhes ordenar que assim fizessem em Êxodo 14–17. Quando eles o fizeram, sua situação parecia ficar ainda mais impossível. O exército egípcio estava no seu encalço, e eles estavam encurralados contra o Mar Vermelho. Certamente, nenhum deles imaginou que Deus abriria o mar; muito menos que secaria o chão para que eles pudessem passar sem que suas rodas ficassem presas na lama. Mas Deus milagrosamente lhes providenciou uma fuga segura. Contudo, depois de escaparem da brutalidade que estavam enfrentando, eles se viram em um deserto cheio de incertezas, e se preocuparam com sua provisão. Nos tempos mais difíceis, eles se esqueceram do que Deus havia feito. Pediram para voltar e viver novamente como escravos.

A libertação do abuso doméstico é muito semelhante. É perigosa, parece impossível e, às vezes, mesmo quando acontece, envolve peregrinar e esperar no Senhor por cada pequena coisa. A libertação muitas vezes traz consigo uma experiência de deserto; leva tempo para Deus restaurar e redimir o que foi quebrado. A comunidade cristã pode desempenhar um papel vital nesse processo, estendendo a fidelidade do Senhor às suas filhas amedrontadas.

Por isso, quando a questão da separação surge para as mulheres a quem ajudo, faço tudo o que posso para trabalhar com a liderança de sua igreja. Se possível, você deve fazer o mesmo. Às vezes, quando as vítimas têm de sair de casa por estarem em perigo iminente, não é seguro imediatamente envolver outras pessoas em sua separação. Porém, mesmo nesses casos, depois de elas fugirem, eu me volto às igrejas locais das vítimas para ajudá-las a explicar por que decidiram fazê-lo. Eu também procuro envolver as igrejas em seu pastoreio, cuidado e proteção.

Deus odeia o que está sendo feito às suas filhas oprimidas — tanto que o salmista afirma que "o Senhor põe à prova ao justo e ao ímpio; mas, ao que ama a violência, a sua alma o abomina" (Sl 11.5). Enquanto os maridos opressores escravizam suas esposas abusadas com seus pecados de coerção e controle, Deus promete executar a justiça em favor dos oprimidos e libertar os prisioneiros (cf. Sl 146.7). Ele é um juiz justo que lida justamente com os pecados perversos desses opressores (cf. Sl 7.11–16). Portanto, quando os opressores não estão dispostos a fazer mudanças significativas e verdadeiras, Deus não exige que seu povo suporte sua opressão enquanto espera que eles mudem. Ao discutir com uma vítima e com outros especialistas o melhor curso de ação, você precisará adaptar seu plano a uma *pessoa específica* e a uma *situação específica*. Embora a sabedoria possa ser aplicada de maneiras diferentes, reconheça que os objetivos finais em fazê-lo são sempre os mesmos: a proteção dos vulneráveis. Servimos a Deus ao participarmos do resgate de suas filhas da opressão e da crueldade (cf. Sl 72.4, 12–14).

A vítima está pronta e disposta a sair de casa?

Como vimos, com frequência uma vítima tem fortes razões para ficar com seu opressor: a falta de recursos ou apoio, o medo de retaliação, a esperança de mudança, preocupações com seus filhos, a crença de que ela deve ficar, amor por seu cônjuge ou o desejo de não desapontar os outros. Se ela não se sente pronta para sair de casa, ou se não acha que seria certo fazer isso, ajude-a a procurar apoio. Ela está vivendo em uma situação que exige muita oração e sabedoria. As coisas podem mudar com o tempo, e ela pode sentir a necessidade de fazer ajustes ou escolhas diferentes mais tarde. Eu insisto com as mulheres que optam por permanecer a buscarem algum escape temporário de sua situação, seja visitando parentes ou indo a retiros; o tempo longe da dominação diária que enfrentam lhes dá alívio e clareza.

A decisão da vítima de fugir da opressão a torna ainda mais vulnerável por um tempo. Tanto sua eventual saída de casa quanto o tempo imediatamente antes e depois são quando ela está em maior perigo — e lhe são extremamente custosos também. Normalmente, as vítimas agonizam e oram por essa decisão por semanas, se não meses; e é uma bênção quando elas têm o apoio de uma comunidade ao fazê-lo. Sair de casa lhes trará desafios novos e intensificados em relação à renda, aos filhos, à estabilidade e à forma como os outros percebem suas escolhas. Ao mesmo tempo, elas ainda estarão — pelo menos inicialmente — carregando os danos que seus opressores lhes causaram. Sair de sob o abuso é um ato de coragem, porque isso envolve muitas incógnitas.

É extremamente importante que a vítima esteja totalmente pronta para sair de casa e preparada para os desafios que virão quando ela o fizer. Se a separação for desfeita antes de sua opressão ser erradicada, a situação abusiva simplesmente continuará; talvez até se intensifique, pois seu agressor se sente encorajado. É imperativo que a vítima seja firme em sua decisão de esperar até que seu opressor demonstre que realmente se arrependeu. Você pode orientá-la sobre como sair com segurança, mas ela tem de estar realmente pronta para sair — e exigir mudanças no comportamento de seu opressor antes de retornar. A pressão de seu opressor e de outros parentes, as consequências econômicas e suas próprias dúvidas a tentarão a retornar prematuramente.[5] Continue a trabalhar com a vítima durante sua separação para ajudá-la

---

5 Em média, uma vítima deixa um cônjuge opressor sete vezes antes de ficar longe dele permanentemente. Cf. Katie Ray-Jones, citada em Sarah LeTrent, "When a Friend Won't Walk Away from Abuse", CNN, disponível em: https://www.cnn.com/2013/01/10/living/friend-domestic-abuse; citado em "50 Obstacles to Leaving: 1–10", the National Domestic Violence Hotline, disponível em: https://www.thehotline.org/2013/06/10/50-obstacles-to-leaving-1-10/ (acessado em 13/4/2022).

a avaliar com sabedoria se o verdadeiro arrependimento ocorreu ou não e incentivá-la a insistir em mudanças duradouras, para que ela não retorne para um abuso mais grave.

Um abusador muitas vezes agirá de maneiras imprevisíveis para manter seu poder sobre uma vítima enquanto ela se prepara para sair. Ela precisará estar pronta para tomar medidas para reforçar sua segurança física. Isso será difícil de fazer se seu agressor estiver tentando esgotá-la; ajude-a a pensar em como reagir se ela receber constantes ligações ou mensagens de seu agressor pedindo que ela retorne, exigindo vê-la ou ameaçando privá-la de dinheiro ou de seus filhos.

Se você chegar à conclusão de que uma vítima está em *perigo imediato*, precisará ser incisivo; deverá insistir que ela tome medidas de proteção e talvez até mesmo envolva a polícia. Você terá de assumir a liderança e enfatizar o que você teme que lhe possa acontecer, caso enxergue o potencial de níveis perigosos de violência física. Mesmo nesses casos, no entanto, seu objetivo é convencê-la de que é sábio sair — e não forçá-la a adotar medidas que ela não está preparada para adotar.

REFLITA

1. Como você ajudaria uma vítima a pensar em seus próximos passos? Como você pode ser tentado a intervir e agir como seu libertador? Como fazer isso significaria usurpar o papel do Senhor na vida dela?
2. Você já se sentiu sobrecarregado e incapacitado para fazer algo que Deus lhe pediu para fazer? O que lhe deu a coragem necessária para seguir a direção de Deus?
3. Leia o Salmo 119.169–176. Considere como essa passagem fala tanto à vítima que escolhe ficar com a opressão e à vítima que foge dela. Como você pode orar esse salmo com cada uma dessas vítimas? Há maneiras que você pode personalizá-lo para

tocar em suas experiências particulares? Como ele encoraja você, como conselheiro, a saber que Deus escuta, oferece orientação e deseja resgatar?

4. "Não havendo sábia direção, cai o povo, mas na multidão de conselheiros há segurança" (Pv 11.14). Como você continuará refletindo, por meio das Escrituras e em oração, sobre a necessidade de uma vítima de se separar quando o abuso está presente? Existem líderes em sua igreja ou na dela que possam guiar seu pensamento e ajudá-lo a aplicar as Escrituras a essa situação particular? (Devemos sempre aplicá-las com cuidado em casos de separação, uma vez que a separação pode levar a um divórcio.) Como você pessoalmente reage ao peso de guiar alguém nessas decisões críticas?

A vítima está disposta a pedir ajuda a outras pessoas ou à igreja?

A vítima pode desejar pedir à igreja apoio tangível — como oração, ajuda para alguém tomar conta das crianças, ou recursos financeiros para aconselhamento. Mas ela também pode querer dar um passo adiante e pedir que intervenham em sua situação e confrontem seu opressor. Ela pode, no entanto, ter muito medo ou vergonha de se expor e fazer isso. Ela pode temer a reação do marido ao ser desafiado; sentir que o preço que ela e seus filhos teriam que pagar por isso pode ser alto demais; preferir não revelar as violações horríveis e humilhantes que sofreu; ou se preocupar em como a igreja vai reagir caso ela o faça.

Quando isso acontece, devemos confiar no Senhor, encorajando também as vítimas a verem-no como seu principal guia e ajudador. Ajude-as a chegar a um ponto em que seus corações são guiados por passagens como esta:

> O Senhor está comigo entre os que me ajudam;
> por isso, verei cumprido o meu desejo nos que me odeiam.
> Melhor é buscar refúgio no Senhor
> do que confiar no homem. (Sl 118.7–8)

Não queremos que as vítimas sigam nosso conselho por obediência a nós; nosso objetivo é restaurar a capacidade delas de seguir o conselho do Senhor. É bom e correto desempenharmos um papel de ensino ao ajudarmos as vítimas a discernirem o conselho de Deus para suas vidas; mas elas precisam dar cada passo com base nas convicções que o próprio Senhor lhes deu.

Devemos respeitar as decisões que uma vítima toma. Fazer isso será difícil para nós — tendo caminhado ao lado dela para extrair sua história, teremos visto de muito perto a injustiça e os danos que ela enfrentou. Nossos corações ficarão pesados e muitas vezes, impacientes. Mas a forma como ela reage ao abuso não é uma decisão nossa. Lembre-se: podemos não entender o perigo que ela está prevendo. Tenha em mente que é ela, e não nós, a única que terá de viver com o desfecho. Queremos que sua determinação de pedir ajuda a outros venha do que o Senhor colocou em seu coração, e queremos que ela tenha fé que Deus sustentará seus próximos passos, para que ela possa um dia testemunhar isto:

> Empurraram-me violentamente para me fazer cair,
> porém o Senhor me amparou.
> O Senhor é a minha força e o meu cântico,
> porque ele me salvou. (Sl 118.13–14)

Muitas pessoas se fixam na ideia de que alguém precisa dizer ao opressor que ele está em pecado. Elas pensam: "Não estamos fazendo nosso trabalho se não o avisarmos". Se você está preocupado com isso, pergunte à vítima como ela já tentou confrontá-lo e comunicar o perigo espiritual em que ele está. Pergunte se ela tentou fazê-lo ver a profundidade de seu pecado. As vítimas geralmente confrontam seus opressores sobre seus pecados por anos a fio.

Se a vítima decidir que ninguém de fora do casamento aborde seu marido, ela precisará de seu apoio mais do que nunca. Continue conversando com ela. Saiba quais são seus medos, objeções e preocupações. Verifique periodicamente se ela mudou de ideia e quer que a igreja procure seu opressor. Mas não busque um confronto que ela não deseja.

Se ela optar por permanecer em um casamento opressivo, precisará de pessoas que possam apoiá-la. Procure conectá-la a mais ajuda. Ela pode não querer que a igreja seja envolvida como um corpo disciplinador, mas será sábio procurar comunhão e aconselhamento que possam sustentá-la a longo prazo. Ela deve especialmente procurar apoio adicional se não tiver se aberto para nenhum outro conselheiro além de você; continue incentivando-a a ampliar seu círculo. Existem pessoas na liderança da igreja que podem pastoreá-la sem envolver seu opressor? Pode levar meses para você convencê-la a compartilhar sua situação com outros, mas continue. Você não será capaz de manter um cuidado de qualidade para ela a longo prazo se for o único apoio dela.

REFLITA

1. Que outros fatores poderiam impedir uma vítima de pedir ajuda à igreja?
2. Que pequenos passos uma vítima pode dar para convidar outras pessoas a ajudá-la?
3. Como você ajudaria uma vítima a avaliar se outros potenciais ajudadores são maduros o suficiente e estão prontos para tratar das questões complexas que o abuso implica?

Como a igreja da vítima reagiu?

O nível de apoio que uma vítima se sente confortável em buscar de sua igreja muitas vezes depende da maneira como a igreja reagiu a ela no passado e como ela já a viu reagir a outras vítimas de abuso doméstico. É bom ajudá-la a buscar de sua igreja um nível de apoio que a deixe confortável, considerando as reações passadas a abusos. Se essa questão não tiver sido bem tratada no passado, ela ficará preocupada com a reação que os líderes, bem como seus amigos na igreja, terão à sua história e sofrimento.

Aqui estão algumas perguntas essenciais a considerar sobre a liderança da igreja de uma vítima:

- Eles dedicaram algum tempo para entender as dinâmicas do abuso?
- Eles estão procurando pensar profunda, sábia e cuidadosamente sobre o abuso e sobre o coração de Deus pelos oprimidos e pelo opressor?
- Eles investirão as horas necessárias para entender a história particular da vítima?
- Que medidas a igreja pode tomar para ajudar os congregantes a oferecerem conselhos sábios quando estiverem falando com a vítima e seu opressor?
- Eles estão dispostos a procurar aconselhamento externo de outro pastor ou conselho de presbíteros que tenham experiência nessa área?
- Eles são ternos na forma como se comunicam?
- Quais são as prioridades da igreja quando eles lidam com casos de abuso? A segurança da vítima e de seus filhos é uma delas?

Se algumas dessas perguntas deixarem-no inseguro sobre se a liderança está pronta para se envolver, como é possível ajudá-los a ver onde eles podem precisar melhorar? Como você pode encorajar os líderes da igreja que se sentem justamente sobrecarregados pelo peso do ministério para com as vítimas de abuso? (No apêndice B, você encontrará uma lista de dez maneiras para educar uma igreja sobre abuso doméstico.)

Se a liderança da igreja não for uma opção claramente sólida para uma parceria, considere envolver outros ajudadores da igreja que tenham demonstrado sabedoria e compaixão por pessoas feridas. Como você pode procurar educá-los e envolvê-los nos cuidados com a vítima?

REFLITA

1. Como você pode ajudar a liderança da igreja a ouvir atentamente uma vítima de abuso?
2. Que erros os cristãos em sua igreja local provavelmente cometerão?
3. O que o encoraja na maneira como sua própria igreja cuida do sofrimento?
4. O ministério com vítimas de abuso requer muitos recursos e atenção. Como você pode ajudar a igreja de uma vítima a planejar cuidar dos oprimidos sem se desgastarem?

O opressor está arrependido e comprometido com uma vida de arrependimento?

Supondo que uma vítima peça à igreja para abordar seu marido e eles o chamem ao arrependimento e mudança, você e os líderes da igreja precisarão avaliá-lo quanto a sinais de verdadeiro arrependimento. (Nessa busca por verificar se há arrependimento genuíno, certifique-se de conferir com a esposa como tem sido sua experiência com o marido.) Os opressores podem demonstrar tristeza ao serem confrontados, mas isso não significa que eles realmente sintam tristeza pelo que fizeram; eles podem apenas estar envergonhados ou frustrados por terem sido descobertos. Precisaremos de grande sabedoria para discernir se seu arrependimento é verdadeiro e duradouro.

O episódio da crucificação de Jesus em Lucas 23.32–43 nos mostra os dois potenciais resultados para os opressores. De um lado de Jesus está um malfeitor que, ao receber a oferta do perdão, opta por se queixar de Jesus e zombar de sua autoridade. Mas o homem do outro lado nos oferece uma imagem impressionante de um malfeitor que aprende a temer o Senhor. Seu arrependimento leva ao seu perdão e redenção.

Render-se ao Rei humilhará e renovará o opressor. Se ele se submeter a Cristo, não procurará mais construir seu próprio reino de dominação, mas, em vez disso, se deleitará no domínio que o Senhor tem sobre sua vida. Ao reconhecer o quanto ele é pecador, mas também profundamente amado, o opressor será capaz de começar a deixar seus velhos trejeitos para trás. Encontrar o amor radical de Jesus pode transformá-lo no nível mais profundo. Com o tempo, e pela poderosa misericórdia de Deus, essa transformação lentamente reorientará sua adoração e o atrairá para Jesus. Nossa oração é que cada opressor se torne um servo de Cristo que ama seu próximo. Porém, obviamente, nem tudo sempre funciona da maneira que esperamos.

Idealmente, quando uma mulher se apresenta e compartilha que tem sofrido abuso, irmãos em Cristo e conselheiros treinados no tema cercarão o opressor e ministrarão a ele. Esperamos que isso o leve a demonstrar arrependimento verificável. É assim que gostaríamos de ver a situação se desenrolar. Infelizmente, por muitas razões, não é isso que ocorre.

- A situação da esposa é perigosa demais e ela precisa sair de casa antes que esse confronto ocorra.
- O opressor não está disposto a obter ajuda.
- O opressor permanece cego ao seu pecado e não é afetado pelo dano que está causando.
- O opressor reage a esse confronto punindo sua esposa, e talvez se tornando ainda mais perigoso.
- Poucos de seus companheiros cristãos entendem o abuso e estão aptos a apoiá-lo e fornecer ajuda adequada.
- O opressor manipula o processo de confronto e controla seu resultado.
- O opressor sai de casa após ser confrontado.
- O opressor persiste em seu comportamento abusivo.
- O opressor não está disposto a renunciar a todos os benefícios de seu poder e controle e, em vez disso, muda suas táticas.
- As principais pessoas que estão oferecendo apoio confundem as desculpas do opressor e sua tristeza egocêntrica com arrependimento, e a busca por mudança real do coração termina prematuramente.
- A vítima — por alguma boa razão — tem muito medo de se envolver no processo de confronto.
- Outros pecados subjacentes do opressor, como traições ou um vício grave em pornografia, adicionam camadas de complexidade ao seu processo de arrependimento.

A restauração de um casamento opressivo requer o arrependimento de um opressor inveterado. Tal arrependimento *geralmente* não acontece. Isso não significa que não tentamos curar a cegueira de um opressor e buscar a restauração de sua alma. Mas enquanto esperamos que isso aconteça, devemos ser realistas e verificar se o verdadeiro arrependimento ocorreu. Lembre-se de que a esposa também precisa verificar se isso ocorreu, então precisamos envolver a opinião dela quando estivermos fazendo nossas avaliações. Aqui estão alguns fatores a serem considerarados ao determinarmos se um opressor realmente se arrependeu, com os princípios bíblicos subjacentes:

- Ele forneceu uma confissão minuciosa e detalhada de seus muitos abusos — sem transferir a culpa, dar desculpas, minimizar o abuso ou questionar a memória de sua vítima? Ele faz continuamente novas conexões e as adiciona à sua lista de confissões? Lembre-se de que ele provavelmente demonstrou controle coercitivo centenas de vezes. Ele não deve ser capaz de ficar sem assunto para suas confissões. (Cf. Gn 3.12; Lv 5.5; Mt 7.3–5; Tg 5.16.)
- Ao tentar mudar, ele se expõe, confessa seus erros atuais e menciona momentos em que torna a ser abusivo? Ou sua esposa ainda tem de relatar seus comportamentos para que você saiba sobre eles? (Cf. Sl 32.5; Pv 8.13; 28.13.)
- Ele admitiu que as formas de se relacionar com sua esposa eram erradas e injustificáveis? Ele reconhece que seu comportamento foi sua própria escolha? Que estava em busca de controle? (Cf. Rm 2.2–4.)
- Ele pode falar sobre os danos que causou à sua esposa e família em detalhes, demonstrando tristeza e empatia por eles? Muitos opressores se sentem tristes ou envergonhados por serem expostos ou choram por suas próprias perdas. Mas o arrependimento envolve expressar tristeza pelo dano que causou aos outros, e isso de maneiras específicas. (Cf. Sl 38.18; Gl 6.2.)
- Ele é capaz de listar os direitos que presunçosamente reivindicava para si e conectá-los ao seu comportamento e às maneiras

como ele punia sua esposa? Ele está disposto a renunciar às suas preferências e privilégios de maneiras concretas, por um período prolongado? (Cf. Mt 18.1-9; Fp 2.1-11.)

- Ele tem buscado ativamente o fruto do Espírito e procurado andar em novidade de vida, mesmo quando está frustrado, incomodado e irado? Ele continua a justificar discursos ou comportamentos abusivos? (Cf. Pv 21.2; Gl 5.22-23; Ef 4.29, 31-32; Tg 1.2-4.)
- Ele está disposto a ser paciente com sua esposa, reconquistar sua confiança e procurar fazer as pazes com ela pelo dano que causou — não importa quanto tempo isso leve? Ou a pressiona porque quer que tudo volte ao normal? Ele insiste que deve ser perdoado e restaurado *agora*, ou que um pedido de desculpas deve ser suficiente? (Cf. Nm 5.7; Lc 19.8; 1Co 13.4.)
- Ele está disposto a prestar contas a outros? A se submeter à liderança da igreja? A permanecer em aconselhamento e fazer as tarefas que outros acham que ele precisa fazer? Ou ele está tentando controlar e manipular o plano que lhe deram? (Cf. Gl 6.4-5; Hb 13.17.)
- Ele está comprometido em renunciar aos privilégios que conseguiu construindo seu reino? Ele está trabalhando para ser um líder servo, como Cristo, em seu lar? (Cf. Fp 2.3; Tg 4.10.)

É importante observar que os maridos que vi se arrependerem totalmente de abuso tinham ao seu redor uma equipe que refletia a mesma preocupação para com os corações dos maridos. Essas equipes trabalhavam duro para trazer percepção aos maridos e mantê-los focados em seus pecados. Elas não permitiam que ele se fizesse de vítima ou controlasse a narrativa ou o processo. Muitas vezes, demora um ano ou mais para um opressor começar a ver as profundezas de seu pecado; que dirá para ser transformado!

É improvável que um opressor demonstre arrependimento prolongado e verificável.[6] Porém, o poder do Espírito Santo pode fazer qualquer coisa. Ao vermos nas Escrituras como Jesus curou milagrosamente o homem cego (cf. Mc 8.22-26), também queremos participar da obra do Espírito Santo de curar a cegueira de um opressor e ajudar a promover seu arrependimento. (Às vezes, porém, temos de deixar a vítima em segurança antes de podermos confrontar o opressor; não deixe que seu desejo de ajudar um agressor coloque sua vítima em perigo.) Será útil saber que as vítimas anseiam pelo arrependimento de seus cônjuges mais do que podemos imaginar. Mas elas não podem fazer isso acontecer. Elas não são responsáveis pela santificação de seus maridos. Assim, enquanto nós conselheiros esperamos ver o que o Senhor fará na vida dos opressores, podemos saber que as vítimas compartilham conosco o objetivo de vê-los arrependidos.

Chris Moles, pastor e especialista em violência doméstica, fala sobre o arrependimento de um opressor e diz que pessoas destrutivas podem mudar (cf. Ef 4.24). Porém, só o fato de elas terem o potencial para isso não significa que essa mudança ocorrerá. Em sua resposta à pergunta: "Os opressores mudam?", ele diz: "Sim [...] Bem, mais ou menos [...] Depende. Faço este trabalho há muitos anos e já vi muitos homens mudarem. Às vezes, essas mudanças são radicais e transformadoras [...] Também vi homens fazerem algumas mudanças comportamentais necessárias para evitar consequências ou dor [...] Por fim, vi homens tentarem manipular a todos com mudanças superficiais feitas para enganar os outros, a fim de que os deixassem

---

6 "A maioria dos homens abusadores não faz mudanças profundas e duradouras, mesmo em um programa de abuso de alta qualidade". Bancroft, *Why Does He Do That?*, p. 335.

em paz".[7] Mas nós mesmos não precisamos responder à pergunta "Os abusadores podem mudar?" Devemos apenas procurar saber: "Este opressor mudará?". Cada caso exige que você avalie apenas se um determinado abusador está se engajando seriamente no processo de mudança e demonstrando crescimento e arrependimento.

Precisamos de tempo para conseguir avaliar como Deus está agindo em cada situação e nos corações daqueles que estão envolvidos, e isso não deve nos desencorajar. Sim, há momentos em que temos de abordar a segurança de uma vítima imediatamente; mas, muitas vezes, podemos nos mover lentamente e confiar que Deus mostrará claramente cada passo que devemos dar. Contudo, enquanto esperamos o arrependimento do opressor e a restauração do casamento, quero enfatizar que esperança não é suficiente. Temos de verificar se o arrependimento aconteceu e continua acontecendo.

REFLITA

1. Como você acha que é para uma vítima esperar que seu opressor se arrependa depois de ter sido confrontado ou de ela ter saído de casa? Como você, ou ela, verificaria se o verdadeiro arrependimento ocorreu?
2. Reflita sobre Zacarias 7.9: "Assim falara o SENHOR dos Exércitos: Executai juízo verdadeiro, mostrai bondade e misericórdia, cada um a seu irmão". A cada dia que um opressor permanece sem mudança, sua esposa continua sendo oprimida. Quanto tempo você acha que uma vítima deve esperar para ver se seu opressor se arrepende, antes de dar seus próximos passos? Como equilibramos nosso desejo de estender misericórdia a um opressor — além de tempo para ele se arrepender — com nosso desejo de buscar justiça

---

[7] Chris Moles, *The Heart of Domestic Abuse: Gospel Solutions for Men Who Use Control and Violence in the Home* (Bemidji: Focus Publishing, 2015), p. 126.

para sua vítima? Uma vez que estender essa misericórdia muitas vezes envolve o custo de atrasar a justiça para a vítima, quais podem ser as implicações disso para a disciplina na igreja?
3. Como podemos apoiar e proteger as vítimas enquanto avaliamos se seus agressores mudaram?

O que a vítima aguenta?

O bem-estar físico, emocional e espiritual de uma vítima deve ser um fator que nos impulsiona a ajudá-la a pensar sobre o que deve fazer a seguir. Quando pensamos nos pequenos passos que uma vítima pode dar e nas decisões mais significativas que ela pode tomar, precisamos estar atentos ao que ela consegue aguentar e ao que contribui para o seu bem-estar.

Procure tratar do relacionamento dela com o Senhor. Ao ajudá-la a se conectar a Deus, você a auxiliará a tomar suas próximas centenas de decisões. Quanto mais forte for seu relacionamento com o Senhor, mais ela sentirá o conforto e a sabedoria que ele a oferece para os dias à frente.

Às vezes, uma vítima tem experimentado tanta dor e medo que você terá de criar espaço para ela se curar. Pode ser útil as vítimas planejarem escapes temporários de seu abuso, tal como ir a um retiro de mulheres ou visitar a família por alguns dias para terem descanso e alívio. Quando uma de minhas aconselhadas começou a sair todas as terças-feiras à noite para um estudo bíblico, e quando sugeri que ela também encontrasse uma amiga para jantar antes disso, aquilo se tornou uma ocasião vivificante para ela. No capítulo 4, analisamos extensivamente os danos que a opressão causa às vítimas e os impactos que ela gera. Sempre se pergunte: existem sintomas e pontos de tensão de que devemos cuidar e os quais devemos abordar? Não podemos resolver a opressão, mas podemos aliviar parte do sofrimento que ela causa.

REFLITA

Frequentemente, eu oro por minhas aconselhadas e com elas com base em Efésios 3.14–21:

> Por esta causa, me ponho de joelhos diante do Pai, de quem toma o nome toda família, tanto no céu como sobre a terra, para que, segundo a riqueza da sua glória, vos conceda que sejais fortalecidos com poder, mediante o seu Espírito no homem interior; e, assim, habite Cristo no vosso coração, pela fé, estando vós arraigados e alicerçados em amor, a fim de poderdes compreender, com todos os santos, qual é a largura, e o comprimento, e a altura, e a profundidade e conhecer o amor de Cristo, que excede todo entendimento, para que sejais tomados de toda a plenitude de Deus.
>
> Ora, àquele que é poderoso para fazer infinitamente mais do que tudo quanto pedimos ou pensamos, conforme o seu poder que opera em nós, a ele seja a glória, na igreja e em Cristo Jesus, por todas as gerações, para todo o sempre. Amém!

1. Que esperança essa passagem oferece a uma vítima que se sente exaurida? Desamada? Incerta quanto ao que deve fazer? Desesperada? Como esse texto pode ajudá-la se ela estiver questionando sua fé?
2. Como você pode continuar a encorajar uma vítima a orar a Deus se ela se sente ignorada ou desprezada por ele?
3. Com que fontes externas de sofrimento podemos ser capazes de lidar para que as vítimas tenham mais capacidade mental de contemplar verdades espirituais? Que fardos nós ou outros podemos carregar por ela?

O dano é difícil demais de superar?

Quando houve abuso sexual em um casamento, o dano infligido a uma vítima pode ser severo demais para que ela sequer imagine compartilhar a intimidade física com o marido novamente. E outras deslealdades, como lesões corporais, mentiras profundas e traições, também causam danos severos. É crucial explorar e considerar o dano que foi causado a uma vítima e ao seu relacionamento matrimonial. Será que algum dia a relação dela com o opressor pode voltar a se parecer com um casamento? O que seria preciso para restaurar sua confiança no marido? É possível, ou recomendável, que ela se coloque em uma posição de vulnerabilidade diante dele?

O Salmo 55 captura a traição única que as violações em um relacionamento íntimo envolvem.

> Com efeito, não é inimigo que me afronta;
> se o fosse, eu o suportaria;
> nem é o que me odeia quem se exalta contra mim,
> pois dele eu me esconderia;
> mas és tu, homem meu igual,
> meu companheiro e meu íntimo amigo.
> Juntos andávamos, juntos nos entretínhamos
> e íamos com a multidão à Casa de Deus. (v. 12–14)

Às vezes, as violações que um opressor comete contra uma vítima são tão destrutivas que a confiança não pode ser restaurada no relacionamento. Ouça como o salmista continua:

> Tal homem estendeu as mãos contra os que tinham paz com ele;
> corrompeu a sua aliança.
> A sua boca era mais macia que a manteiga,
> porém no coração havia guerra;

as suas palavras eram mais brandas que o azeite;

contudo, eram espadas desembainhadas. (v. 20-21)

Em alguns casos, quando um opressor viola uma aliança, o dano que ele inflige não pode ser superado. Pense no que o salmista diz aqui sobre as palavras de seu falso companheiro. Esse homem usou seu discurso para manipular e causar danos. Suas palavras iam além de serem egoístas e descuidadas; ele falava com a intenção de ferir seu amigo. Entretanto, seus enganos não eram óbvios. Quando o salmista vê que seu companheiro está interiormente em guerra contra si, como pode restabelecer a confiança nele? Será até mesmo possível confiar nas palavras de seu companheiro novamente? Como ele pode confiar em um coração que conspirou no passado para lhe causar dano?

Ao trabalhar com os oprimidos, tenha em mente o Salmo 55. Apesar de sabermos que Deus pode redimir qualquer situação, devemos ser realistas sobre a extensão dos danos que os abusadores infligem. Se ignorarmos ou descartarmos os danos que eles causam às suas vítimas, colocaremos fardos injustos sobre elas, em vez de oferecer conselhos sábios.

REFLITA

1. Que tipos de abusos, experiências particulares e padrões de pecado em um casamento opressivo podem parecer impossíveis de ser superados por uma vítima?
2. Como você começaria a refletir sobre a possibilidade de restauração de um casamento com problemas que podem parecer impossíveis de superar?

PARA CONCLUIR

Ao longo deste livro, vimos que o objetivo que temos como conselheiros é expulsar o pecado e proteger os vulneráveis. A situação de cada vítima é diferente; logo, podemos abordar o pecado e proteger as vítimas de maneiras diferentes. Mas as prioridades que temos para cada vítima devem refletir as prioridades de Deus para com o seu povo. O ideal é podermos trabalhar cuidadosamente essas prioridades que temos tanto para com os opressores como para com as vítimas, bem como nossos objetivos ministeriais para com eles, junto à comunidade cristã da vítima e em parceria com a liderança de uma igreja amorosa. Em cada situação, com o tempo Deus deixará claro qual é o melhor caminho a seguir — mas isso não significa que devemos esperar por um raio de inspiração. Teremos de trabalhar duro para exercer a sabedoria que ele nos dá e aplicá-la a cada caso de abuso.

Ao ministrarmos às vítimas da opressão, temos em Jesus Cristo um exemplo perfeito de como o amor se mostra em carne. As ações amorosas de Jesus são o completo oposto às de um opressor e nos mostram uma maneira totalmente diferente de pensar. Seu desejo é resgatar os oprimidos e, se amamos o que Jesus ama, devemos nos sentir compelidos a participar com ele desse resgate. Quando trabalhamos nisso com oração, cuidado e diligência, trazemos honra a Jesus, aos oprimidos e ao opressor. Que tenhamos tanta clareza de mente quanto ele, de modo a sermos impulsionados pelo poder do seu amor e misericórdia enquanto servimos a ele e àqueles que estão sob os nossos cuidados.

Este livro explicou as dinâmicas da opressão e os danos que ela causa, bem como mostrou de que forma extrair histórias de opressão para que você tenha clareza sobre cada situação que encontrar antes de seguir em frente. Agora que você aprendeu mais sobre as pessoas oprimidas e o que a Palavra de Deus lhes diz sobre seus corações, suas situações e seu sofrimento, continue a oferecer-lhes conselhos centrados em Cristo. Embora cada pessoa precise do evangelho inteiro, elas precisam que, em diferentes momentos, diferentes facetas da verdade do evangelho sejam enfatizadas. Deus o colocou ao lado delas para que você possa alcançar seus corações com as verdades de que elas precisem, quando elas precisarem. As Escrituras falam ricamente sobre as ansiedades e sofrimentos dos oprimidos e do mal que enfrentam. Quanto mais você mesmo buscar o Senhor e permanecer na Palavra, mais do Senhor você será capaz de oferecer às vítimas.

Este livro, em certo sentido, é apenas um começo. Você deve continuar a aprender mais sobre abuso e trauma e sobre como conduzir às Escrituras as pessoas que sofrem. Peço-lhe que nunca deixe de aprender sobre Deus e sobre como cuidar das pessoas que sofrem. Ao escrever este livro, eu esperava levantar o véu e revelar o oculto. Meu desejo é que você prossiga e leve a luz do Senhor para os lugares sombrios.

Ao escrever estas páginas, orei para que seu coração também seja moldado por sua jornada de leitura deste livro e caminhada com os oprimidos. Embora muitas vezes seja uma experiência avassaladora, é um privilégio ter o sofrimento de alguém confiado a você e ouvir uma história que vem de um lugar de vergonha e medo. Amar os oprimidos é uma bela maneira de ser usado por nosso Deus poderoso e amoroso. Dependa dele para sua sabedoria, e espere ansiosamente para ver como ele salvará aqueles a quem você está servindo.

Quero encerrar este livro expressando-lhe minha gratidão. A opressão é um assunto sombrio para se tratar, mas seu envolvimento com ela é desesperadamente necessário. Muitas filhas do Senhor estão sofrendo nas mãos de seus maridos. A igreja precisa dar a elas ensinamentos claros e a esperança de Cristo. Obrigado por perseverar em seu relacionamento com as oprimidas. Meu coração exulta em saber que há pelo menos mais uma pessoa por aí que ama as oprimidas e compartilha com elas o zeloso amor que Jesus lhes tem.

APÊNDICE A
UM PLANO DE SEGURANÇA

PLANEJAMENTO DE SEGURANÇA COM AS VÍTIMAS

Em alguns casos de abuso — particularmente aqueles que envolvem potencial violência física —, você perceberá a necessidade de planejar a segurança da vítima com ela. *Não a deixe fazer isso sozinha.* Nas páginas seguintes, apresento um formulário que você e ela podem preencher em conjunto. Todos somos mais propensos a fazer algo quando o colocamos no papel; assim, o formulário foi projetado para aumentar a adesão da vítima, ajudando-a a se comprometer com certas ações sábias que podem mantê-la, a si mesma e a seus filhos, em segurança. Como não podemos prever os desdobramentos e agravamentos que ocorrerão no abuso de uma vítima, este plano de segurança o ajudará a considerar como lidar com diversas situações.

Ao ajudar a vítima a preencher o formulário, lembre-se de que ela deve fornecer suas próprias respostas. Ela, não você, terá de colocar este plano em prática; portanto, ela deve se sentir confortável em executá-lo. Se você fizer uma pergunta (por exemplo, para onde ela pode ir) e ela hesitar em responder, não se apresse com uma sugestão. A sua proposta pode não ser uma opção viável ou atraente para ela. Seja paciente com eventuais pausas em suas respostas e certifique-se de que as respostas que ela fornece reflitam aquilo que ela está disposta a fazer.

Você precisa que ela assuma um papel ativo no compromisso com sua segurança, então ponha a caneta na mão dela e peça que ela preencha o formulário, com o seu apoio. Se ela expressar preocupações ou objeções, vá devagar e trate delas. Você pode percorrer os detalhes deste plano mais de uma vez; então, comece com aquilo a que ela se sente confortável em se comprometer e siga em frente.

Na minha experiência, as vítimas hesitam em fazer um plano de segurança por duas razões. Primeiro, talvez ela não compartilhe a sua crença de que ela está em perigo. Se esse for o caso, pode ser útil lembrá-la de quaisquer descobertas sobre a sua situação que tenham resultado das perguntas de avaliação de perigo feitas no Capítulo 6, páginas 190 - 191.

Segundo, a vítima pode achar que sair de casa é um passo que levará diretamente ao divórcio. Quando uma vítima tem essa visão, eu a encorajo dizendo que fazer um plano não é um passo final para terminar seu casamento, mas é apenas mais um passo no processo de tentar promover o arrependimento de seu agressor e sua própria segurança. Eu reafirmo que quero ensinar-lhe como ela pode ficar segura quando surgirem tensões, e ressalto que ela pode precisar sair de casa durante o calor de uma discussão, mesmo que ela possa retornar quando as coisas se acalmarem, ou que ela pode precisar fugir de uma situação imprevisível e perigosa — e que, em qualquer situação, podemos continuar tentando lidar com sua opressão.

Seu papel como ajudador é oferecer discernimento à vítima. É normal ter de perguntar várias vezes se ela está disposta a elaborar um plano. Você também pode precisar voltar para partes de seu plano que ela antes não estava pronta a preencher.

Aqui estão alguns detalhes que você precisa considerar:

- Uma vítima de abuso está em maior perigo quando está planejando sair de casa, no ato de sair, bem como logo após ter saído. Se for necessário fugir, geralmente é mais seguro fazê-lo sem dar qualquer indicação de que ela está fazendo isso ou para onde ela está indo.
- Considere se ela tem tempo para planejar a partida ou se precisa sair imediatamente. Se a sua situação permitir, ela poderá dedicar algum tempo para reunir documentos cruciais, consultar um advogado para aconselhamento jurídico e fazer outros preparativos. Algumas vítimas com quem trabalhei planejaram por alguns meses antes de partir; outras tiveram de agir rapidamente, até inesperadamente. Cada situação será distinta.
- Se ela precisar sair, em quem ela pode confiar para ajudá-la e guardar esse segredo? Se você está trabalhando com uma igreja, certifique-se de que a igreja consegue manter um círculo muito reduzido de pessoas que estejam cientes de sua situação. Saiba que pode não ser sábio contar a ninguém sobre sua necessidade de fugir — até mesmo líderes de sua igreja — até que ela tenha fugido e esteja em um local seguro. Bons líderes entenderão que você estava trabalhando para a proteção dela ao não lhes informar o plano.
- Pode não ser seguro para ela manter esse plano de segurança em suas mãos (até mesmo uma foto ou cópia eletrônica pode ser descoberta). Se for esse o caso, reveja-o com ela para que ela se familiarize com suas respostas.
- Talvez você esteja convencido de que ela deve sair de casa; porém, ela pode não estar pronta para sair, não querer sair, ter motivos para não sair ou ter medo de fugir. Se for o caso, continue monitorando a segurança dela e compartilhe com ela suas

preocupações. Incentive-a a fazer um plano, mesmo que ela não veja a necessidade disso.
- Você não é especialista, mas pode pedir a ajuda de um. Recorra à central de atendimento à mulher ou recrute a ajuda de profissionais do abrigo local.[1] As vítimas não podem se dar ao luxo de nós cometermos erros.

SEU PLANO DE SEGURANÇA

Seu plano de segurança deve ser pessoal e prático. Deve incluir meios para que você fique segura enquanto permanece em sua casa, enquanto está planejando sair ou convencendo seu cônjuge a sair de casa, e até mesmo depois. Mesmo que você não esteja pronta para partir, é essencial que planeje essa possibilidade.

O abuso doméstico é imprevisível. Como você não pode prever como sua história vai se desenrolar, é aconselhável planejar com antecedência uma variedade de cenários. O plano a seguir inclui uma série de medidas que você pode tomar para proteger a si mesma e a seus filhos e cobre diferentes situações que podem surgir. Ao preencher este formulário, marque as caixas dos passos que você está disposta a dar.

A Plataforma Mulher Segura (https://mulhersegura.org/) e a Central de Atendimento à Mulher (180) oferecem atendimento e orientações para vítimas de violência e informações sobre leis e campanhas. Utilize esses recursos gratuitos para obter auxílio com o planejamento de segurança.

---

1 N.E.: No Brasil, além da Central de Atendimento à Mulher – Ligue 180, de âmbito nacional, diversos estados e municípios proveem assistência em delegacias da mulher, centros especializados de atendimento à mulher e casas-abrigo.

Precauções de segurança a tomar após uma discussão em casa

Às vezes, as discussões se intensificam e é difícil prever quando a violência pode começar ou ocorrer novamente. Aqui estão algumas maneiras pelas quais vou me proteger. Não preciso esperar até a violência física ocorrer durante uma discussão para tomar providências:

- ☐ Se uma discussão com meu marido tiver início, tentarei me deslocar para um aposento em que não haja armas e tenha pelo menos uma saída — de preferência duas. Evitarei cômodos como a cozinha, onde há facas, e aposentos fechados como banheiros. Os cômodos seguros que se encaixam nesses critérios são _____ e _____ .

- ☐ Guardarei minha bolsa e as chaves do carro neste local: _____ (onde possa pegá-las e ir embora).

- ☐ Se estou preocupada com minha segurança, posso sair de casa usando uma porta ou uma janela. Meu caminho para sair de casa será _____ .

- ☐ Se eu tiver que sair de casa, irei para _____ ou _____ .

- ☐ Lembrarei que sou livre para ligar para a polícia sempre que tiver preocupações.

Precauções de segurança a tomar se eu permanecer em casa

Aqui estão algumas coisas que posso fazer com antecedência para planejar minha segurança:

- ☐ Manterei meu telefone carregado e acessível.

- ☐ Farei uma chave de carro reserva e a esconderei neste local: _____ .

- ☐ Treinarei minha rota de fuga escolhida.

- ☐ Se meu marido usa drogas ou álcool, posso _____ e, enquanto ele as estiver usando, posso proteger meus filhos e a mim mesma fazendo isto: _____.

- ☐ Se eu perceber que uma discussão está se acalorando, posso _____.

- ☐ Posso contar a _____ sobre o abuso e pedir que ele(a) ligue para a polícia se ouvir uma briga ou violência.

- ☐ Escolherei _____ como uma palavra-código e informarei meus filhos e meus contatos de confiança, como _____ e _____, que eles devem chamar a polícia se eu a usar.

Precauções de segurança a tomar se houver crianças em casa

Meus filhos muitas vezes estão por perto quando o abuso ocorre e querem ajudar; portanto, vou ensiná-los a obter ajuda com segurança, mantendo-se fora de perigo. Meus filhos precisam saber como reagir a abusos e fazer parte do meu plano de segurança:

- ☐ Ensinarei meus filhos a ligarem para o 190 e darem o nosso endereço ao atendente.

- ☐ Quando ensinar meus filhos a ligarem para o 190, explicarei que eles podem precisar usar o número para ajudar em uma emergência; por exemplo, se a mamãe cair e machucar a perna.

- ☐ Quando a violência estiver se intensificando, não irei para onde meus filhos estão.

- ☐ Instruirei meus filhos a não se envolverem verbal ou fisicamente em quaisquer discussões, brigas ou perigos. Mas vou capacitá-los a me ajudarem de outras maneiras (como ligar para o 190 ou sair de perto do perigo).

Um plano de segurança

- ☐ Encontrarei um aposento seguro para os meus filhos.

- ☐ Lembrarei meus filhos da palavra-código (_____) e os ensinarei a chamar a polícia e sair de casa quando a ouvirem.

- ☐ Explicarei aos meus filhos que, quando saírem de casa, eles devem ir a _____ (por exemplo, para um vizinho) ou devem ligar para _____.

- ☐ Ajudarei meus filhos a treinar uma fuga. Identificaremos e ensaiaremos como usar uma saída de nossa casa, como uma porta ou uma janela. A saída deles será _____.

- ☐ Perguntarei aos meus filhos com quem eles se sentem confortáveis em conversar para obter apoio.

- ☐ Perguntarei aos meus filhos se eles estão cientes do abuso.

Precauções de segurança a tomar quando eu sair ou me preparar para sair de casa

Uma vítima está em maior perigo quando está saindo ou planejando sair; portanto, precisarei ter cuidado:

- ☐ Se for seguro fazê-lo, começarei a reunir itens e documentos essenciais (consulte o final deste apêndice) — fazendo cópias deles, se necessário — e posso deixá-los com _____.

- ☐ Começarei a estabelecer independência financeira, abrindo uma linha de crédito ou uma conta bancária até esta data: ___/___.

- ☐ Terei dinheiro ou cartões pré-pagos à mão e facilmente acessíveis para uma emergência.

- ☐ Ligarei para a Central de Atendimento à Mulher (180) e pedirei que revisem este plano de segurança.

- ☐ Guardarei sempre os números essenciais na minha agenda telefônica (veja o segundo quadro abaixo) e posso dar uma lista reserva deles para _____.

- ☐ Manterei meu telefone carregado e terei sempre um carregador comigo.

- ☐ Perguntarei a _____ se posso ficar em sua casa e deixar pertences extras com ele(a).

- ☐ Deixarei uma mala de fuga pronta para mim e meus filhos e a deixarei escondida neste local: _____.

- ☐ Manterei registros do abuso em um arquivo seguro.

- ☐ Aprenderei como obter medidas protetivas de urgência (consulte a respeito na Plataforma Mulher Segura [https://mulhersegura.org/] ou contate uma delegacia da mulher).

- ☐ Se eu não puder ir a algum lugar que me permita ficar com meus animais de estimação, posso pedir a _____ para cuidar deles fazendo isto: _____.

Precauções de segurança a tomar ao fugir do perigo

O lugar para onde planejo fugir deve ser seguro e secreto:

- ☐ Pensarei em um lugar específico para onde eu possa ir.

- ☐ Não direi às pessoas onde me encontrar nem deixarei registros sobre minha localização.

- ☐ Usarei dinheiro ou cartões pré-pagos para que minhas compras não possam ser rastreadas.

- ☐ Usarei um celular novo para ter certeza de que não serei localizada.

- ☐ Se eu obtive uma medida protetiva, avisarei:

- [ ] ao meu empregador: _____;
- [ ] à escola dos meus filhos: _____;
- [ ] aos meus amigos: _____;
- [ ] aos meus parentes: _____;
- [ ] aos meus vizinhos: _____.

- [ ] Se a medida protetiva for violada, avisarei:
    - [ ] à polícia;
    - [ ] ao meu advogado;
    - [ ] à minha pessoa de apoio.

- [ ] Pedirei a ajuda de alguém que possa verificar se estou sendo monitorada eletronicamente e tomarei medidas para garantir que não possa ser rastreada, perseguida ou assediada.

Precauções de segurança a tomar após uma separação

Se eu permanecer em minha casa ou me mudar para uma nova, precisarei tomar medidas para protegê-la:

- [ ] Protegerei minha casa:
    - [ ] trocando ou reforçando as fechaduras;
    - [ ] reforçando as janelas;
    - [ ] comprando câmeras de vigilância ou um sistema de segurança;
    - [ ] adicionando iluminação externa;
    - [ ] outro: _____.

- [ ] Direi aos meus vizinhos que meu marido não mora mais em casa e que eles devem entrar em contato comigo ou com a polícia se o virem ao redor da casa.

Medidas tecnológicas de segurança

Sabendo que muitas vítimas são monitoradas ou perseguidas eletronicamente, tomarei as seguintes precauções:

- ☐ Mudarei minhas senhas e nomes de usuário.

- ☐ Farei uma nova conta de e-mail que não use meu nome.

- ☐ Verificarei as configurações de privacidade dos meus dispositivos e confirmarei que outros dispositivos não estão conectados ao meu.

- ☐ Confirmarei que o *bluetooth* está desligado quando não estiver sendo usado.

- ☐ Confirmarei que não há programas ou aplicativos de monitoramento em meus dispositivos.

- ☐ Confirmarei que conheço todos os aplicativos nos meus dispositivos e que sei o que cada um deles faz.

- ☐ Excluirei todos os aplicativos que não uso.

- ☐ Se eu achar que estou sendo monitorada, farei a coisa mais segura e obterei um novo dispositivo, sem vinculá-lo à minha conta antiga através da nuvem.

- ☐ Limitarei as informações que compartilho sobre mim online e nas redes sociais.

Precauções de segurança a tomar em público e no trabalho

Durante uma separação, as vítimas correm um risco maior de sofrer violência potencialmente fatal. Pensarei em outros lugares onde meu agressor possa tentar fazer contato comigo e estarei preparada:

- ☐ Pedirei a ajuda de _____ para pensar em como posso me proteger e manter meus filhos seguros ao entregar ou buscar meus filhos com o pai.

- ☐ Avisarei a _____ no trabalho sobre a minha situação e lhe pedirei que identifique as ligações telefônicas que recebo ou me acompanhe até meu carro.

- ☐ Usarei uma nova rota para voltar para casa.

- ☐ Mudarei as lojas em que faço compras regularmente (ou farei compras em uma cidade diferente).

- ☐ Se eu usar transporte público, posso me desviar do meu trajeto habitual desta forma: _____.

Passos para cuidar da minha saúde emocional e espiritual

É igualmente importante planejar minha saúde emocional e espiritual. Pensarei em algumas maneiras de lidar com as tensões que enfrento continuamente:

- ☐ Quando me sentir sobrecarregada ou desanimada, posso _____.

- ☐ Posso ligar para _____ e _____ para obter apoio.

- ☐ Posso começar a fazer aconselhamento (ou retomá-lo).

- ☐ Posso pedir a Deus que _____.

- ☐ Posso ler _____.

- ☐ Também posso _____.

Como muitos fatores da minha situação (a intensidade ou frequência do abuso, minha situação de vida, meus recursos e apoio, ou a idade dos meus filhos) podem mudar ao longo do tempo, é bom revisar este plano após alguns meses. Revisarei este plano em ___/___.

PERTENCES A LEVAR AO FUGIR DO ABUSO

DOCUMENTOS	
Financeiros Documentos fiscais Registros financeiros Declarações de imposto de renda Contracheques Carteira de trabalho Informações de contas bancárias	**Médicos** Cartão do plano de saúde Cartões de vacina
Pessoais Documentos de identidade e CPF Certidões de nascimento/casamento Documentos veiculares e apólices de seguro Contrato de aluguel ou escritura do imóvel Documentos de guarda dos filhos Históricos escolares Carteira de habilitação Passaporte Documentos de imigração Documentos de animais de estimação	**Relacionados ao abuso** Diários, fotos ou outras evidências dos abusos Registros de queixas à polícia Medidas protetivas
ITENS	
Financeiros Dinheiro em espécie Cartões pré-pagos (não rastreáveis) Cheques Cartões de débito ou crédito	**Médicos** Remédios e receitas para você e os filhos Óculos, aparelhos auditivos etc.
Pessoais Chaves de casa e do carro Ração e outros produtos relativos a animais de estimação Roupas Brinquedos e livros para as crianças Recordações	**Comunicação** Celular pré-pago com novo número Lista de telefones e contatos

NÚMEROS DE TELEFONE IMPORTANTES

Aqui está um espaço para você listar telefones importantes, considerando que você talvez perca o acesso ao seu celular quando fugir. Inclua outros tipos de contatos importantes, tais como escola, parentes e amigos.

NOME/CATEGORIA	TELEFONE
Central de atendimento à mulher	180
Polícia/Emergência	190
Defesa dos direitos humanos	100
Delegacia da mulher ou abrigo local	
Conselho tutelar	
Trabalho	
Chefe ou supervisor no trabalho	
Médico	
Advogado	

APÊNDICE B
DEZ MANEIRAS DE EDUCAR SUA IGREJA

Sou professora de um curso de aconselhamento para casamentos abusivos na Christian Counseling and Educational Foundation. Muitos dos alunos que frequentam a minha turma e aprendem sobre o coração de Deus em favor dos oprimidos são significativamente impactados pelo imenso sofrimento que descobrem nesse curso e querem ajudar as pessoas em suas igrejas a identificar a opressão e a cuidar melhor das vítimas. Ao ministrar no contexto de sua própria comunidade, quero lhe dar ideias de como você pode educar sua igreja sobre casamentos opressivos.

Ao buscar envolver sua comunidade, lembre-se de algumas verdades.

Primeiro, abuso doméstico é um problema oculto. Você tem uma percepção que sua igreja também precisa ter, mas muitas vezes não tem. Houve um tempo em que você também não tinha noção das dinâmicas e dos impactos do abuso, então compreenda de onde as pessoas estão vindo ao procurar educá-las sobre a opressão.

Segundo, há uma razão pela qual as Escrituras são repetitivas: o povo de Deus precisa que as verdades sejam repetidas. Seja paciente com sua igreja — assim como o Senhor é conosco. Espere ter muitas conversas com a igreja e responder a muitas perguntas.

Finalmente, aprendemos melhor quando nos sentimos amados pela pessoa que está falando conosco. Jesus ama os oprimidos, e ele também ama profundamente sua igreja. Busque educar seus irmãos e irmãs em amor; não somente amor pelos oprimidos, mas também amor por eles. Em muitas páginas deste livro, ressaltei a necessidade de mansidão e oração — amar sua igreja exigirá isso de você.

Uma vez que esteja preparado para se envolver com sua igreja, aqui estão dez ideias para você começar. Por favor, não sinta que você deve implementar *todos* os itens — ou mesmo qualquer um deles — desta lista. Cada um de vocês é diferente e tem papéis peculiares, bem como diferentes níveis de influência em sua igreja. Busque fazer aquilo que o Senhor colocar em seu coração.

1. Fale com a equipe do ministério de mulheres. Compartilhe com elas o que você tem aprendido. Troque ideias sobre formas de elas estarem atentas às vítimas. Por exemplo, ao iniciarem o estudo de um livro sobre casamento, elas podem introduzir o estudo dizendo às participantes: "Este livro é ótimo para resolver problemas maritais cotidianos entre cônjuges que se valorizam mutuamente. Ele não trata bem de desequilíbrios de poder ou crueldade. Se você precisar de ajuda para lidar com um problema mais complexo, consulte-nos para obter outra recomendação".

2. Peça permissão para postar cartazes ou quadros sobre abuso doméstico no banheiro feminino. Tais cartazes devem indicar uma pessoa da igreja a quem uma vítima pode contatar se desejar se abrir ou receber oração, bem como os números de telefone dos órgãos locais. Isso diz às mulheres: "Estamos

cientes do problema, sabemos que há vítimas em nosso meio e queremos ajudar você".

3. À medida que você cresce em sua capacidade de cuidar das vítimas, convide pessoas para caminharem com você e aprenderem a cuidar das vítimas também. Sabemos o que sabemos sobre opressão porque escolhemos amar as pessoas, caminhar com elas, ouvi-las, ajudar a carregar seus fardos e orar com elas. Se você é um conselheiro menos experiente, convide outras pessoas a se juntarem a você e a assumirem pequenas cargas (como orar regularmente com você e uma vítima com quem você está trabalhando) ou ajudarem você a atender necessidades práticas dela (por exemplo, tomar conta das crianças).

4. Ofereça-se para dar uma aula (ou fornecer materiais para que outros ensinem) sobre abuso durante o namoro ao seu grupo de adolescentes ou ao ministério de jovens adultos.

5. Sugira que os líderes da igreja e de pequenos grupos façam o curso[2] *Becoming a church that cares well for the abused*, disponível gratuitamente pela internet, o qual também está sugerido na seção de Recursos recomendados ao final deste livro. As aulas oferecidas foram elaboradas por pessoas experientes no assunto com o objetivo de ajudar líderes de igreja a entenderem e implementarem as melhores práticas para lidar com a variedade de questões de abuso com as quais as igrejas precisam lidar.

---

[2] N. E.: Apesar de não existir tradução na língua portuguesa, houve a preocupação em deixar a recomendação da autora, a fim de servir como recurso disponível àqueles que compreendem a língua inglesa. O mesmo acontecerá nos Recursos recomendados ao final do livro.

6. Recomende ao seu pastor a leitura do meu livreto[3] Domestic abuse: Recognize, respond, rescue. Eu o elaborei como um roteiro simples e bíblico para ser usado nas sessões de aconselhamento no lidar com a questão do abuso. Seria ideal que seu pastor e presbíteros lessem e discutissem o livro em conjunto antes de enfrentarem um caso da vida real. Ore para que sua liderança desenvolva consciência e unidade sobre esta questão.

7. Ajude pessoas estratégicas em sua igreja a pensarem em quais seriam suas primeiras atitudes caso uma mulher lhes revelasse abuso ou fizesse menção a um problema conjugal mais profundo. Ajude sua igreja a criar uma lista de pessoas treinadas, conselheiros sábios, agentes de proteção de vítimas de violência doméstica, especialistas em intervenção de agressões e órgãos locais que lidem com abuso doméstico. Se seus esforços nesta área ganharem impulso, pergunte se os líderes querem começar a desenvolver uma política de abuso doméstico para a igreja. Procure conectar-se com outras igrejas que tenham esse tipo de política e traga opções para sua igreja considerar. (Embora tomar medidas como essa seja trabalhoso, planejar a complexa questão do ministério para com vítimas de abuso é realmente compensador. Isso pode ser visto na maneira como as igrejas se beneficiaram com a implementação de políticas contra abuso infantil.)

8. Se você ensina em sua igreja (ou é o pastor titular), considere mencionar a opressão quando ela for relevante para a passagem que está pregando ou o tópico que está ensinando. A Bíblia fala frequentemente sobre orgulho, pecado

---

3 N. E.: Idem.

impenitente, opressão, maldade e pessoas vulneráveis. Considere como uma vítima pode ouvir o que você está dizendo e fale diretamente a ela sobre o que você quer que ela entenda. Ou, quando estiver fazendo uma aplicação sobre casamento, fale sobre as exceções ao que você está dizendo ou como uma vítima pode aplicar aquela verdade de forma diferente se o abuso estiver presente em seu casamento.

9. Considere buscar treinamento para líderes de grupos de apoio a vítimas de abuso doméstico e, em seguida, começar um em sua igreja.

10. Ofereça-se para organizar uma biblioteca contendo recursos sobre a questão do abuso doméstico para vítimas e líderes da igreja. Você pode se basear na lista de recursos recomendados ao final deste livro.

APÊNDICE C
DETECTANDO SINAIS DE ALERTA DURANTE O NAMORO

Eu converso com dezenas de mulheres vítimas de abuso e, enquanto as ajudo a decifrar suas histórias, a maioria delas diz algo como: "Ele não era nem um pouco assim até nos casarmos". Algumas até compartilham relatos vívidos, como se uma chave tivesse virado durante a lua de mel, e então tudo mudou. Outras descrevem abusos que se desenvolveram ao longo do tempo e aumentaram em intensidade. Mas todas se perguntam: "Como eu não notei isso?".

O abuso não parece abuso desde o princípio. Na verdade, geralmente assume a forma de um romance ideal: quando o relacionamento começa, você recebe uma torrente de mimos, tais como cartões românticos, presentes luxuosos e visitas inesperadas. A intensidade de tal comportamento parece continuamente perguntar: "Você quer ser minha?". Mas a verdadeira mensagem é: "Você *será* minha!".

DEVOÇÃO OU DOMINAÇÃO?

Nas fases iniciais de um relacionamento, quem não quer que o outro corra atrás de você? É maravilhoso quando alguém deseja ver você constantemente, é um pouco ciumento e talvez até um pouco possessivo com seu tempo. Essas coisas, no entanto, podem sinalizar algo mais do que intensidade; podem ser sinais de controle sutil.

Marcela estava cheia de empolgação. Tim compartilhava a maioria dos interesses dela e estava sempre ávido por saírem juntos. Ele deixava presentes e bilhetes para ela no trabalho. Todos comentavam como ele era doce. Em um fim de semana, uma velha amiga estava na cidade e Marcela queria encontrá-la para jantar, mas Tim ficou desapontado por não poder vê-la naquele dia. Ele ficou mal-humorado, depois cheio de remorso. Naquela noite, ela recebeu oito mensagens enquanto estava fora, mas estava ocupada demais para responder. No dia seguinte, Tim a fez se sentir culpada por aproveitar tanto a visita da amiga a ponto de se esquecer dele. Marcela sentiu-se muito mal por magoar seu coração e passou a prestar mais atenção e se certificar de responder as mensagens dele.

Ao usar a culpa, Tim conseguiu controlar como e quando Marcela respondia suas mensagens. Com o tempo, ele sutilmente exigia mais e mais do tempo dela, forçando-a a escolher entre ele e suas amigas. Lentamente, Tim dominou o mundo dela. Na época, não parecia ruim. Marcela realmente gostava dele; quando eles estavam juntos, era sempre divertido. Se Tim quisesse o melhor para Marcela, ele teria apoiado seus outros relacionamentos piedosos — mas Tim se preocupava apenas com Tim, e o que ele queria era a adoração de Marcela para si (cf. Gl 5.16–26).

OITO SINAIS DE ALERTA DE ABUSO DURANTE O NAMORO

Relacionamentos doentios podem começar com comportamentos sutis que na raiz têm a ver com poder e controle. Em última análise, os abusadores querem que seus parceiros se devotem a eles e às suas necessidades. De uma forma muito corrupta, eles procuram usurpar a posição de Deus, querendo que outros os adorem e lhes obedeçam.

Para detectar a presença de abuso em um namoro, procure tendências egoístas e coercitivas em um de seus membros. Quanto mais precisamente você puder avaliar esses padrões na fase inicial do relacionamento, mais objetivamente todos verão a situação. Quando o coração de uma pessoa se enreda em um relacionamento abusivo e a culpa e a manipulação criam raízes, é mais difícil para ela se afastar do relacionamento e avaliá-lo.

Aqui estão oito sinais de potencial abuso, juntamente com perguntas que você pode fazer sobre cada um deles.

1. Intensidade

O relacionamento se aprofundou rápido demais? Um homem pode sobrecarregá-la com seus sentimentos por você ou seu desejo de estar sempre com você. Ele está proclamando amor eterno e bombardeando-a com gestos românticos exagerados? Isso faz você se sentir em dívida para com ele (cf. 1Co 13.4)?

2. Ciúmes

Ele se incomoda por você passar tempo com outras pessoas? Ele a acusa de traição? Ele aparece inesperadamente no seu trabalho (para que os outros saibam que você o namora)? Ele monitora você ou seu telefone, ou a segue? Ele é irracional sobre seus outros relacionamentos? O que ele faz quando está com ciúmes (cf. Tg 3.16)?

3. Manipulação

Ele tenta influenciar suas decisões e ações (como você se veste, come ou gasta dinheiro)? Ele se esforça para convencê-la a fazer coisas que você não quer fazer? Pressiona você sexualmente, dizendo que não consegue se controlar ou que precisa de sua ajuda para combater a pornografia (cf. Ef 5.3–5)? Você fica com medo de fazer algo que o deixará irado ou chateado?

4. Isolamento

Ele insiste que você passe seu tempo livre com ele? Você consegue manter seus outros relacionamentos por meio de telefonemas e visitas? Ele está tentando criar uma divisão entre você e sua família? Brigas acontecem quando você quer passar tempo com sua família e amigos (cf. Ec 4.12)?

5. Sabotagem

Ele diz que *precisa* de você nos momentos em que você tem de dedicar seu tempo ao trabalho ou à escola? Ele tem crises em momentos em que você deveria estar fazendo outra coisa? Ele já tentou arruinar sua reputação ou criticar você e suas conquistas (cf. Fp 2.1–4)? Ele já fez você crer que estava louca ao esconder seu telefone, dinheiro ou chaves?

6. Críticas

Ele xinga ou zomba de você (cf. Pv 12.18)? Ele comenta a sua aparência de uma forma que a deixa constrangida? Ele zomba da sua inteligência?

7. Manipulação emocional

Ele trata você como se tudo fosse culpa sua (cf. Gl 6.5)? Ele ameaça se ferir se você não fizer o que ele quer? Ele reage exageradamente a pequenos desentendimentos e faz você se sentir mal por pensar diferente dele?

8. Transferência de culpa

Ele culpa você pelos fracassos dele (cf. Mt 7.3–5)? Ele justifica seu comportamento dizendo coisas como: "Foi culpa do álcool"? Ele atribui suas escolhas à mãe ou às ex-namoradas?

COMO DESVENDAR O PENSAMENTO ABUSIVO

Não é fácil avaliar se o comportamento de alguém durante o namoro se enquadra nessas categorias. Há menos ocasiões para o conflito surgir em um namoro do que em um casamento, então, mesmo que essas perguntas acendam apenas dois ou três sinais vermelhos, eles devem ser levados a sério e explorados.

Aqui estão algumas perguntas a fazer que revelarão melhor algumas das tendências acima. O que acontece quando…

- Você faz uma observação negativa sobre seu namorado?
- Você está fisicamente fraca — por exemplo, quando está cansada ou doente?
- Você tem uma preferência diferente da dele?
- Ele se decepciona com algo? Ele pune você?
- Há conflito? Como ele é resolvido?
- Ele interage com sua própria família? Ele é respeitoso?
- Ele fala sobre ex-namoradas? Ele as difama?
- Vocês interagem fisicamente? Ele força você ou respeita seus limites?

Se você está preocupado com uma amiga, pergunte-lhe a respeito e procure sinais de outros abusos ostensivos, além de fazer as perguntas acima. O abuso durante o namoro pode se agravar ao ponto de abuso físico e sexual.

AVALIANDO ATITUDES

Mulheres cristãs sabem que somos todos pecadores. Todos nós precisamos de graça e perdão. Quando ouvimos ensinamentos sobre casamento ou namoro, o foco geralmente está em como cada um de nós contribui para problemas relacionais e como compromisso, respeito e amor cobrem uma multidão de pecados. Os abusadores se aproveitam desse ensinamento e o usam para aprisionar ainda mais as suas vítimas. Quando estiver avaliando um namoro, incentive a mulher a olhar para seu próprio coração, enquanto também avalia o caráter e o estilo de relacionamento do namorado. Não basta olhar para o potencial de uma pessoa; você deve considerar seus comportamentos reais (cf. Mt 7.16–17). Ajude as mulheres a fazerem isso com estas perguntas:

- Esse homem me ama e aos outros de forma sacrificial ou egoísta?
- Ele quer que eu adore a Deus melhor, ou ele exige que eu o adore?

Pense em outras maneiras de ajudar as mulheres a identificar comportamentos problemáticos em seus relacionamentos amorosos. Ensine-as que alguns pecados e comportamentos devem exigir o fim do namoro (cf. Tt 3.10). Amor, medo do término ou medo da raiva de um namorado podem manter a pessoa em um relacionamento; mas abusos de qualquer tipo nunca deveriam ser tolerados.

Deus quer o melhor para suas filhas. Ele promete guiá-las e vigiá-las com cuidado: "Instruir-te-ei e te ensinarei o caminho que deves seguir; e, sob as minhas vistas, te darei conselho" (Sl 32.8). Vamos ajudar suas filhas a encontrar homens que glorifiquem a Deus e as valorizem.

APÊNDICE D
AVALIAÇÃO DE ABUSO PRÉ-MATRIMONIAL

Cada parceiro deve preencher esta avaliação de forma independente. Ela busca identificar possíveis padrões abusivos em um relacionamento pré-matrimonial. Peça a cada parceiro em particular para fornecer exemplos detalhados de quaisquer respostas que causem preocupação.

Considere seriamente quaisquer respostas preocupantes, mesmo que haja apenas algumas delas. Um período de noivado geralmente contém apenas uma sombra do que pode se desenvolver em um casamento.

Na parte 1, investigue todas as afirmações que sejam marcadas como *neutro*, *discordo* e *discordo fortemente*. Para a parte 2 e a seção de intimidade física, investigue todas as declarações que estejam marcadas como *concordo fortemente* ou *concordo*.

PARTE 1

Meu parceiro responde humildemente a observações negativas que faço sobre ele.

Concordo fortemente   Concordo   Neutro   Discordo   Discordo fortemente

Meu parceiro é aberto e honesto sobre seu passado.

Concordo fortemente   Concordo   Neutro   Discordo   Discordo fortemente

Meu parceiro se esforça para implementar as mudanças que lhe peço.

Concordo fortemente   Concordo   Neutro   Discordo   Discordo fortemente

Quando meu parceiro e eu temos preferências diferentes, somos capazes de negociar e chegar a um acordo.

Concordo fortemente   Concordo   Neutro   Discordo   Discordo fortemente

Meu parceiro incentiva meus relacionamentos com meus amigos e parentes.

Concordo fortemente   Concordo   Neutro   Discordo   Discordo fortemente

Meu parceiro é aberto e honesto comigo.

Concordo fortemente   Concordo   Neutro   Discordo   Discordo fortemente

Quando temos um conflito, meu parceiro expressa tristeza e remorso por me ferir.

Concordo fortemente   Concordo   Neutro   Discordo   Discordo fortemente

Quando temos um conflito, sinto que resolvemos o problema e encerramos a questão.

Concordo fortemente   Concordo   Neutro   Discordo   Discordo fortemente

Tenho a liberdade de ser quem sou perto do meu parceiro.

Concordo fortemente   Concordo   Neutro   Discordo   Discordo fortemente

Sinto que posso dizer-lhe não.

Concordo fortemente   Concordo   Neutro   Discordo   Discordo fortemente

Quando há tarefas a serem feitas, sinto que meu parceiro contribui para executá-las.

Concordo fortemente   Concordo   Neutro   Discordo   Discordo fortemente

Vejo meu parceiro servir sua família e amigos.

Concordo fortemente   Concordo   Neutro   Discordo   Discordo fortemente

Meu parceiro é paciente comigo.

Concordo fortemente   Concordo   Neutro   Discordo   Discordo fortemente

Quando tenho necessidades emocionais ou espirituais, meu parceiro se esforça para cuidar de mim.

Concordo fortemente   Concordo   Neutro   Discordo   Discordo fortemente

Meu parceiro assume a responsabilidade por seus erros.

Concordo fortemente   Concordo   Neutro   Discordo   Discordo fortemente

Sinto que meu parceiro me incentiva.

Concordo fortemente   Concordo   Neutro   Discordo   Discordo fortemente

Meu parceiro demonstra empatia por mim quando estou sofrendo.

Concordo fortemente   Concordo   Neutro   Discordo   Discordo fortemente

> Meu parceiro dedica tempo para me entender.

Concordo fortemente   Concordo   Neutro   Discordo   Discordo fortemente

> Meu parceiro ora ou usa as Escrituras de maneiras encorajadoras.

Concordo fortemente   Concordo   Neutro   Discordo   Discordo fortemente

PARTE 2

> Meu parceiro me culpa quando algo dá errado.

Concordo fortemente   Concordo   Neutro   Discordo   Discordo fortemente

> Meu parceiro teve de mudar de emprego várias vezes, alegando que foi tratado injustamente ou não foi valorizado no trabalho.

Concordo fortemente   Concordo   Neutro   Discordo   Discordo fortemente

> Meu parceiro fala negativamente de seus relacionamentos anteriores.

Concordo fortemente   Concordo   Neutro   Discordo   Discordo fortemente

> Meu parceiro e seus amigos falam com desrespeito sobre pessoas do sexo oposto.

Concordo fortemente   Concordo   Neutro   Discordo   Discordo fortemente

> Meu parceiro é excessivamente generoso e atencioso, deixando-me desconfortável às vezes.

Concordo fortemente   Concordo   Neutro   Discordo   Discordo fortemente

> Em uma conversa, meu parceiro fala a maior parte do tempo e só fala sobre assuntos que lhe interessam.

Concordo fortemente   Concordo   Neutro   Discordo   Discordo fortemente

Meu parceiro geralmente culpa algo ou alguém quando algo dá errado.

Concordo fortemente   Concordo   Neutro   Discordo   Discordo fortemente

Meu parceiro exige que tudo seja do seu jeito.

Concordo fortemente   Concordo   Neutro   Discordo   Discordo fortemente

Frequentemente tenho de ceder a algo
ou desistir de algo para encerrar uma discussão.

Concordo fortemente   Concordo   Neutro   Discordo   Discordo fortemente

Sinto que preciso resgatar meu parceiro.

Concordo fortemente   Concordo   Neutro   Discordo   Discordo fortemente

Meu parceiro é frequentemente seco ou rude com prestadores de serviço
(por exemplo, garçons).

Concordo fortemente   Concordo   Neutro   Discordo   Discordo fortemente

Meu parceiro me faz sentir culpa quando discutimos.

Concordo fortemente   Concordo   Neutro   Discordo   Discordo fortemente

Meu parceiro me corrige frequentemente.

Concordo fortemente   Concordo   Neutro   Discordo   Discordo fortemente

Meu parceiro tem ciúmes quando passo tempo com outras pessoas.

Concordo fortemente   Concordo   Neutro   Discordo   Discordo fortemente

Meu parceiro nem sempre me dá respostas diretas.

Concordo fortemente   Concordo   Neutro   Discordo   Discordo fortemente

Meu parceiro usa humor ou sarcasmo para expressar seus sentimentos.

Concordo fortemente   Concordo   Neutro   Discordo   Discordo fortemente

Meu parceiro usa a culpa para me induzir a fazer coisas que ele quer que eu faça.

Concordo fortemente   Concordo   Neutro   Discordo   Discordo fortemente

Meu parceiro critica meus amigos e familiares.

Concordo fortemente   Concordo   Neutro   Discordo   Discordo fortemente

Meu parceiro critica minha aparência.

Concordo fortemente   Concordo   Neutro   Discordo   Discordo fortemente

Sinto-me intimidada pelo meu parceiro.

Concordo fortemente   Concordo   Neutro   Discordo   Discordo fortemente

Sinto que não estou à altura das expectativas do meu parceiro.

Concordo fortemente   Concordo   Neutro   Discordo   Discordo fortemente

Meu parceiro está sempre atrasado para os compromissos.

Concordo fortemente   Concordo   Neutro   Discordo   Discordo fortemente

Muitas vezes sinto pena do meu parceiro.

Concordo fortemente   Concordo   Neutro   Discordo   Discordo fortemente

Meu parceiro me acusa de fazer coisas que não fiz.

Concordo fortemente   Concordo   Neutro   Discordo   Discordo fortemente

Meu parceiro tem ciúmes de meus outros relacionamentos.

Concordo fortemente   Concordo   Neutro   Discordo   Discordo fortemente

Meu parceiro mexe no meu celular sem minha permissão.

Concordo fortemente   Concordo   Neutro   Discordo   Discordo fortemente

Meu parceiro vive perguntando onde estou, me envia mensagens com frequência ou monitora o que estou fazendo.

Concordo fortemente   Concordo   Neutro   Discordo   Discordo fortemente

Meu parceiro tornou nosso relacionamento sério muito rapidamente.

Concordo fortemente   Concordo   Neutro   Discordo   Discordo fortemente

Meu parceiro se insulta facilmente.

Concordo fortemente   Concordo   Neutro   Discordo   Discordo fortemente

Meu parceiro muda de humor facilmente.

Concordo fortemente   Concordo   Neutro   Discordo   Discordo fortemente

Meu parceiro fica de mau-humor facilmente.

Concordo fortemente   Concordo   Neutro   Discordo   Discordo fortemente

Já vi meu parceiro dirigir de forma imprudente quando está irado.

Concordo fortemente   Concordo   Neutro   Discordo   Discordo fortemente

Meu parceiro demonstra sua ira atirando objetos.

Concordo fortemente   Concordo   Neutro   Discordo   Discordo fortemente

Meu parceiro já machucou fisicamente a si mesmo ou a mim.

Concordo fortemente   Concordo   Neutro   Discordo   Discordo fortemente

Meu parceiro me diz o que fazer.

Concordo fortemente   Concordo   Neutro   Discordo   Discordo fortemente

Meu parceiro é possessivo comigo.

Concordo fortemente   Concordo   Neutro   Discordo   Discordo fortemente

Meu parceiro é inseguro e sinto a necessidade de animá-lo.

Concordo fortemente   Concordo   Neutro   Discordo   Discordo fortemente

Meu parceiro usa a Bíblia para me condenar.

Concordo fortemente   Concordo   Neutro   Discordo   Discordo fortemente

Quando meu parceiro ora por mim, ele destaca minhas falhas.

Concordo fortemente   Concordo   Neutro   Discordo   Discordo fortemente

INTIMIDADE FÍSICA

Os limites de contato físico que eu estabeleço não são honrados.

Concordo fortemente   Concordo   Neutro   Discordo   Discordo fortemente

Meu parceiro se esforça demais para dizer que jamais veria pornografia ou me trairia. As negações parecem insistentes, como se ele não quisesse deixar espaço para discussão.

Concordo fortemente   Concordo   Neutro   Discordo   Discordo fortemente

Sinto-me pressionada na área física do nosso relacionamento.

Concordo fortemente   Concordo   Neutro   Discordo   Discordo fortemente

Já participei de um ato sexual contra minha vontade.

Concordo fortemente   Concordo   Neutro   Discordo   Discordo fortemente

Meu parceiro não se sente amado a menos que receba afeição física.

Concordo fortemente   Concordo   Neutro   Discordo   Discordo fortemente

APÊNDICE E
LEVANTAMENTO DE DISCUSSÕES ABUSIVAS

Uma maneira de detectar o abuso em um relacionamento é examinar se qualquer uma das partes demonstra usar táticas abusivas quando os dois estão discutindo. Normalmente, ao ajudar um casal que está tendo uma discussão, você tentaria moderar o conteúdo da discussão. Você buscaria ajudá-los a encontrar unidade em uma determinada questão e a crescer em sua compreensão mútua enquanto eles procuram a resolução. No entanto, essa abordagem não dá conta do modo como os opressores discutem, isto é, para vencer. Para detectar abusos mediante a forma como um casal discute, você precisará estar atento a duas coisas.

- *Como eles resolvem suas discussões?* Pergunte-lhes como os conflitos terminam. Os problemas são resolvidos? Uma pessoa sempre tende a ceder? Uma das partes concorda, mas depois retorna ao que havia afirmado inicialmente? Os opressores querem o mundo do seu jeito, e seu estilo de argumentação tende a refletir isso. Não se trata de encontrar soluções mútuas; eles querem controlar o resultado.
- *Como eles discutem?* Deus se importa com o modo como tratamos uns aos outros, então devemos prestar atenção em como

os indivíduos interagem entre si. É essencial aprender como os cônjuges estão se tratando durante um conflito, se quisermos desmascarar o abuso. Um abusador emprega muitas táticas de controle durante uma discussão — lembre-se de que o objetivo dele é vencer a discussão e dominar a outra pessoa.

Nas páginas seguintes, você encontrará um Questionário de Discussões que detecta táticas de controle. Eu propositalmente não o intitulei Questionário de Discussões Abusivas[4] para que você possa usá-lo com um casal sem atrelar nenhum estigma ao que você está tentando diagnosticar. Dessa forma, você pode usá-lo no início do aconselhamento de casais, no discipulado matrimonial, como uma ferramenta rotineira de triagem de indivíduos, ou quando você suspeita de abuso. Uma vez que um casal ou indivíduo tenha preenchido o questionário, certifique-se de obter alguns exemplos concretos de ocorrências do que foi mencionado e mantenha notas a respeito. E, como sempre, se vir sinais de alerta indicando potencial abuso, comece a aconselhar as duas partes individualmente.

Se você notar padrões abusivos aparecendo em uma *vítima* e começar a se preocupar, lembre-se de que as vítimas muitas vezes optam por resistir a abusos empregando algumas dessas táticas também. Por exemplo, um marido pode relatar que sua esposa o ignorou, sem relatar que antes disso ele passara uma hora gritando com ela. Ignorá-lo ou sair da sala é, nesse caso, uma tática sábia a ser empregada por ela. Já vi muitas vítimas de abuso preencherem este formulário e adicionarem por conta própria uma terceira coluna, intitulada "O que ele diz que eu faço". Essas mulheres começaram a ver que o que seus

---

[4] Ao listar essas táticas, fiz uso extensivo do livro de Lundy Bancroft, *Why Does He Do That? Inside the Minds of Angry and Controlling Men* (Nova Iorque: Berkley Books, 2003), p. 138–147.

cônjuges afirmavam não era o que elas acreditavam ter acontecido, e encontraram uma maneira criativa de documentá-lo. Eu compartilho esse fato porque muitas vezes, quando estamos coletando informações, nós também podemos ficar confusos com o que inicialmente descobrimos. Dedique tempo para entender como as discussões progridem. Seu objetivo é muito mais profundo do que apenas identificar comportamentos potencialmente pecaminosos em qualquer uma das partes. Você quer reunir mais informações que lhe permitirão detalhar como se dão as discussões entre eles, se uma pessoa está procurando dominar a outra, e como cada pessoa valoriza a outra.

QUESTIONÁRIO DE DISCUSSÕES

Nome:

Se um de vocês (ou ambos) exibe algum dos comportamentos abaixo durante um conflito, marque a respectiva coluna com um "X".

Eu	Meu cônjuge	Comportamentos que ocorrem durante discussões
☐	☐	Ser sarcástico
☐	☐	Ridicularizar o outro
☐	☐	Distorcer o que o outro diz
☐	☐	Distorcer algo que aconteceu anteriormente
☐	☐	Ficar amuado
☐	☐	Acusar o outro de fazer ou pensar o que, na verdade, a própria pessoa faz ou pensa
☐	☐	Usar um tom de certeza absoluta e autoridade final — definir a realidade
☐	☐	Interromper o outro
☐	☐	Não dar ouvidos — Recusar-se a responder
☐	☐	Rir alto da opinião ou perspectiva do outro
☐	☐	Usar as queixas do outro contra a própria pessoa
☐	☐	Mudar o assunto para suas próprias queixas
☐	☐	Criticar de maneira dura, injusta ou frequente
☐	☐	Provocar culpa
☐	☐	Fazer-se de vítima
☐	☐	Desdenhar, revirar os olhos ou demonstrar desprezo
☐	☐	Gritar, silenciar o outro com gritos
☐	☐	Dizer palavrões

Levantamento de discussões abusivas

Eu	Meu cônjuge	Comportamentos que ocorrem durante discussões
☐	☐	Xingar, insultar, menosprezar
☐	☐	Sair no meio da discussão
☐	☐	Erguer-se sobre o outro de maneira intimidadora
☐	☐	Aproximar-se do outro de maneira ameaçadora
☐	☐	Bloquear a porta ou passagem
☐	☐	Usar outras formas de intimidação física, como se aproximar demais com ira
☐	☐	Ameaçar abandonar o outro
☐	☐	Ameaçar machucar o outro
☐	☐	Desprezar a perspectiva do outro
☐	☐	Não ouvir o outro

GLOSSÁRIO BÁSICO

Abuso emocional

Um padrão de comportamento que promove uma sensação destrutiva de medo, obrigação, vergonha ou culpa. Pode se manifestar nas condutas de negligenciar, assustar, isolar, depreciar, explorar, culpar, envergonhar ou ameaçar uma vítima, bem como por meio de jogos mentais ou mentiras. Por exemplo:

- Desconsiderar, ignorar ou negligenciar consistentemente a vítima e suas necessidades;
- Dizer à vítima que ela é mentalmente instável ou incompetente;
- Isolar a vítima de sua família e comunidade.

O abuso emocional também pode ser chamado de abuso verbal e mental.

Abuso espiritual

Abuso que ocorre quando o opressor estabelece controle e dominação usando as Escrituras, a doutrina ou seu "papel de liderança" como armas. O abuso espiritual pode se mascarar como prática religiosa e pode ser usado para envergonhar ou punir. Por exemplo:

- Usar versículos da Bíblia para envergonhar ou controlar;
- Exigir obediência incondicional;
- Usar textos bíblicos ou crenças para minimizar ou racionalizar comportamentos abusivos.

Abuso financeiro

Uma maneira de controlar uma pessoa tornando-a economicamente dependente ou explorando os recursos dela. O abuso financeiro pode ser sutil ou ostensivo, e suas diferentes formas incluem ocultar informações financeiras, limitar o acesso da vítima a bens ou valores, controlar sua capacidade de obter dinheiro, explorar seus recursos ou ditar como eles são gastos. Por exemplo:

- Limitar rigidamente o acesso aos recursos da família;
- Manter contas ocultas ou impedir o acesso da vítima a contas bancárias;
- Usar a identidade da vítima, sem permissão, para fraude ou obtenção de crédito.

Abuso físico

O uso intencional ou imprudente de força física que pode resultar em lesões corporais ou dor física. O abuso físico não precisa causar dor ou deixar marcas; também inclui ações que provoquem danos, como impedir a vítima de dormir ou negar cuidados médicos. As ações fisicamente abusivas variam desde atirar objetos até sufocar ou espancar. Por exemplo:

- Chutar, morder, arranhar ou puxar o cabelo;
- Atirar objetos ou destruir bens;
- Reter medicação necessária.

Abuso sexual

Atos violentos e exploradores que envolvem exigir ou obter sexo à força — como em casos de estupro ou outros atos sexuais forçados. Outros atos sexualmente abusivos incluem a intrusão indesejada de pornografia ou apetrechos na relação sexual, atividades sexuais indesejadas, ou condutas como espiar ou filmar a nudez do cônjuge contra a vontade dele.

O abuso sexual pode ser manipulador e coercitivo. Nesses casos, um opressor usa pressão implacável ou ameaças para conseguir um intercurso sexual, mesmo depois de a vítima expressar desconforto ou recusa. Por exemplo:

- Exigir que ela use roupas mais (ou menos) provocativas;
- Fazer exigências sexuais;
- Ameaçar expor detalhes íntimos ou fotos.

RECURSOS RECOMENDADOS

EM PORTUGUÊS

Justin S. Holcomb e Lindsey A. Holcomb, *Deus fez tudo em mim: Um livro para ajudar as crianças a protegerem seus corpos* (São José dos Campos: Fiel, 2019). Os pais podem usar este livro para ensinar seus filhos mais novos sobre o projeto de Deus para seus corpos e sobre que tipo de toque é apropriado ou não. Uma ótima ferramenta para prevenção de abuso.

EM INGLÊS

Para educar sua igreja

Bernie Lawrence e Ann Maree Goudzwaard, *Help[H]er: A Churchwide Response for Women in Crisis* (Lawrenceville: Committee on Discipleship Ministries, 2020). Este livro ajuda igrejas complementaristas a usar e promover sabiamente os dons das mulheres no cuidado de suas irmãs que sofrem.

Brad Hambrick (ed. geral), *Becoming a Church That Cares Well for the Abused* (Nashville: B&H, 2019). Além de existir em forma de livro, este currículo de treinamento também pode ser encontrado online na forma de doze videoaulas gratuitas (cf. www.churchcares.com). Elaborado por especialistas em abuso, seu objetivo é ensinar a líderes de igreja (pastores, presbíteros e líderes de pequenos grupos) as melhores práticas para lidar com uma variedade de cenários de abuso.

Brad Hambrick, *Self-Centered Spouse: Help for Chronically Broken Marriages* **(Phillipsburg: P&R Publishing, 2014).** Este livreto analisa os princípios que Jesus nos dá para abordar casamentos destruídos por um cônjuge cronicamente egocêntrico.

Darby A. Strickland, *Domestic Abuse: Recognize, Respond, Rescue* **(Phillipsburg: P&R Publishing, 2018).** Este livreto resume como detectar abusos, explica o coração de um opressor e descreve os primeiros passos a serem tomados para ajudar os opressores e os oprimidos. É uma leitura curta, pensada para a liderança da igreja.

Jeremy Pierre e Greg Wilson, *When Home Hurts* **(Fearn: Christian Focus Publications, 2020).** Este livro orienta os líderes eclesiásticos sobre como lidar com o abuso doméstico em suas igrejas — desde como eles devem responder inicialmente, quando o abuso é revelado, até como eles podem estabelecer medidas apropriadas para cuidados de longo prazo. Os autores fornecem uma estrutura bíblica para ajudar os leitores a entenderem as dinâmicas do abuso e, mais importante, como cuidar de uma vítima, abordar um abusador e se comunicar com a igreja em geral.

Ajuda às vítimas

Darby A. Strickland, *Domestic Abuse: Help for the Sufferer* **(Phillipsburg: P&R Publishing, 2018).** Este livreto, escrito para os que sofrem, fornece clareza e encorajamento. Visa ajudar as vítimas a verem que Deus fala à sua situação e oferece medidas que elas podem adotar para começarem a obter ajuda.

Edward T. Welch, *Shame Interrupted: How God Lifts the Pain of Worthlessness and Rejection* **(Greensboro: New Growth Press,**

2012). A vergonha é um problema particular para pessoas que foram abusadas. Este livro é uma leitura obrigatória para qualquer um que busque ajudar a mostrar como o evangelho contribui para a luta de uma vítima contra a vergonha.

John Henderson, *Abuse: Finding Hope in Christ* **(Phillipsburg: P&R Publishing, 2012).** O que o evangelho tem a dizer quando somos vítimas do mal? O Salmo 22 fornece uma estrutura para responder a essa pergunta e entender como Deus conforta os aflitos.

Joy Forrest, *Called to Peace: A Survivor's Guide to Finding Peace and Healing After Domestic Abuse* **(Raleigh: Blue Ink Press, 2018).** Este livro é tanto uma autobiografia como um guia para vítimas de abuso doméstico. Com conhecimento e compaixão, Joy direciona suas leitoras para Cristo — a fonte suprema da verdadeira plenitude e cura. É uma história de abuso físico com a qual as vítimas podem se identificar. Joy disponibiliza mais recursos online e treinamento para atendimento a vítimas em www.calledtopeace.org.

Justin S. Holcomb e Lindsey A. Holcomb, *Is It My Fault? Hope and Healing for Those Suffering Domestic Violence* **(Chicago: Moody Publishers, 2014).** Ternamente escrito para as vítimas, este livro anuncia o evangelho da graça a seus corações e situações, ajudando-as a considerar os passos que podem tomar.

Leslie Vernick, *The Emotionally Destructive Marriage: How to Find Your Voice and Reclaim Your Hope* **(Colorado Springs: WaterBrook Press, 2013).** Este livro lida principalmente com abuso emocional. Vernick ajuda suas leitoras a avaliarem a presença de comportamentos emocionalmente abusivos e dá conselhos práticos sobre como responder a esses comportamentos à luz do ensino bíblico.

The Allstate Foundation and National Network to End Domestic Violence, *The Allstate Foundation Moving Ahead Curriculum: A Financial Empowerment Resource* **(2019).** Disponível em: https://allstatefoundation.org/what-we-do/end-domestic-violence/resources/. Este programa de educação em cinco módulos é projetado para sobreviventes de violência doméstica.

"View the Instrument", The Danger Assessment. Johns Hopkins School of Nursing. Disponível em: https://www.dangerassessment.org/DATools.aspx. Esta ferramenta o ajudará a determinar se e quando a vida de uma vítima está em perigo.

Caso acredite que você ou outra pessoa esteja em perigo, entre em contato com a Central de Atendimento à Mulher (Ligue 180 ou fale pelo WhatsApp através do número 61 99656-5008). Caso se trate de uma emergência, ligue 190.

Ajuda para os opressores

Chris Moles, *Men of Peace*. Disponível em: https://www.menofpeace.org/. Este programa online, fundado por Chris Moles, fornece treinamento para homens opressivos que querem viver uma vida de arrependimento.

Chris Moles, *The Heart of Domestic Abuse: Gospel Solutions for Men Who Use Control and Violence in the Home* (Bemidji: Focus Publishing, 2015). Um livro brilhante de um pastor, conselheiro bíblico e especialista em intervenção de agressões sobre como levar os opressores na igreja ao arrependimento.

***Observation: Domestic Abuse; 9-Video Case Series*. Com Chris Moles e Jeremy Pierre** (Escondido: The Institute for Biblical Counseling and Discipleship, 2019). DVD, 345 min. Disponível em: https://ibcd.org/product/counseling-care-for-domestic-abuse/. Aprenda a confrontar pessoas abusivas e a respondê-las com o coração de Cristo, assistindo a uma sessão de aconselhamento junto com sessões de ensino.

Philip Ryken, *Loving the Way Jesus Loves* (Wheaton: Crossway, 2012). Este livro pode ajudar o leitor a apresentar ao opressor como ele é chamado a amar os outros como Jesus ama.

Timothy Z. Witmer, *The Shepherd Leader at Home: Knowing, Leading, Protecting, and Providing for Your Family* (Wheaton: Crossway, 2012). Este livro ajudará os homens a reformularem sua visão do que significa ser marido e pai. Está cheio de instruções práticas para os maridos sobre como aplicar o amor de Jesus, um amor que se expressa em serviço.

Abuso e crianças

Cathy Humphreys, Ravi K. Thiara, Agnes Skamballis e Audrey Mullender, *Talking about Domestic Abuse: A Photo Activity Workbook to Develop Communication between Mothers and Young People* (Philadelphia: Jessica Kingsley Publishers, 2006). Este recurso secular, um livro de atividades fotocopiáveis para serem usadas com crianças e adolescentes mais velhos, os apoiará e os ajudará a se recuperarem da experiência de morar em lares onde houve abuso doméstico.

Lundy Bancroft, *When Dad Hurts Mom: Helping Your Children Heal the Wounds of Witnessing Abuse* (New York: G. P. Putnam's Sons, 2004). Este livro secular mostra às mães como homens abusivos tendem a agir como pais e como elas podem ajudar seus filhos.

Prevenção de abuso infantil

Gavin De Becker, *Protecting the Gift: Keeping Children and Teenagers Safe (and Parents Sane)* (New York: The Dial Press, 1999). Baseado em robusta pesquisa e ao mesmo tempo prático, este livro secular ensina como manter as crianças seguras fora de casa, como você pode notar sinais de alerta de abuso sexual e falar com seus filhos sobre riscos sem assustá-los.

Natasha Daniels, "10 Ways to Teach Your Child the Skills to Prevent Sexual Abuse". Child Mind Institute. Disponível em: https://childmind.org/article/10-ways-to-teach-your-child-the-skills-to-prevent-sexual-abuse/. Usando uma abordagem do senso comum, este recurso secular diz aos pais quais habilidades eles devem ensinar aos filhos para ajudá-los a evitar que se tornem vítimas de abuso sexual.

Namoro

Deepak Reju, *She's Got the Wrong Guy: Why Smart Women Settle* (Greensboro: New Growth Press, 2017). Este livro não é sobre prevenção de abuso, mas oferece às mulheres cristãs sabedoria para avaliar seus relacionamentos e esperar por aquele que será uma bênção para elas.

Aconselhamento e pesquisa

Diane Langberg, *Suffering and the Heart of God: How Trauma Destroys and Christ Restores* (Greensboro: New Growth Press, 2015). Após quarenta anos aconselhando sobreviventes de trauma, a Dra. Langberg nos ensina como ajudar as vítimas a serem curadas, ao lhes revelarmos o coração de Deus, concentrando-se na restauração de Cristo para o seu povo.

Lundy Bancroft, *Why Does He Do That? Inside the Minds of Angry and Controlling Men* (New York: Berkley Books, 2003). Há anos, este tem sido o livro secular de referência sobre homens abusivos. Lundy Bancroft, que trabalha extensivamente com homens abusivos, compartilha sua percepção sobre o que os impulsiona e como eles operam.

Nancy Nason-Clark, Barbara Fisher-Townsend, Catherine Holtmann e Stephen McMullin, *Religion and Intimate Partner Violence: Understanding the Challenges and Proposing Solutions*

(**New York: Oxford University Press, 2018**). Este livro é o resultado de vinte e cinco anos de pesquisa acadêmica sobre violência doméstica em famílias religiosas. Cada capítulo enfatiza o que os líderes religiosos podem fazer para ajudar, abordando tópicos como vítimas e sobreviventes, abusadores, congregações, treinamento para líderes religiosos e respostas colaborativas da comunidade.

W. Bradford Wilcox, *Soft Patriarchs, New Men: How Christianity Shapes Fathers and Husbands* (**Chicago: University of Chicago Press, 2004**). Este livro mergulha em pesquisas que exploram as cosmovisões de homens cristãos e não cristãos. Procura entender cuidadosamente e interagir sabiamente com as caracterizações excessivamente simplistas de cristãos conservadores na área do abuso.

FIEL
MINISTÉRIO

O Ministério Fiel visa apoiar a igreja de Deus, fornecendo conteúdo fiel às Escrituras através de conferências, cursos teológicos, literatura, ministério Adote um Pastor e conteúdo online gratuito.

Disponibilizamos em nosso site centenas de recursos, como vídeos de pregações e conferências, artigos, e-books, audiolivros, blog e muito mais. Lá também é possível assinar nosso informativo e se tornar parte da comunidade Fiel, recebendo acesso a esses e outros materiais, além de promoções exclusivas.

Visite nosso site

www.ministeriofiel.com.br

Esta obra foi composta em Arno Pro Regular 12.8, e impressa
na Promove Artes Gráficas sobre o papel Pólen Natural 70g/m²,
para Editora Fiel, em Setembro de 2022.